资产证券化：
银行表外业务转型新视角

幸丽霞　著

中国金融出版社

责任编辑：丁　芊
责任校对：李俊英
责任印制：程　颖

图书在版编目（CIP）数据

资产证券化：银行表外业务转型新视角／幸丽霞著．—北京：中国金融出版社，2019.12
ISBN 978 - 7 - 5220 - 0346 - 7

Ⅰ．①资…　Ⅱ．①幸…　Ⅲ．①资产证券化—研究—中国
Ⅳ．①F832.51

中国版本图书馆 CIP 数据核字（2019）第 247079 号

资产证券化：银行表外业务转型新视角
Zichan Zhengquanhua：Yinhang Biaowai Yewu Zhuanxing Xin Shijiao

出版
发行　　**中国金融出版社**

社址　　北京市丰台区益泽路 2 号
市场开发部　（010）63266347，63805472，63439533（传真）
网 上 书 店　http：//www.chinafph.com
　　　　　　（010）63286832，63365686（传真）
读者服务部　（010）66070833，62568380
邮编　100071
经销　新华书店
印刷　保利达印务有限公司
尺寸　169 毫米 ×239 毫米
印张　14.75
字数　236 千
版次　2019 年 12 月第 1 版
印次　2019 年 12 月第 1 次印刷
定价　48.00 元
ISBN 978 - 7 - 5220 - 0346 - 7
如出现印装错误本社负责调换　联系电话（010）63263947

前言

　　中国加入世界贸易组织后，对外开放、对内改革的步伐日渐加速，金融体制改革深化带来商业银行业务结构深度调整。利率市场化改革使得存贷利差收窄成为不可逆转的发展趋势，商业银行坐靠高利差的时代一去不返；直接融资方式突飞猛进，催化传统银行间接融资主导的金融格局发生深刻变化；网络金融、第三方支付异军突起，日益侵蚀银行业最初的支付中介领地；城市商业银行（以下简称城商行）规模扩张、农村商业银行（以下简称农商行）改制重组、民营银行准入放开，商业银行面临前所未有的外部竞争压力，实施战略转型，拓展新的利润增长来源成为现阶段商业银行经营管理的核心主题。

　　表外业务发展水平是商业银行业务创新的集中体现。自 Hassan（1993）首次将表外业务纳入银行绩效和风险影响的分析框架以来，国外学者针对不同国家银行数据展开了广泛研究（如，Smith 等，2003；Calmès 和 Théoret，2010、2015；Alaa Guidara 等，2016），研究结论也不一致。我国由于分业经营、分业监管的金融监管体制，表外业务在银行整体收入结构中的占比一直徘徊在较低水平，相关研究较为少见。2008 年国际金融危机后，随着 4 万亿元经济刺激计划等系列政策出台，在供需双方的共同推动下，商业银行表外业务爆发式增长，表外资产规模扩张至 253.52 万亿元的历史高点[①]，超过表内资产总规模。全国性银行和城商行、农商行在信贷业务市场

---

① 中国人民银行 2016 年度《中国金融稳定报告》。

竞相角逐的同时，与信托、证券、基金等非银金融机构加深同业合作，传统表外业务模式创新层出不穷；为促进金融创新，维护金融稳定，监管机构调控政策频出，表外业务正经由野蛮生长逐步走向规范化发展。与此同时，信贷资产证券化这一新型表外业务在盘活存量资产、释放银行系统风险上被监管层和市场主体寄予厚望，历经"试点—停滞—重启—扩大试点"一波三折的发展历程，已由全国性大行拓展至城商行、农商行等地方银行，逐步进入常态化发展。

由于经营规模、业务范围、资源禀赋、监管要求等方面的较大差异，不同类型银行在我国转轨经济发展过程中承担着不同的社会责任。本研究依据盈利风险平衡的基本原则，实证研究传统表外业务与信贷资产证券化这一新型表外业务对银行经营绩效和风险的现实影响，揭示表外业务及其与表内信贷业务之间的相关关系，探索不同类型银行表外业务转型发展的可行路径，促进表外业务与表内信贷业务良性循环和相互促进，这对实现商业银行经营结构优化和竞争能力提升、促进金融服务实体经济本质功能发挥具有重要的现实意义。

本研究基于国际金融危机后近 200 家商业银行数据（也是现有研究可供获得的最大研究样本），紧扣现阶段商业银行面临竞争加剧这一最为首要的外部环境因素，以及商业银行经营管理"安全性、流动性和效益型"三性原则这一立行之本，从内外部两个角度建立表外业务发展影响因素的完整分析框架，研究各类型银行表外业务发展的主要驱动因素；在此基础上，探讨传统表外业务与表内信贷业务的关系，揭示其对银行盈利、资产组合风险和杠杆风险的影响及内在逻辑联系，基于市场数据实证研究信贷资产证券化这一新型表外业务对银行盈利和资产质量风险的现实影响；最后，本研究针对不同类型银行提出差异化的表外业务发展策略。本研究得出如下研究结论：

第一，竞争加剧是驱动商业银行拓展表外业务的外部直接诱因，经营管理水平是制约表外业务收入提升的主要内部因素，目前市场发展初期阶段内部因素是信贷资产证券化业务开展的主导原因。竞争越激烈、自身市场力量越大，全国性银行表外业务发展水平越高；城商行市场力量较小时更倾向于拓展表外业务扩大利润来源以应对竞争，而市场力量较大时更倾向于专注表内信贷业务；现阶段经营管理水平是影响农商行发展表外业务的首要因素。表外业务属于创新业务，伴随着更高的风险，风险偏好越高时表外业务发展动力更大；全国性银行面临更大的结构性流动不足，表外业务一定程度上被视为流动性管理手段，流动性水平越低时表外业务拓展积极性越高。信贷资产证券化流动性管理动机在各类型银行中逐步显现。

第二，传统表外业务对银行盈利和风险的影响在不同类型银行中存在较大差异。全国性银行借助技术、人才、客户等资源禀赋优势，基于客户关系管理理论采取交叉销售策略，主动降低传统信贷业务定价水平以发展表外业务，获取长期盈利增长。城商行和农商行通过表外融资扩张业务规模实现监管套利，同时，通过同业理财和投资业务扩大投资收益，弥补信贷业务利息收入下降。基于此，全国性银行通过发展表外业务提升了资产收益率并降低了资产组合风险，同时由于表外资产规模占比快速提升，资本金补充不足，面临更大的杠杆风险暴露水平；城商行表外业务拓展提升了资产收益率并减小了盈利波动，资产组合风险得以降低；农商行表外业务发展提升了资产收益率但盈利波动增大，经风险调整后的收益水平改善不明显，进一步印证经营管理水平是农商行表外业务发展的主要制约因素。表外业务发展对各类型银行的股东收益和风险均具有积极作用，采用净资产收益率衡量将高估表外业务盈利、低估风险，为监管部门加强资本金监管提供了理论支撑。

第三，信贷资产证券化有助于盘活银行存量资产、扩大资金来源和实现轻资产运营，进而促进表内信贷业务和表外业务协调发展。基于2012—2016年信贷资产证券化重启以来的市场发行数据，借鉴国外学者倾向得分匹配和双重差分检验分析思路（Sarkisyan 等，2013），研究得出发行信贷资产支持证券银行相比未发行银行具有更高的资产收益率，同时增大商业银行信贷风险偏好，导致更高的不良资产率。各类型银行在开展这一新型业务的初期均呈现出较高的资产质量风险，随着市场发展完善和业务开展逐步成熟，风险影响降低，盈利提升作用逐步显现。这一结论为监管部门严格信贷资产证券化业务准入，采取逐步扩大业务试点和推广的谨慎策略提供了支持证据。

基于以上研究结论，本书对不同类型银行提出差异化表外业务发展策略建议：全国性银行具有资源禀赋优势应坚持拓展表外业务实现多元化发展，提升传统表外业务创新层次，着力商业银行直接融资业务并调整表外业务收入结构，提升承销发行类投资银行业务，控制业务发展风险。农商行应精耕本地信贷市场，提升经营管理能力和自身声誉，着力信贷客户增值表外服务，获取更高的信贷业务边际利差（DeYoung 和 Rice，2004）。与此同时，全国性银行应积极研究推进信贷资产证券化，盘活存量资产，调整资产结构，充分发挥资产证券化对表内信贷业务的支持作用，促进表内业务与表外业务协调发展；农商行应审慎推进信贷资产证券化，避免盲目扩大信贷投放带来资产质量下降的风险。城商行应结合自身实际，分别采取全国性银行和农商行的表外业务发展策略。本书还针对监管层面和行业层面提出了监管政策建议和行业规范建议，监管层应重点加强信息披露机制建设，充分揭示表外业务发展风险暴露水平，提升监管政策的系统性和稳定性；行业协会应加强表外业务金融工具研究，促进表外业务发展阳光化。

目录

第一章 总 论

银行表外业务不列入资产负债表,但对经营损益直接产生影响。国际通行的做法是依据业务本身对表内资产负债的潜在影响区分为或有类和中介服务类,而两大类别所属子类品种繁多,各行间业务开设差异较大,难以一概而论。正因为如此,表外业务创新最为活跃,是金融创新体现最为集中的领域,因而表外业务也成为银行发展转型的发力点。基于表外业务复杂性、创新性等特征,本章首先厘清本书的研究背景、研究思路,明确关键研究问题以及拟采取的主要研究方法,为后续各章节建立整体分析框架。

第一节 研究背景和意义

一、研究背景

我国金融体系以银行间接融资为主导。长期以来,商业银行收入结构偏重信贷业务,利息收入占比处于 85% 左右的高水平,导致存量资产规模巨大,信贷风险系统内积聚,银行经营与宏观经济周期密切相连,威胁金融稳定。虽然监管层与商业银行在优化收入结构方面不遗余力,银行业表外业务收入比重由不足 5% 逐步上升至 20% 左右,但仍远低于发达国家 50% 左右的平均水平(程实、宋玮,2014)。随着利率市场化改革加速推进,存贷利差收窄趋势明显,股票、债券等直接融资工具创新以及互联网金融和第三方支付崛起,促使"金融脱媒"深化,商业银行经营面临内忧外患。2008 年国际金融危机后,随着国家 4 万亿元经济刺激计划等系列政策启动，在供需双方共同推动下，瞬间引爆商业银行表外业务发展热情，在与监管机构的博弈过程中，传统表外业务模式创新层出不穷，产品结构化设计不断变化，通过表外业务扩大资产规模实现监管套利，以及主动应对环境变化调整业务结构实现经营转型等情况交错叠加。与此同时，信贷资产证券化这一新型表外业务被监管层和市场主体寄予厚望，以期盘活存量资产，释放银行系统风险，历经试点过程一波三折后正由全国性大行扩展至城商行、农商行等地方性银行，逐步进入常态化发展；而国际发达市场的经验表明，资产证券化在推动银行经营转型、降低融资成本和提升盈利水平方面具有积极作用，但其可能蕴含的巨大风险亦历历在目。基于此，在银行表内信贷业务遭受挑战、表外业务发展已成趋势的前提下，如何探索适合我国国情的商业银行表外业务发展路径，成为亟待深入研究的重要课题。

回顾已有研究成果，国内学者针对商业银行表外业务发展的研究主要呈现如下特征：第一，研究缺乏系统性。动因分析未能建立完整的分析框架，现有研究大都借鉴 DeYoung 和 Rice（2004）的研究方法并择其部分因素探讨，缺乏动因分析的系统性，同时忽视了大量城商行和农商行的动因分析，未能达到正本溯源的研究目的。盈利和风险分析未能结合表外业务与表内业务的关系进行探讨，我国采取分业经营、分业监管体制，表外业务在表内信贷业务的基础上延伸发展，其对盈利和风险的影响必然与信贷业务结合起来探讨，才能揭示问题的本质。长期以来由于利率管制，表外业务与信贷业务关系的研究在国内属于空白，近年来程茂勇、赵红（2012），刘莉亚等（2014）和周鸿卫、胥荷香（2015）等学者借鉴国外净利差决定理论研究方法，利用我国商业银行数据进行了有益探索。第二，针对资产证券化这一新型表外业务的研究较为缺乏，虽然现阶段资产证券化仍具有半监管性质，发行主体的自主决定空间有限（刘红霞等，2015、2016），但参与银行通过资产证券化对盈利和风险的影响已初步显现，却较少受到关注。第三，现有文献整体上样本规模较小，基于不同类型银行尤其是地方性中小银行表外业务发展的针对性研究缺乏，影响结论的客观性和实践价值。

本书在已有研究成果的基础上进行深化和拓展研究：第一，在梳理表外业务发展现状和剖析阶段性发展特征的基础上以动因为切入点，揭示不同类型银行拓展表外业务的外部环境因素和内生驱动因素，证实现阶段表外业务发展的必然性和不同类型银行的选择差异性。第二，以传统表外业务与表内信贷业务的密切联系及其替代和协同效应为内在逻辑，分析其对银行整体盈利水平、资产组合风险和杠杆风险的影响，以及在不同类型银行中的不同效应；并基于表外业务较少受到资本金监管的本质特征，分析发现采用净资产收益率衡量将高估表外业务发展盈利、低估风险，为监管机构加强资本金监管提供理论支持。第三，基于已有市场数据借鉴国外学者研究方法，采用倾向得分匹配和双重差分模型思想，实证研究发行资产支持证券对商业银行盈利水平和资产质量风险产生的净效应。基于此，得出不同类型银行应结合自身资源禀赋采取差异化表外业务发展路径。本书的研究有助于为商业银行推动经营转型、调整收入结构、盘活存量信贷资产，进而促进表内业务和表外业务协调发展，更好地为服务实体经济提供切实可行的落地政策。

二、研究意义

由于特殊的国情和历史原因以及分业经营、分业监管的金融体制，有关商业银行表外业务的研究在我国起步较晚，不过十余年的时间，专门针对表外业务的研究文献仍较少，缺乏系统性，得出的研究结论亦不尽一致，尤其是未能反映近年来商业银行表外业务发展的新趋势和新内涵。本书从外部竞争环境和内部经营管理"三性原则"出发建立完整的表外业务发展影响因素分析框架，并基于表外业务与表内信贷业务内在逻辑关系分析，探讨其对银行整体及股东盈利和风险的影响，形成了系统的研究框架，丰富了表外业务动因分析及盈利研究相关的理论文献。本书针对信贷资产证券化这一新型表外业务进行系统研究，引入表外业务转型发展的新视角，弥补了现有文献关于信贷资产证券化研究较为缺乏的不足，为该领域研究提供了新的思路。与此同时，本书针对不同类型银行的研究，丰富了地方性中小银行表外业务相关的理论文献。

目前宏观经济增速放缓，利率市场化加速，互联网金融迅速崛起，加之民营银行准入放开，商业银行股改红利逐步消退，银行业竞争更为激烈。作为顺周期行业如何在经济转型的大背景下提升经营管理能力，实现金融资源有效配置，满足经济结构调整、企业升级需求成为商业银行面临的现实问题。近年来，监管部门加大政策调控力度，加强表外业务风险管理，鼓励信贷资产证券化盘活存量资产、释放系统性风险，但政策效果遭受质疑，在混业经营已成事实的背景下如何维护金融稳定、促进金融服务实体经济成为监管部门亟待研究的重要课题。本书顺应商业银行传统表外业务增势迅猛、创新活跃以及信贷资产证券化逐步常态化发展的大趋势，结合我国银行业表外业务发展阶段性特征，以及不同类型银行在资源禀赋、监管要求等方面的不同特点，探求商业银行表外业务转型发展的不同实现路径，这对于商业银行制定规划发展战略和监管部门制定科学明确的监管政策，都具有十分重要的现实意义。

第二节　研究设计

一、研究目的和方法

由于商业银行是货币经营企业，有关银行盈利相关的研究主要以实践经验总结为基础（Demirguc-Kunt 和 Huizinga，1999；Athanasoglou 等，2005），在目前收入结构调整和经营转型成为经济金融热点话题的背景下，结合表外业务发展实践的新特征，尤其是银行证券化逐步进入常态化发展，从理论上建立系统分析框架揭示其背后的驱动因素并探讨经济后果，为不同类型银行表外业务发展转型提供针对性策略建议是本书的研究重点。

表外业务与商业银行经营相伴而生，随着经济环境发展变化，传统表外业务由最初的支付结算、承兑、担保拓展至委托代理、资产管理、投资银行等。源起国际金融危机后经济刺激政策推行，在供需双方的推动下我国商业银行表外业务呈现爆发式增长态势；而传统信贷业务发展面临瓶颈，存量资产沉淀增大资本管理压力和占用信贷投放规模，资金来源渠道单一加大流动性管理难度，重资产模式导致经营转型积重难返，信贷资产证券化由全国性银行拓展至城商行和农商行，逐步进入常态化发展。这一发展态势的诱导因素是哪些？是否促进了银行业的盈利增长和有助于金融系统稳定？是否有助于发挥银行业服务实体经济的本质功能？监管层的监管政策从未停止，体现出监管机构在促进金融创新和维护金融稳定上的权衡抉择，因而，这一发展态势是否存在潜在的问题，如何化解这些问题？不同类型商业银行在这些方面是否存在差异？这些问题具有哪些内在逻辑关系，也是本书研究中的主要关注点。

现有文献借鉴国外学者的研究方法从不同视角进行了有益探讨，但结合我国表外业务发展的阶段性特征进行的系统研究较为缺乏。正本溯源，本书以动因研究为出发点，首先研究商业银行传统表外业务拓展热情的主导因素，揭示现阶段商业银行表外业务发展具有必然性和银行个体选择的差异性；在此基础上，结合我国实际，以表外业务与传统信贷业务的密切关系为内在逻辑，揭示商业银行表外业务实践在不同类型银行中产生不同的综合效应；针对信贷资产证券化这一新型表外业务展开系统研究，探讨其通过盘活存量资产、扩大资金来源，在缓解商业银行重资产经营模式压力的同时可能带来资产质量风险增大。基于本书的研究结论，为不同类型银行制定差异化表外业务发展策略，推动经营转型，以及为监管部门近期出台的相关监管政策提供直接的理论证据，以促进商业银行表外业务与表内信贷业务协调发展和服务实体经济本质功能的发挥。

本书吸收借鉴现有文献的研究方法，综合运用规范研究与实证研究，并结合商业银行的行业特征，进行管理学和金融学、市场营销学多学科交叉研究，具体而言：

在规范研究方面，追本溯源，从金融创新理论、TRICK理论和金融抑制理论建立商业银行表外业务发展影响因素的分析框架；从监管套利理论、交叉销售理论、多元化理论综合考察表外业务与传统信贷业务的相互关系，分析其对银行盈利和风险影响的内在逻辑和综合效应。在实证研究方面，基于国际金融危机后2009—2016年全国性银行、城商行和农商行近200家商业银行面板数据，建立回归模型并区分银行类型探讨；基于2012—2016年信贷资产证券化重启后的市场数据，采用倾向得分匹配法和双重差分思想检验信贷资产证券化对盈利和风险的影响。

目前有关商业银行经营管理的研究主要集中于金融学领域，从宏观视角研究商业银行作为我国金融体系最重要的中介机构在社会资源配置、货币政策传导、维护金融稳定方面的作用。基于财务会计微观视角，虽然已有不少学者探讨了商业银行绩效评价体系构建、表外业务创新等，但缺乏理论研究的系统性。本研究综合金融学科有关商业银行作为间接融资主体，以及表外业务与直接融资市场发展的密切关系，结合监管层从货币金融稳定角度出发的监管政策变化和商业银行表外业务发展监管套利特征分析，探讨微观层面对商业银行以及股东盈利和风险的现实影响；同时从市场营销学客户关系管理理论视角，研究商业银行在经营转型和收入结构调整过程中的交叉销售策略应用及其与商业银行表外业务发展的关系，拓展有关商业银行经营管理研究的视角。

二、研究框架与主要内容

表外业务发展水平是商业银行金融创新的集中体现，本研究立足我国商业银行近年来表外业务发展实际，在剖析其阶段性发展特点的基础上，从内外部两个角度分析其发展动因，并紧扣现阶段表外业务与表内传统信贷业务间的密切关系，探讨表外业务发展水平对银行盈利和风险的现实影响。在整个研究过程中，始终贯穿对全国性商业银行、城商行和农商行等不同类型商业银行的分类探讨。本书的框架结构和主要内容安排如图1-1所示。

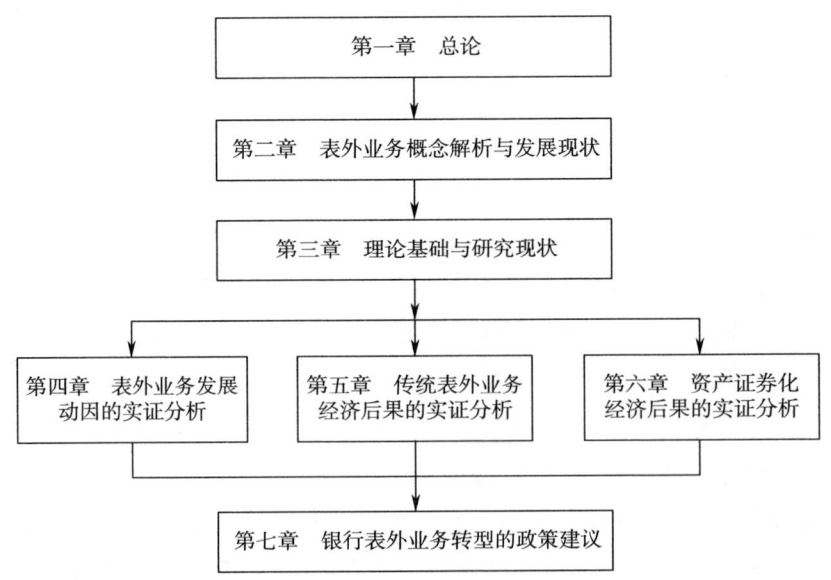

图1-1 本书的框架结构和主要内容安排

　　第一章总论简要阐述本书的选题背景和研究的理论意义、实践意义以及预期达到的研究目的、采用的主要研究方法，并对全书结构安排、主要内容和研究思路进行总括介绍。

　　第二章表外业务概念解析与发展现状从《巴塞尔协议》、主要发达市场国家或地区以及我国监管部门三个层面梳理表外业务以及资产证券化概念界定及发展变化，界定本书的研究范围为广义的表外业务，并针对传统表外业务和信贷资产证券化这一新型表外业务建立系统分析框架。在此基础上，从利率市场化改革、直接融资市场发展以及银行治理完善等视角分析表外业务发展背景，并从行业层面呈现传统表外业务总体规模及带来的商业银行收入结构变化趋势，以及信贷资产证券化发展现状，揭示我国作为转型经济体国家表外业务发展呈现出的阶段性特征，即与表内业务的密切关系、与直接融资市场的交互关系以及典型的监管套利模式，为后续的研究奠定实践基础。

　　第三章理论基础与研究现状在梳理现有研究文献的基础上，从金融创新理论、TRICK理论、金融抑制理论分析表外业务发展影响因素的理论框架；从监管套利理论、交叉销售理论和多元化理论分析表外业务对银行盈利和风险影响的理论框架。针对每一个研究主题从国外和国内两个角度进行文献回顾，并进行总结评述，为后续的研究奠定理论基础。

　　第四章表外业务发展动因的实证分析结合理论分析和业务发展实践背景，紧扣现阶段商业银行面临的竞争加剧这一首要外部因素，以及经营管理"三性原则"内生驱动因素建立逻辑分析框架，采用2009—2016年近200家商业银行数据针对不同类型银行进行实证研究，得出竞争加剧是影响表外业务发展水平的重要外部驱动因素，经营管理水平是制约商业银行拓展表外业务的重要内部因素，目前市场发展初期阶段内部因素是影响信贷资产证券化业务开展的主导原因。与此同时，自身市场力量、流动性水平和风险偏好对不同类型银行发展表外业务具有差异化影响。

　　第五章传统表外业务经济后果的实证分析基于传统表外业务与表内信贷业务的密切关系，在探讨其替代和协同效应的基础上，分析传统表外业务对银行盈利和风险影响的内在逻辑，及在不同类型银行中的不同综合效应。借鉴国外业务发展经验和研究成果，探讨全国性商业银行采用交叉销售策略主动调整收入结构和实现经营转型，降低传统信贷业务盈利以发展表外业务获得长期收益。研究表明全国性银行通过发展表外业务提升盈利水平和降低资产组合风险的同时增大了杠杆风险暴露水平；城商行扩大了盈利并降低了盈利波动带来的资产组合风险；农商行盈利提升的同时盈利波动加大，风险调整后的盈利正向收益不显著，进一步印证经营管理水平是现阶段农商行表外业务发展的主要制约因素。同时研究发现采用净资产收益率衡量表外业务发展经济后果将高估收益、低估风险，为监管层加强资本金监管提供了直接理论证据。

第六章资产证券化经济后果的实证分析表明信贷资产证券化是国际资本市场三大融资方式之一，在国外研究中是热点问题，我国正处在起步和快速发展期。本章借鉴国外学者研究思路和方法，利用 2012—2016 年信贷资产证券化重启后的市场发行数据，采用倾向得分匹配法和双重差分思想检验发行信贷资产支持证券和未发行银行间的盈利水平和资产质量风险变化差异，得出信贷资产证券化有助于提升银行整体盈利水平，同时商业银行信贷风险偏好增大，导致不良贷款率提升和资产质量下降。各类型银行均呈现出相同的发展阶段特征，即业务发展初期风险显著增大，随着市场发展完善和业务更加成熟，风险随之下降，盈利提升作用逐步显现，这一结论为监管层严格信贷资产证券化业务准入、采取试点推广和逐步扩大参与银行范围的谨慎策略提供了理论依据。

第七章银行表外业务转型的政策建议从行业整体、不同类型商业银行角度对主要研究结论进行总结提炼，得出全国性商业银行应大力拓展表外业务推进多元化发展，提升业务创新层次和深度，积极参与直接融资市场，着力承销发行类投资银行业务；积极推进信贷资产证券化盘活存量资产、调整资产结构，同时加强资本金管理控制风险暴露水平。农商行应专注表内信贷业务，深耕本地信贷客户，并着力信贷客户增值表外业务服务以获取更高的边际收益；同时稳妥审慎推进信贷资产证券化，避免规模快速扩张带来资产质量下降的风险；城商行应根据自身资源禀赋分别采取全国性银行或农商行发展策略。本书还从监管层面加强信息披露透明性和行业协会层面提升交易规范性角度提出了针对性政策建议。本书的研究框架如图 1−2 所示。

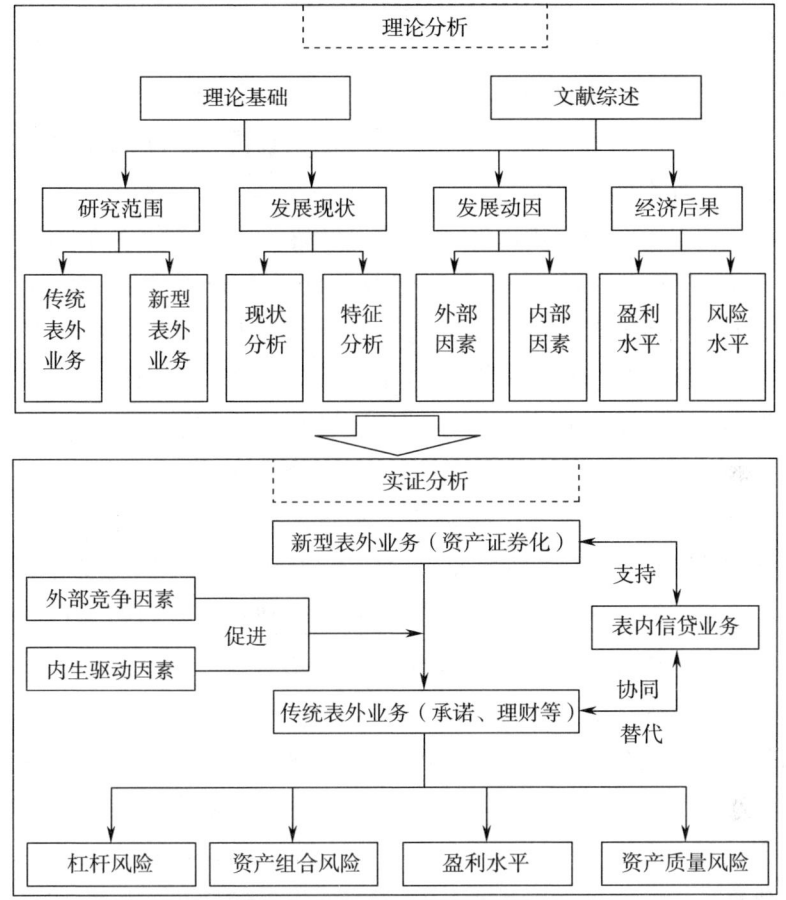

图1-2 本书的研究框架

三、主要研究创新点

第一，本书建立了表外业务发展影响因素的完整分析框架。由于发展阶段不同，国外学者针对表外业务发展动因的研究集中在2000年前后，以DeYong 和 Rice（2004）为主要代表，详细探讨了银行特征对表外业务发展的影响。国内现有文献主要借鉴 DeYong 和 Rice（2004）的研究，从其中选择部分指标，或加入经济增长等宏观因素进行探讨，得出某一类因素可能与表外业务发展水平存在相关关系。本研究结合当前利率市场化改革、直接融资市场不断发展完善、银行同业竞争加剧是商业银行面临最为首要的外部环境因素，并从商业银行经营管理"三性原则"这一立行之本出发，从内外两个角度建立表外业务发展影响因素的完整分析框架，揭示现阶段表外业务发展的必然性以及不同类型银行间的差异性，丰富了表外业务动因研究相关的理论文献。

第二，由于商业银行货币经营企业的特殊性，有关银行盈利影响相关的研究主要以实践经验总结为基础（Demirguc-Kunt 和 Huizinga，1999；Athanasoglou 等，2005），本研究结合表外业务与表内信贷业务的替代和协同关系探讨，揭示表外业务对盈利水平、资产组合风险和杠杆风险影响的内在逻辑和不同类型银行具有的不同综合效应，丰富和拓展了银行盈利研究相关的理论文献。基于不同类型银行资源禀赋差异拓展了现有文献（程茂勇、赵红，2012；周鸿卫、胥荷香，2015）有关表外业务发展中交叉销售策略应用的理论探讨。与此同时，本研究基于表外业务发展对资本金要求较低的本质特征，进一步研究了其对股东盈利和风险影响存在的不同效应，研究表明采用净资产收益率衡量将会高估收益、低估风险，为监管层加强资本金监管提供了理论支撑。

第三，对信贷资产证券化这一新型表外业务进行系统研究。现有文献中早期针对信贷资产证券化引入必然性、合理性以及介绍国际市场发展经验的研究较多，而基于市场数据的实证研究缺乏。本书利用 2012 年信贷资产证券化重启后的市场发行数据，借鉴国外学者倾向得分匹配和双重差分分析思路（Sarkisyan 等，2013）检验资产证券化对银行盈利水平和资产质量风险的影响，弥补了现有研究文献缺乏的不足，并为该领域研究提供了新的思路，同时为推动商业银行资产证券化常态化发展提供针对性的政策建议。

第四，本书在搜集国际金融危机后近 200 家银行数据的基础上（也是现有研究可供获取的最大样本量）对不同类型银行展开针对性研究，涵盖了除全国性银行之外的诸多城商行和农商行，丰富了中小银行表外业务发展和盈利研究相关的理论文献。在现阶段民营银行准入放开的政策背景下，为不同类型银行表外业务发展转型提供差异化政策建议，具有重要的现实意义。

本章小结

本章结合现阶段我国表外业务实践阐明发展表外业务、推动经营转型是商业银行的现实选择，表外业务创新层出不穷，市场发展规范也使监管部门面临较大挑战，进而明确本书的研究主题，即正本溯源探讨表外业务发展的推动因素，并以盈利风险原则为指导实证研究传统表外业务与信贷资产证券化这一新型表外业务对银行经营绩效的影响，揭示信贷资产证券化对促进表外业务创新发展及其与表内信贷业务良性循环的内在逻辑，得出各类型银行应基于自身资源禀赋采取差异化表外业务发展转型策略的政策建议。

本章对研究思路和框架内容进行总括阐述。鉴于表外业务的复杂性和创新性，以表外业务和资产证券化业务概念解析为逻辑起点，以动因分析和经济后果分析为核心内容，区分研究两类业务对银行绩效和风险影响的不同逻辑，同时剖析两者的相互联系及其与表内信贷业务的促进关系，基于银行经营发展的整体思维，提出表外业务发展转型的针对性策略建议，从理论上丰富了表外业务相关研究文献，同时引入证券化拓展表外业务研究视角，弥补资产证券化实证研究的不足，为不同类型商业银行表外业务发展转型开拓思路。

第二章　表外业务概念解析与发展现状

　　面对日益激烈的同业竞争，表外业务成为银行竞相争夺的重要领地，与此同时，表外业务可能引发的巨大风险和财富损失也让监管部门十分忧心。本章首先介绍《巴塞尔协议》、主要发达市场国家或地区以及我国监管层有关表外业务的概念解析，结合已有学术研究文献，分析界定本书的表外业务研究范围，即传统表外业务和信贷资产证券化业务。在此基础上，分析近年来我国表外业务迅猛发展的经济背景、发展现状，进而总结提炼现阶段表外业务发展的主要特征，为后续各章节的深入讨论奠定实践基础。

第一节　表外业务概念解析

　　《巴塞尔协议》以及发达市场国家或地区表外业务划分的具体种类不尽相同，但整体而言，以风险程度和监管标准为划分依据，界定主要的表外业务范围。我国表外业务由于发展起步晚、基础薄弱，最初主要限定为中介服务类，并由"中间业务"相关监管文件规范；随着商业银行以及金融体制深化改革，金融创新层出不穷，表外业务快速发展，相关概念范围逐步与国际通用概念趋于一致。

一、表外业务概念解析

　　根据《巴塞尔协议》①，表外业务分为两类：一是或有债权（债务），

---

　　① 巴塞尔委员会于 1986 年发布《银行表外业务风险管理》，1988 年《统一资本计量与资本标准的国际协议》提出表外资产的资本计提方法，对复杂表外业务的风险管理要求以巴塞尔委员会文件的形式陆续补充进入资本协议框架，如 1992 年 9 月的《资产转让与证券化》、1994 年 7 月的《衍生产品风险管理指引》等。

即狭义的表外业务，指商业银行从事的按照通行会计准则不纳入资产负债表反映，但引起的损益变动计入利润表的业务。二是金融服务类业务，指能够带来服务性收入但不会对表内业务质量产生影响，即向客户提供金融服务，以收取手续费和佣金为目的，几乎不承担风险，也就不构成银行的或有资产或负债，主要是在满足广大客户需要的过程中逐渐发展起来的，包括各种代理、信托、信息咨询、结算和清算等业务。

各金融监管机构主要是在表外业务风险监管框架中针对不同类型表外业务进行规定。美联储在《商业银行检查手册》《交易和资本市场业务监管手册》等文件中，以专门的章节对表外业务风险点进行说明并提出具体监管要求，其将表外业务分为四类：表外信贷业务（OBS Credit Activities），如贷款承诺、透支、信用证、承兑汇票；信托、证券清算和经纪、财务顾问；银行自营账户的衍生交易；银行代客交易。前两类属于传统表外业务，后两类主要是复杂程度较高、风险不易识别的衍生工具和交易业务。

英国对表外业务的监管仍然遵循巴塞尔委员会的基本原则，英国金融服务管理局（FSA）在《银行业监管手册》中对表外业务监管提出了相关要求，散见在信用风险、操作风险、市场风险、资本管理、信息披露等14个相关领域的制度之中。根据 FSA 的非现场监管报表，表外业务可分为三类：表外信贷业务，如贷款承诺、信用证、承兑汇票等；衍生交易；信托、证券清算、财务顾问等业务。

香港金融管理局的资本充足率监管框架覆盖了表外业务监管：一是要求要捕捉到银行账户的表外信用风险和交易账户中的交易对手风险，给予表外项目相应的风险权重；二是要求认可机构的市场风险计量要包括表外的利率风险、表外银行账户和交易账户中的外汇风险敞口和商品风险敞口；三是提高证券化交易的流动资金融通资本要求，对再证券化业务赋予了更高的风险权重，并特别要求银行披露被证券化资产内在风险的性质、银行在证券化过程中的角色、证券化风险承担的估值等。

归纳起来，狭义的表外业务品种有十二类，见表 2 - 1。

表 2 - 1   **主要表外业务品种**

表外业务品种	业务描述
银行承兑汇票	付款人或收款人（或承兑申请人）签发，并由承兑申请人向开户银行申请，经银行审查同意承兑的商业汇票。
保理（代理融通）	由商业银行代客户收取应收账款，并向客户提供资金融通的一种业务方式，包括收买或代收应收账款、对商品买方的信用调查、对债权的管理、催收，以及对卖方的周转性融资等。
备用信用证	商业银行应借款人要求开具的一种特殊信用证，其实质是对借款人的一种担保行为，保证在借款人破产或不能及时履行义务的情况下，由开证行向收益人及时支付本利。
贷款承诺	银行在未来特定时期内，向客户按事先约定的条件发放一定数额贷款的诺言，分为可撤销和不可撤销的承诺；承诺仅涉及两个当事人，即银行和客户，只在未来某一时间内使银行面临信贷敞口风险。
贷款担保	商业银行以证人和保人的身份接受客户的委托，对企业提供信用担保服务的业务；担保涉及三个当事人，即银行、客户（委托人）和收益人，要求银行满足收益人对客户的债权要求，银行从作出担保签证之日起，便承担着信贷敞口风险。
贷款出售	商业银行视贷款为可销售资产，在贷款形成以后，采取各种方式出售贷款债权给第三方，重新获得资金来源。
资产证券化	商业银行将一组流动性较差的资产经过组合形成稳定的现金流，再配以相应的信用担保，转移给特设载体（SPV），SPV通过技术处理使风险和收益要素分离与重组后，以这组资产所产生的未来现金流收益权转变为可在金融市场上流通、信用等级较高的债券型证券。
票据发行便利	借款人事先和商业银行签订一系列具有法律约束力的协议，然后在一个中期的时间内以自己的名义发行一连串短期票据筹措资金，而作出包销承诺的银行则依协议负责承购借款人卖不出去的全部票据，或者为借款人提供支持性信用服务。
远期协议	主要包括远期利率协议和远期外汇合约，前者指协议双方事先约定一个远期利率，并且于将来某日（清算日）由一方向另一方支付协议利率与市场利率之间的利差；后者指交易双方按商定的远期汇率订立买卖合同，到约定日期进行交割的外汇交易。
金融期货	买卖双方在交易所内以公开竞价的方式，就将来某一特定时间按约定价格（或指数）交收标准数量特定金融工具的协议。

续表

表外业务品种	业务描述
金融互换	主要包括利率互换和货币互换，交易双方依据事先约定的规则，在未来的一段时间内，互相交换一系列本金、利息、价差等现金流。
金融期权	期权买方支付给期权卖方一笔权利金（或称期权费）获得一种权利，可于期权的存续期内或到期日当天，以执行价格与期权卖方进行约定数量的特定标的。

二、我国监管部门表外业务概念解析

我国由于采取分业经营、分业监管体制，加之以银行信贷为主的间接融资主导，长期以来表外业务品种较为单一，主要局限于商业银行支付结算中介业务，以及承诺担保业务。近年来随着经济持续增长，社会金融产品需求旺盛，以及直接融资市场发展，表外业务金融创新更加活跃，交易品种更加丰富。我国的表外业务概念主要由人民银行和银监会在相关管理办法中进行界定，由于监管职能不同，概念和范围均不一致。

1. 人民银行表外业务概念界定

人民银行 2000 年发布《商业银行表外业务风险管理指引》，将表外业务定义为商业银行所从事的，按照现行的会计准则不计入资产负债表，不形成现实资产负债，但能改变损益的业务，包括担保类、承诺类和金融衍生交易类三种类型。

表 2 - 2　　　　　人民银行表外业务概念界定（2000 年）

表外业务品种	业务描述
担保	商业银行接受客户委托对第三方承担责任的业务，包括担保（保函）、备用信用证、跟单信用证、承兑等。
承诺	商业银行在未来某一日按照事先约定的条件向客户提供约定的信用业务，包括贷款承诺等。
金融衍生交易	商业银行为满足客户保值或自身头寸管理等需要而进行的货币和利率的远期、掉期、期权等衍生交易业务。

此后，人民银行于 2001 年发布《商业银行中间业务暂行规定》[①]，指出

---

① 该规定于 2003 年废止（2003 年 2 月 27 日国务院发布《国务院关于取消第二批行政审批项目和改变一批行政审批项目管理方式的决定》），其后没有相应的法规条例颁布。

中间业务是指不构成商业银行表内资产、表内负债，形成银行非利息收入的业务，并根据商业银行开办中间业务的风险和复杂程度分别实施审批制和备案制；适用审批制的业务主要为形成或有资产、或有负债的中间业务，以及与证券、保险业务相关的部分中间业务；适用备案制的业务主要为不形成或有资产、或有负债的中间业务。

表 2 - 3　　　　　　　人民银行中间业务概念界定（2001 年）

中间业务监管	业务品种
审批制	各类汇兑业务；出口托收及进口代收；代理发行、承销、兑付政府债券；代发工资、代理社会保障基金发放、代理各项公用事业收费等代收代付业务；委托贷款业务；代理政策性银行、外国政府和国际金融机构贷款业务；代理资金清算；代理其他银行银行卡的收单业务；各类代理销售业务；各类见证业务；资信调查、企业信用等级评估、资产评估、金融信息咨询等信息咨询业务；企业、个人财务顾问业务；融资顾问、国际银团贷款安排等企业投融资顾问业务；保管箱业务。
备案制	票据承兑；开出信用证；备用信用证等担保类业务；贷款承诺；金融衍生业务；各类投资基金托管；各类基金的注册登记、认购、申购和赎回业务；代理证券业务；代理保险业务。

由此可见，人民银行关于"中间业务"概念的界定与《巴塞尔协议》广义表外业务的概念基本类似，而关于"表外业务"的概念界定与《巴塞尔协议》狭义表外业务的概念类似，只是由于业务发展阶段不同，部分业务我国当时尚未开展，因而业务品种上存在差异。人民银行"中间业务"概念对我国银行业影响深远，在过去表外融资发展缓慢、金融创新程度低的情况下，商业银行依托支付结算中介开展的一系列金融服务业务均囊括在这一概念中，在实务界一直沿用至今。

2. 银监会表外业务概念界定

银监会于 2003 年成立，负责统一监督管理银行、金融资产管理公司、信托投资公司及其他存款类金融机构，以维护银行业的合法、稳健运行。2011 年银监会发布《商业银行表外业务风险管理指引》，鉴于我国金融衍生交易产品较少、交易量并不活跃，该指引将表外业务具体类型划分为担保和承诺两大类，剔除了金融衍生交易类。

近年来，随着直接融资市场发展，商业银行表外资金运用（尤其是银行理财资金）迅猛增长，2016 年银监会发布《商业银行表外业务风险管理指引（修订征求意见稿）》，根据表外业务特征和法律关系，将表外业务分为担保承诺类、代理投融资服务类、中介服务类、其他类等。

表 2－4　　　　　　　　　**银监会表外业务概念界定（2016 年）**

表外业务品种	业务描述
担保承诺类	担保类业务指商业银行对第三方承担偿还责任的业务，包括但不限于银行承兑汇票、保函、信用证、信用风险仍在银行的销售与购买协议等。承诺类业务指商业银行在未来某一日期按照事先约定的条件向客户提供约定的信用业务，包括但不限于贷款承诺等。
代理投融资服务类	商业银行根据客户委托，为客户提供投融资服务但不承担代偿责任、不承诺投资回报的表外业务，包括但不限于委托贷款、委托投资、代客非保本理财、代客交易、代理发行和承销债券等。
中介服务类	商业银行根据客户委托，提供中介服务、收取手续费的业务，包括但不限于代理收付、财务顾问、资产托管、各类保管业务等。

总体来看，《商业银行表外业务风险管理指引》扩展了表外业务定义范围，在概念上更倾向于广义表外业务的统一范畴，既包括或有资产（负债）类业务，又包括金融中介服务类业务，但在监管着力点上更注重前者，将担保承诺类传统或有业务放在首位，同时增加了近年来快速发展、与直接融资市场关联密切的业务类型，如委托投资、代客理财、承销发行等业务，其主要目的在于严控金融风险。

三、资产证券化业务概念解析

资产证券化起源于 20 世纪 60 年代末的美国，其初衷在于盘活住房抵押贷款二级市场，80 年代以来迅速席卷英国、法国、德国等金融发达市场国家，90 年代开始逐步进入亚洲市场，基础资产也由银行住宅按揭贷款、汽车贷款扩展至公共设施投入、应收账款等未来受益权，成为丰富资本市场投融资工具，沟通传统直接融资和间接融资的有效通道，与之相关的理论内涵和外延也随着实践发展而不断演化（韩秋，2003）。

有鉴于此，有关资产证券化的理论定义学术界并未形成一致意见①。陈裘逸、张保华（2003）认为厘清资产证券化的定义要明确基础性权利证券化的实质，同时要说明其证券化过程采取的机制设计，即是通过转换或者衍生方式，以实现原始权益人和其特定资产的风险隔离和信用增强。因此，本书不做严格意义上的定义探讨，从证券化业务运作模式出发对西方市场国家和我国的资产证券化实践进行对比分析，揭示现阶段我国银行资产证券化业务表外运行的本质特征。

1. 西方市场国家资产证券化业务模式

资产证券化运行机制设计的核心特征是风险隔离，标准化的做法是专门设立一个特殊目的机构（SPV）来承载原始权益人拟证券化的基础资产，实现资产的真实出售。然而，世界各国依据的法律制度体系各不相同，实践中也采用了各具特色的运行模式。每一个国家、经济体采用某一种模式的同时，也可能同时采用各种组合方式来满足市场多元化的投资需求，整体来说可以区分为美国表外模式和欧洲表内模式，前者将拟证券化资产真实出售给特殊目的机构，实现破产隔离，而后者将拟证券基础资产保留在发起人资产负债表内，发起人对投资者仍然负有担保责任。表内模式运行时，用以证券化的基础资产质量较高，且通常受到公共或独立机构的严格监管，要求发起人对其进行动态维护。因此，很多学者认为欧洲表内模式更具安全性，而美国表外模式效率较高，但安全性不足，是引起 2008 年次贷危机的根源（诸培宁，2015）。

郭万明（2017）进一步从信用增级视角分析两种模式的发展趋同，认为表外模式通过内部增级和外部第三方增级弥补其安全性不足，在内部增级过程中，通常采取优劣分层结构设计、超额抵押、现金抵押、附追索权、利差账户等方式，事实上保留了证券化资产的部分风险，实现对投资者的"双重担保"（证券化基础资产＋发起人内部增级）；与此同时，传统流行表内模式的国家也借鉴表外运作模式，如德国 Pfandbrief 债券的基础资产池管理人必须由监管部门任命，发起人破产时债券及担保资产池资产也不纳入

---

① 资产证券化有许多不同的形式和类型，因而给其定义和性质界定造成了困难（张超英，翟祥辉. 金融资产证券化——原理、实务、实例［M］. 北京：经济科学出版社，1998.）。

清算范围，具有较高的独立性；西班牙 Spanish cédulas 债券通过设立发起人破产时提前偿还及有限受偿权实现一定程度上的破产隔离效果；英国的整体业务证券化产品（WBS）与表外模式类似，成立特殊目的机构负责 WBS 债券发行，并将业务运营收益作为投资人信托财产，事实上达到风险隔离的目的。

由此可见，两种模式在实践中双向融合、相互借鉴，并无绝对的优劣之分。次贷危机之后，有关资产证券化的关注点主要集中在风险产生的逻辑机制和监管变革。正如 Frost（1997）所言，银行证券化基础资产所固有的信用风险，并不能因为证券化而得以消除，反而会伴随资产支持证券的流通而逐渐被扩散。证券化使得银行信贷模式由发起—持有向发起—销售转变，银行具有基于自身信息优势降低借款人筛选标准和弱化跟踪管理的动机，诱发道德风险和逆向选择问题（Parlour 和 Plantin，2008）。FCIC（2011）认为证券化以及该模式下银行对借款人监督放松是引燃金融危机的主要原因。基于此，美国于 2011 年提出并自 2014 年 10 月正式实施《多德—弗兰克法案》（Dodd-Frank Act）第 941 条即风险自留监管政策，要求证券化发起人保留不低于风险总额 5% 的证券化资产，以建立发起银行和投资者间的风险共担机制，增强银行对借款人的监督激励（Franke 和 Krahnen，2008）。

2. 我国资产证券化业务模式

鉴于《公司法》《企业破产法》等法律法规限制，我国证券化业务采取特定目的信托（SPT）模式实现风险隔离。相比西方市场国家已经发展成熟的证券化业务，我国正在起步阶段，且具有自身鲜明的特征，主要体现在：

一是证券化业务分为人民银行和银保监会监管的信贷资产证券化（信贷 ABS）、证监会监管的企业资产证券化（企业 ABS）以及银行间交易商协会主管的资产支持票据（ABN）。信贷 ABS 是指在中国境内银行业金融机构作为发起机构，将信贷资产信托给受托机构，由受托机构以资产支持证券的形式向投资机构发行受益证券，以该财产所产生的现金支付资产支持证券收益的结构性融资活动[①]。信贷 ABS 要求发起机构设立特定目的信托，属

---

① 银监会 2005 年发布的《信贷资产证券化试点管理办法》。

于资产证券化的标准模式；企业 ABS 由证券公司设立专项资管计划发起资产证券化行为，证券公司将其与投资者之间的关系确定为委托关系，并非信托关系，因而不能实现真正意义上的真实销售和风险隔离；ABN 是非金融企业以基础资产未来产生的现金流作为还款支持而发行的融资工具，《银行间债券市场非金融企业资产支持票据指引》中并未要求其交易结构中必须进行严格的风险隔离安排，因而也不属于真正意义上的资产证券化产品。但是，相比美国和欧洲市场住房按揭贷款资产证券化（MBS）占据市场主导，我国由于多层次资本市场发展仍不完善，企业融资渠道窄，企业 ABS 提供了一种更为便利、成本更低的融资方式，发展势头强劲，2016 年发行量已经超过信贷 ABS。

二是信贷资产证券化被监管层和市场寄予厚望，发展过程一波三折，2014 年后逐步进入常态化发展。巴曙松、牛播坤（2013）梳理美国资产证券化发展脉络认为，资产证券化是美国支持房地产融资、盘活长期贷款资产存量、化解房贷资金矛盾的必然选择，而利率市场化改革过程中储贷协会资产负债严重错配面临流动性风险催化了资产证券化产品的产生和快速发展。我国 1996 年启动利率市场化改革，伴随着存贷利率放开，商业银行存贷利差收窄，竞争加剧和经营转型迫在眉睫，于 2005 年引入资产证券化，旨在盘活存量资产，避免金融风险系统内积聚。2008 年遭遇次贷危机试点停滞，直至 2012 年重启扩大试点，2014 年由审批制转为注册制，试点银行也由国有大行、股份制银行扩展至城商行和农商行，逐步发挥对商业银行资产负债结构和收入结构调整的作用。

四、本书的表外业务研究范围界定

鉴于监管部门针对表外业务的概念界定随着业务发展不断更新，在学术研究中，针对表外业务研究范围学者们也持有不同观点。早期的研究针对表外业务和中间业务的概念进行辨析，刘国强（2003）梳理研究文献后认为存在三种观点：表外业务等同于中间业务、表外业务囊括中间业务、中间业务囊括表外业务。谢启标（2006）认为我国习惯上使用的"中间业务"等同于狭义的表外业务概念，原因在于我国商业银行表外业务发展范围狭窄，以金融服务类为主。近年来，部分学者紧跟监管部门政策变化，逐渐采用国际通行的表外业务概念进行研究,如黄洁莉等(2013)基于上市银行样本研究承诺、担保等狭义的表外业务银行业绩和风险的影响;薛永明(2014)和靳珂(2015)同样基于上市银行探讨广义表外业务对银行效率和绩效的影响。

如上所述,基于监管部门和学术研究发展趋势,本书采用广义的表外业务概念范围,并从商业银行表外业务转型视角,将资产证券化纳入分析框架。建立这一框架的理论依据如下:

第一,我国信贷资产证券化采用表外业务模式。如前所述,国际上资产证券化具有三种代表模式:以美国为代表的表外业务模式;以英国、德国为代表的表内业务模式;以澳大利亚为代表的准表内模式,我国采用美国模式,即在商业银行外部设立特殊目的机构实现资产的真实出售,不再反映在资产负债表内,与此同时商业银行提供发行资产支持证券相关的承销服务,直接计入表外业务收入(唐璐、李博,2016)。

第二,资产证券化具有盘活存量资产、调整资产负债结构、扩大融资渠道等新兴功能(邹晓梅等,2014),因而在对银行盈利和风险的影响路径上与传统表外业务存在本质差异。在我国现阶段衍生金融业务尚未充分发展的情况下,传统表外业务主要通过与表内信贷业务的替代和协同关系,影响银行整体盈利和风险水平。如图2-1所示,一方面通过发展表外业务可以规避更为严格的信贷监管;表外业务是商业银行参与直接融资、应对金融脱媒的便捷途径;全国性大行在自身势力、技术资源禀赋基础上还可以采取交叉销售策略主动降低表内信贷业务定价水平以促进表外业务收入增长获得长期盈利,因此表外业务发展对表内信贷业务形成明显的替代效应。另一方面,在利率市场化改革背景下,存贷利差收窄已是大势所趋,调整收入结构和实现经营转型又成为商业银行面临的核心主题,表外业务是商业银行金融创新的集中体现(朱明星,2013),有助于丰富金融产品和服务,实现与表内业务的协同发展,因此表外业务对银行盈利水平及其波动的影响机制更为复杂。在风险方面,表外业务较少受到资本金监管的限制,表外资产规模扩张将可能增大银行杠杆风险。

商业银行通过信贷资产证券化能够获得承销及服务收入,直接增加表外业务收入,与其他传统表外业务具有共同的特点。另外,资产证券化能

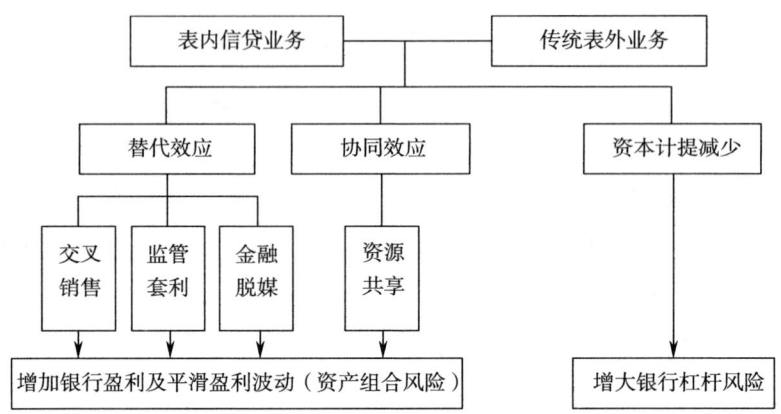

图2-1 传统表外业务对银行盈利和风险的影响路径

够实现存量信贷资产出表，扩大银行资金来源，提高信贷资产循环周转，因此能够降低风险资本消耗和融资成本、增加盈利能力（Pennacchi，1988；Boot 和 Thakor，1993；Jiangli，2010；Lejard，2015）；而资金来源的扩大同时可能增大银行信贷投放风险偏好，导致更高的资产质量风险（Krahnen，2006、2007；Sarkisyan 等，2013）。

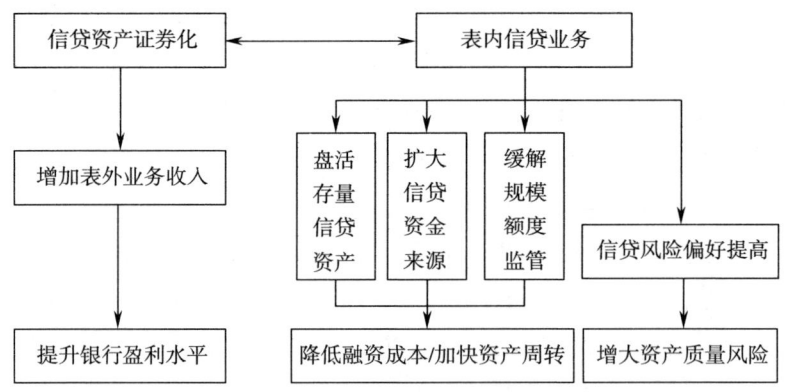

图2-2 信贷资产证券化对银行盈利和风险的影响路径

第三，资产证券化被誉为 20 世纪金融市场最重要的创新之一（巴曙松、牛播坤，2013），在我国特殊背景下将迎来快速发展新时代（张明等，2013）。从世界范围来看，资产证券化已成为美国债券市场规模最大的金融产品，并被欧盟、加拿大、澳大利亚、日本等国家或地区广泛推广应用。

我国虽然 2005 年即启动试点，但由于国际金融危机一波三折，2012 年重启后才逐步实现规范发展，2014 年底发行制度由审批制改为注册制后，全国性大行已基本实现滚动发行，但发行规模占存量资产的比重仍较小，城商行和农商行正逐步加入发行行列，因而资产证券化在全国范围内仍属于一项新型业务，处于发展的起步阶段（刘丽娜，2014），未来常规化发展路径亟待理论研究成果的支持。

本书的表外业务概念界定及研究范围如表 2 - 5 所示。

表 2 - 5　　　　　　　　本书的表外业务概念界定及研究范围

表外业务品种	概念界定及研究范围
传统表外业务	金融中介服务类业务，以及或有资产（负债）类业务（银监会，2016）
资产证券化业务	银行业金融机构作为发起机构，将信贷资产信托给受托机构，由受托机构以资产支持证券的形式向投资机构发行受益证券，以该财产所产生的现金支付资产支持证券收益的结构性融资活动

第二节　表外业务发展现状[①]

西方商业银行表外业务发展的历史经验表明，表外业务的快速发展依赖于一定的外部条件：利率与汇率的高度市场化、混业经营、社会信用与法律环境较好（朱雁萍、郭伟，2001）。我国采取分业经营、分业监管的金融体制，并在很长时期内实行利率管制，表外业务发展规模一直徘徊较低水平。近年来随着经济增势良好，需求方面企业融资和居民理财需求旺盛，迫切要求商业银行提供更加丰富多元的金融服务；供给方面利率市场化提速和金融同业竞争加剧，促使商业银行和证券、保险等金融同业机构加深合作，金融产品创新层出不穷，表外业务规模快速扩张。

一、表外业务发展背景分析

表外业务发展本质上是商业银行的金融创新行为，与银行自身基于流

---

① 本节针对行业层面的分析区间均为 2012—2016 年。

动性、盈利性和安全性"三性原则"追求风险收益均衡的利润最大化要求一致，而银行作为货币经营的市场主体，同时受到宏观经济环境、金融同业竞争以及投融资体制变革的深刻影响。

1. 利率市场化改革压缩存贷利差

利率市场化将带来存贷款利率明显提高，对我国商业银行产生深远影响（李宏谨，2015）。中小银行面临的冲击或将更大，美国经验表明在1980—1991年利率市场化引发储贷协会危机，约四分之一的储蓄贷款机构经历破产（巴曙松等，2013；陆军、赵越，2015）。我国利率市场化改革基本沿着先放开贷款利率，再放开存款利率的步骤，2015年10月不再对商业银行和农村合作金融机构等设置存款利率浮动上限，标志着我国人民币利率管制基本放开，利率市场化改革基本完成。如图2-3所示，随着利率市场化不断推进，存款付息率上升幅度可能持续高于贷款收益率上升幅度，存贷款利率非对称性变化导致利差缩小的趋势明显。2014—2016年间，净利差由2.71%下降至2.09%，银行业所面临的外部经营环境发生深刻变化，坐靠信贷规模增长和高利差的传统盈利模式将一去不返，开拓新的利润增长来源推动收入结构调整成为经营管理的核心主题。

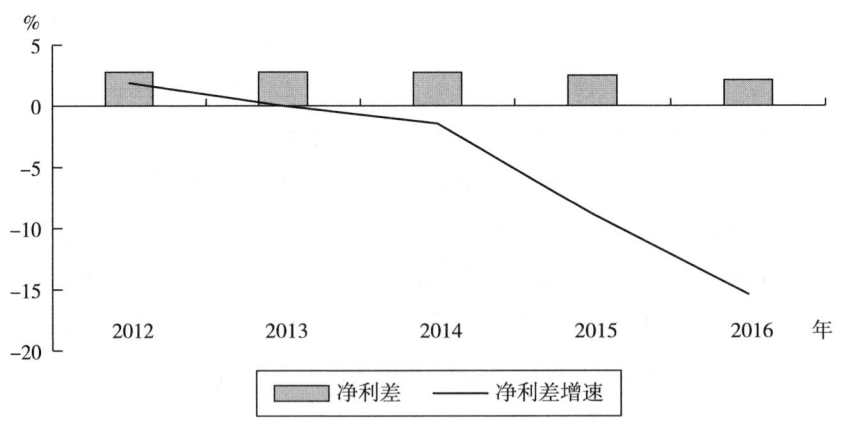

图2-3　商业银行净利差变化趋势

2. 同业竞争加剧

监管层持续推进银行业改革，加剧了银行竞争程度。一方面，放开民营银行准入①，拓宽民间资本进入银行业的渠道和方式，《中国金融稳定报告》显示，2013 年末民资占比超过50%的中小银行已有 100 多家，其中100%民资的银行有 3 家，全国农村中小金融机构民资占比已经超过 90%，村镇银行民资占比达到 73%。民间资本进入向银行业引入了更多的竞争机制，银行经营压力进一步加大。另一方面，城商行通过开设省内、跨省分支机构加快规模拓展，农村信用社改制农商银行，经营管理能力进一步提升，在传统信贷市场展开更加激烈的角逐。如图 2－4 所示，银行业平均资产利润率在 1%左右，且呈现下降趋势，除 2013 年与上年基本持平外，2014—2016 年加速下降。银行业资本利润率由 2012 年的接近 20%持续下降至 2016 年的 15%以下，与资产利润率呈现同样的趋势，同业竞争进一步缩小了银行盈利空间。

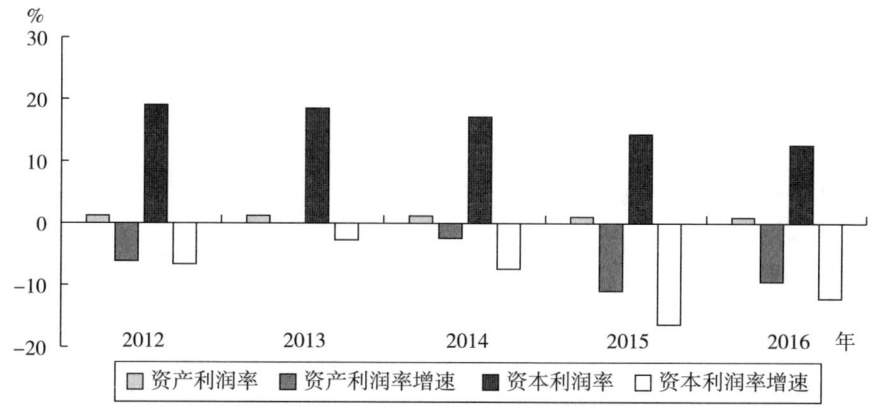

图 2－4　商业银行盈利水平变化趋势

3. 金融脱媒加速发展

随着金融创新和改革进程加快，社会融资渠道和非金融部门金融资产配置趋于多元化，客户的需求从单纯的信贷资金需求转向综合金融需求，直接融资、综合投融资、现金管理需求等明显上升，对银行传统资产和负债业务的依赖性逐步降低，如一些业绩优良的大中型企业通过股票或债券市场融资，积极寻求系统性金融解决方案（人民银行金融稳定报告，2015、

① 2013 年出台的《国务院办公厅关于金融支持经济结构调整和转型升级的指导意见》和十八届三中全会通过的《中共中央关于全面深化改革若干重大问题的决定》进一步明确，允许具备条件的民间资本依法发起设立中小型银行等金融机构，进一步拓宽了民间资本进入金融服务业的渠道。

2016）。与此同时，各种创新金融产品与工具不断涌现，混业经营趋势愈加明显，非银行金融机构以及互联网金融也为客户提供能更多的选择空间，这些都对商业银行传统的资产负债业务提出了挑战（刘亚干，2014）。传统存贷业务利差收窄，利润率下降，仅依托传统信贷业务难以满足金融机构持续盈利和发展的需要，倒逼其寻求盈利增长点。表外业务在监管要求、经营灵活性上较之表内信贷业务更具优势，通过产品设计和创新能够满足客户多元化融资和投资需求，成为商业银行应对金融脱媒、弥补利息收入下滑的必然选择。如图 2－5 所示，商业银行收入结构正在逐渐发生变化，利息收入占比在各类银行中均呈现明显下降趋势。

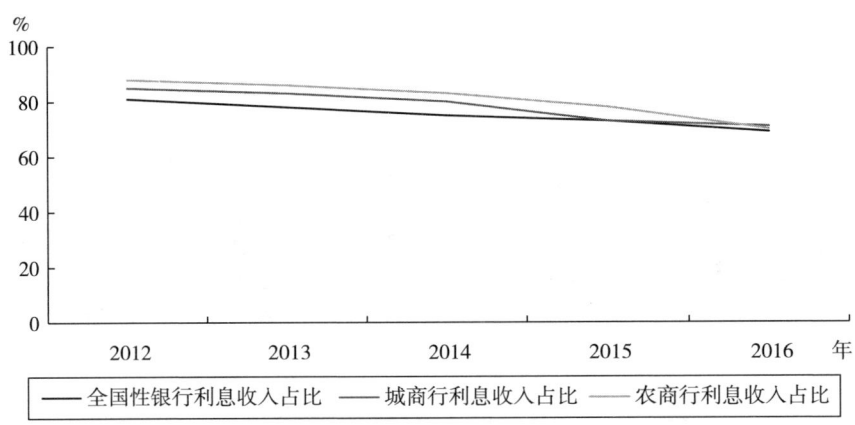

图 2－5　商业银行利息收入变化趋势

4. 银行治理机制日趋完善

各国金融发展历史表明，股权多元化、产权清晰的治理结构和激励机制是业务发展的基础（易纲、赵先信，2001）。银行治理机制是推动金融创新的重要力量（朱明星，2013）。纵观中国银行业的改革和发展，以完善治理机制为核心的三次改革在过去三十多年中占据主旋律：第一次改革为 1979—1994 年期间，实施职能专业化改革，推动人民银行专门行使中央银行职能，形成与工农中建四大国有专业银行各司其职的二元银行体制；第二次改革为 1994—2003 年期间，推动商业银行向市场化经营主体转型，成立三家政策性银行，实现政策性金融和商业金融分离；《中华人民共和国商业银行法》颁布，明确国有商业银行市场主体地位；通过注资补充资本金、成立四家资产管理公司、取消贷款规模实行资产负债比例管理等系列措施逐步建立经营绩效和风险内控机制，弱化外部行政干预。第三次改革自 2004 年启动，以股份制改造、建立现代公司治理结构和实现资本市场上市为主要内容，推动国家控股商业银行改制上市和激发经营活力。在此过程中，1978 年后随着金融改革推进逐步成立了许多股份制商业银行和城商行，2016 年末全国性银行、城商行、农商行的股权结构中民营资本占比分别达到 43%、55%、86%（郭树清，2017），股份制改造为商业银行改革创新提供了坚实的制度基础。

2013 年银监会发布《商业银行公司治理指引》，进一步推动商业银行建立完善的公司治理机制，促进形成良好的"三会一层"及其他利益相关者之间的相互关系，包括组织架构、职责边界、履职要求等治理制衡机制，以及决策、执行、监督、激励约束等治理运行机制。近年来农商行改制正在加速推进，完善的公司治理机制显著提升了商业银行经营管理水平和市场化经营能力，为应对内外部竞争、创新业务发展提供了前提。

二、传统表外业务发展现状分析

根据 2012—2016 年人民银行《中国金融稳定报告》统计数据，银行业金融机构表外业务资产余额由 2012 年末的 48.65 万亿元增加至 2016 年末的 131.6 万亿元；表外资产占表内总资产的比重由 36.41% 增长至 54.45%，如图 2－6 所示，其中表外资产主要包括委托贷款、委托投资以及承兑业务。

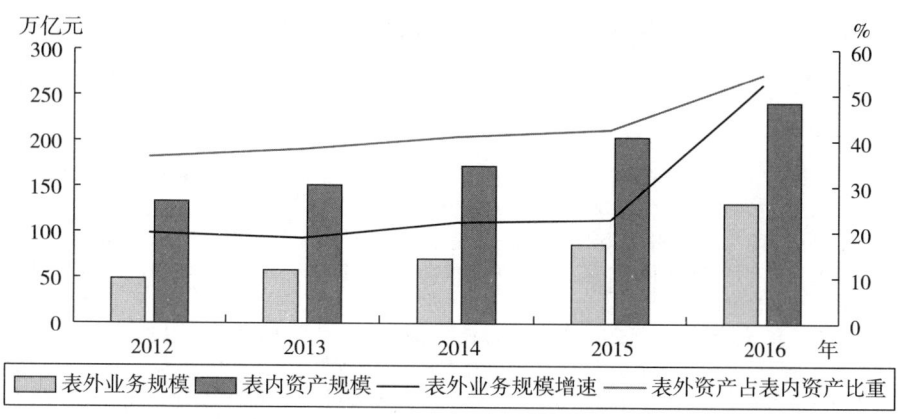

图 2－6　商业银行传统表外业务规模发展趋势

　　银行理财资金是近年来增长最为迅速的一类传统表外业务，同时基金、证券、信托等非银金融机构"大资管"趋势下资产管理产品层出不穷，也带来银行托管资产规模快速拓展，因而考虑托管资产后，银行业表外资产规模增速更快[1]。如图 2 - 7 所示，2012 年表外资产规模 70.65 万亿元，占表内总资产的比重为 52.87%；2016 年表外资产总规模达到 253.52 万亿元，超过表内资产总规模，达到表内资产规模的 104.89%。

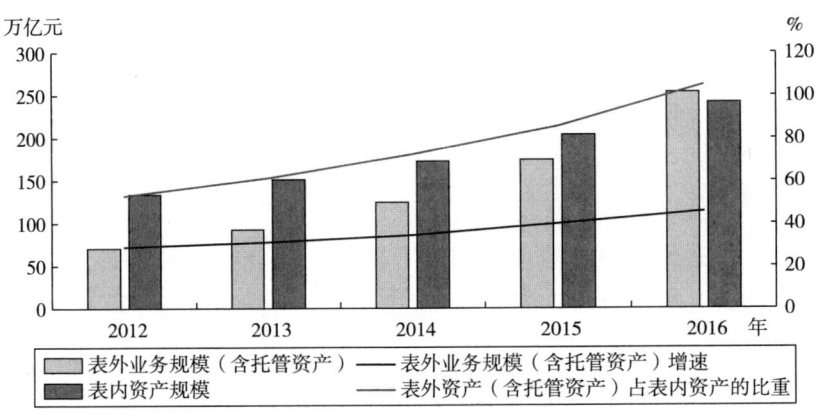

图 2-7　商业银行传统表外业务规模发展趋势（含托管资产）

　　银行理财本质上属于资产管理业务，即投资者为获取收益委托商业银行投资和管理理财资金，商业银行基于此收取相应服务费用，投资风险由委托人自行承担。我国首只理财产品于 2004 年由光大银行推出，商业银行凭借优厚的客户资源优势、广泛的销售渠道，理财资金规模在全部资产管理业务中占比最高[2]。理财业务丰富了居民投资品种，拓宽了企业融资渠

---

　　① 中央国债登记结算有限责任公司设立的银行业理财登记托管中心有限公司已正式成立，将来可能成为专门的理财产品托管方，而 2016 年 7 月银监会下发征求意见的《商业银行理财业务监督管理办法（征求意见稿）》中也提出商业银行今后不得托管本行发行的理财产品。截至目前，商业银行发行的理财产品基本上由本行托管，一方面赚取表外托管收入，另一方面可以节省外部托管带来的信息传递和沟通成本。

　　② 2012 年下半年以来，证券、基金、期货、保险等机构的资产管理业务快速发展，各类机构之间的跨行业资产管理合作日益密切，中国步入"大资管时代"。截至 2016 年末，银行表内、表外理财产品资金余额分别为 5.9 万亿元、23.1 万亿元；信托公司受托管理的资金信托余额为 17.5 万亿元；公募基金、私募基金、证券公司资产管理计划、基金及其子公司资产管理计划、保险资产管理计划的规模分别为 9.2 万亿元、10.2 万亿元、17.6 万亿元、16.9 万亿元、1.7 万亿元。剔除交叉持有的因素后，各行业金融机构资产管理业务总规模约 60 多万亿元。

道,同时对商业银行收入结构调整、直接融资方式发展和促进金融服务实体经济功能发挥了积极作用。

如图 2-8 所示,银行业理财产品资金余额由 2012 年末的 7 万亿元增至 2016 年末的近 30 万亿元。银行理财存续数量由 3.1 万只增加至 7.42 万只。从趋势上来看,随着监管政策更加完善,资产管理转型加速推进,市场发展逐步趋于完善和理性,增长态势放缓,尤其是理财产品发行数量呈现明显的下降趋势,高净值、资产管理型产品将成为未来主导。

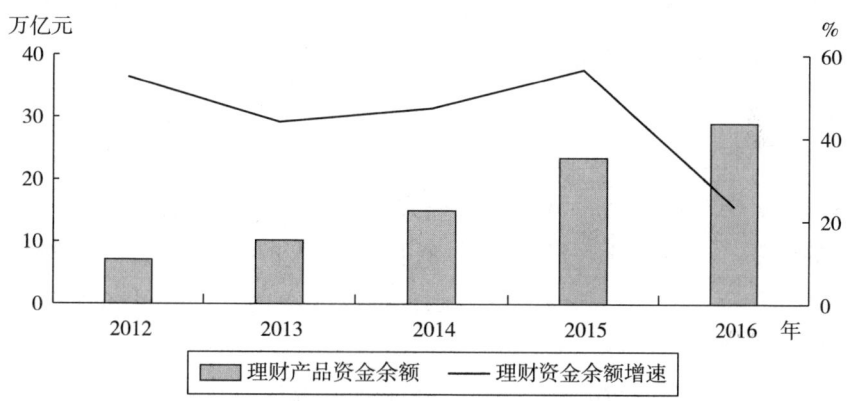

图 2-8　理财类传统表外业务资金余额趋势

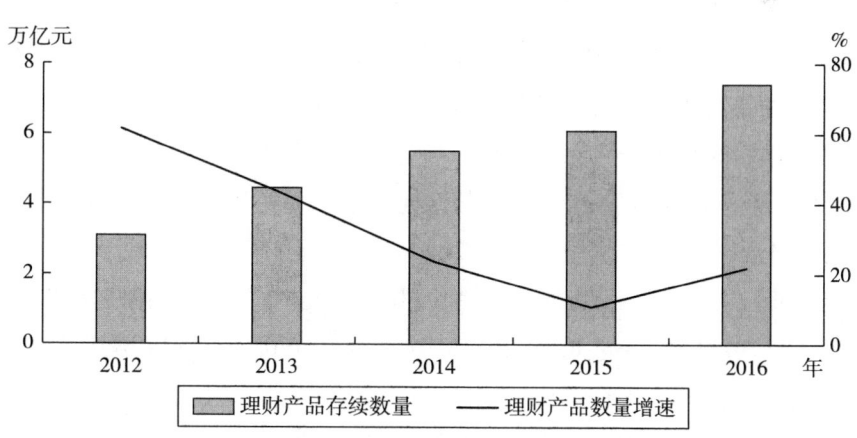

图 2-9　理财类传统表外业务产品余额趋势

三、资产证券化业务发展现状分析

资产证券化是 20 世纪金融市场最重要的创新之一，自 20 世纪 80 年代中期在美国诞生以来，资产证券化已成为全球资本市场上与股权融资、债券融资并列的第三种主流融资工具（王晓、李佳，2010）。巴曙松、牛播坤（2013）梳理美国资产证券化发展脉络发现，资产证券化是美国支持房地产融资、盘活长期贷款资产存量、化解房贷资金矛盾的必然选择，而利率市场化改革过程中储贷协会资产负债严重错配面临流动性风险催化了资产证券化产品的产生和快速发展。国内外学者从流动性管理、监管资本套利、降低融资成本、加强风险管理和增加盈利等多个角度研究了信贷资产证券化有利于银行业发展和金融稳定的经济效应，尤其是我国金融体系改革步入深水区、银行业面临经营战略转型的关键时期，信贷资产证券化被寄予更大的期望。2014 年 11 月银监会、证监会相继发布了资产证券化相应文件明确证券化业务由审批制改为备案制，资产证券化发行数量和规模在各类银行中均呈现增长态势。

图 2-10 显示了 2012 年信贷资产证券化重启至 2016 年末市场发行情况[①]，2014 年前由于受到证监会监管，发行审批要求和资质较为严格，发行量较小，主要集中在全国性银行，每年发行数量仅 3 单；2014 年全年发行 33 单，城商行和农商行参与其中，各发行 16 单和 6 单；2015 年全年发行 47 单，全国性银行中除光大银行外均参与市场发行，城商行发行 24 单，农商行发行 7 单；2016 年全年发行 44 单，全国性银行中光大银行未发行，城商行发行 21 单，农商行发行 7 单。发行规模上，各类型银行资产规模总量悬殊较大，全国性银行占据主导，由 2012 年的不足 150 亿元增加至 2016 年的超过 5000 亿元；城商行由 2014 年的 550 亿元增加至 2016 年的 1000 亿元；农商行由 2014 年的 50 亿元增加至 2016 年的约 120 亿元，在增速上城商行和农商行较之全国性银行更快，如图 2-11 所示，全国性银行保持较为平缓的增长趋势，城商行增长势头最为强劲，农商行次之。

---

① 统计过程中，同一商业银行当年发行多期信贷资产支持证券视同当年发行一单。

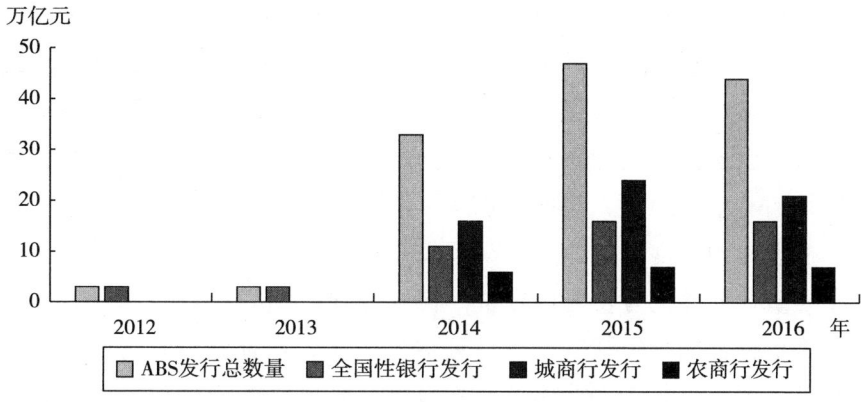

图 2 - 10　信贷资产证券化发行数量趋势

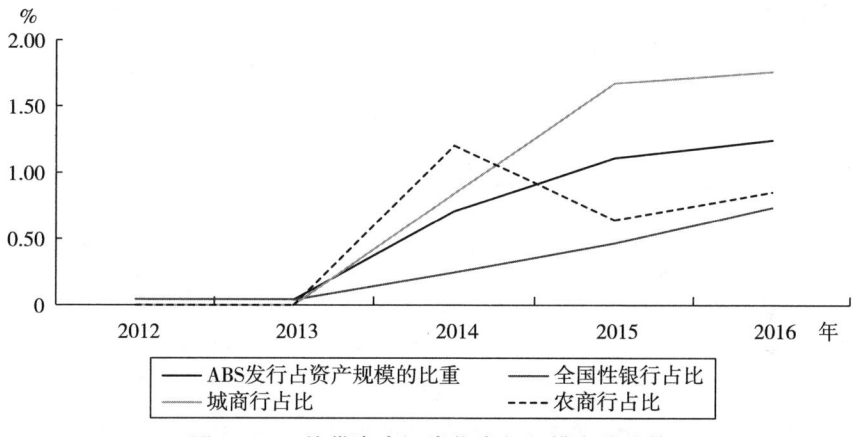

图 2 - 11　信贷资产证券化发行规模占比趋势

第三节　表外业务特征分析

结合我国现阶段银行业务发展实际及监管要求差异，本书对表外业务与传统信贷业务、直接融资业务、影子银行体系的关系进行分析，进而揭示我国表外业务发展的阶段性特征。

一、表外业务与表内信贷业务

刘莉亚等（2014）认为按照表外业务与表内信贷业务的关系可以分为

两类，一类是互补类业务，即与传统信贷业务互相促进，如财务顾问、咨询等业务与公司信贷业务的关系；另一类业务是替代类业务，即与传统信贷业务互为替代关系，如银行为企业客户提供租赁、信托融资渠道等，表外融资业务以牺牲表内信贷业务为前提。总体而言，两类表外业务在我国银行业均占有主要地位，相比较而言，表外业务创新集中体现在替代类业务产品和服务的丰富。

信贷资产证券化与表内信贷资产的关系更为直接，一方面，表内信贷业务是商业银行发行信贷资产支持证券的基础，当存量信贷资产积聚到一定规模后重资产模式带来成本、收益和风险压力，才会驱使商业银行通过资产证券化缓解经营压力；另一方面，资产证券化通过信贷资产出表对表内信贷业务发展提供支持，不仅能够盘活存量资产，提高信贷资金循环利用效率和资产周转，提升盈利；同时达到释放信贷规模和额度，缓解资本金监管压力的目的。

二、表外业务与直接融资方式

银行是间接融资方式的主导，银行正是作为信用中介发挥资金融通的作用，因而信贷业务必然占据银行盈利的主要来源。与此同时，银行作为资金中介，借助资质优势、信息优势，又为拓展客户融资服务提供了便利。商业银行直接融资业务的发展集中体现了表外业务在应对金融脱媒，丰富融资手段方面的创新。相比发行股票、债券等传统获取资金的直接融资手段在审核、流程等方面的严格限制，在银行间市场发行短期融资券和中期票据，具有简便快捷、灵活方便的特点，而资金成本又比传统信贷利率更低，商业银行通过承销、咨询等中介服务获取手续费，同时也有助于扩大自身投资品种（刘亚干，2014；王敬东，2014）。信贷资产证券化为商业银行通过直接融资方式获取资金打开了一条通道，除传统吸收存款以及同业拆借外，在资本市场发行信贷资产支持证券，有助于获得低成本资金，拓宽资金来源。

三、表外业务与监管套利

近年来中国影子银行业快速膨胀，而商业银行通过绕科目放贷等形成的体系是中国影子银行的关键组成部分（高善文，2013）。万晓莉等

（2016）认为影子银行发展的目的之一即是监管套利，用于规避传统银行在资本充足率、存贷比和存款准备金率等方面的严格要求，并认为银行理财类表外业务属于影子银行业务。

2004年光大银行发行了第一款双币理财产品，是中国商业银行理财市场发展的元年。2005—2007年的理财产品以外币理财为主，随着美元持续走弱以及替代类理财产品推出，这类理财产品逐步被淘汰，早期的理财产品多数不存在套利问题。随着理财规模的逐步扩大以及同业合作模式的成熟，越来越多的银行开始通过理财实现表外套利。根据监管政策及套利模式的变化，大体上分为以下几个阶段：

第一阶段，银信合作期（2008—2010年）。银信合作信贷类理财产品是信托型理财产品的一种，其运作原理是银行将其原本属于表内信贷业务的资产项目，通过信托公司设立信托计划转化为理财产品。商业银行发行理财产品募集资金后用于替换存量贷款或向企业投放新的信贷项目。通过银信合作类理财产品投放的贷款不用纳入资产负债表，属于表外资产，因而能够规避监管部门对信贷利率、规模、投向等的监管限制①。

第二阶段，监管套利期（2011—2013年）。为了规避2009年《关于规范信贷资产转让及信贷资产类理财业务有关事项的通知》，商业银行在银信合作模式中引入第三方银行，通过同业合作及信托贷款方式向融资企业提供贷款。2010年，银监会出台《关于规范银信理财合作业务有关事项的通知》，提出理财资金不能委托给信托公司的要求，将信托贷款通道关闭。然而，银信合作又开始假借信托受益权名目，而后又衍生出信托受益权三方转让模式、借道标债模式等，利用分业经营、分业监管的监管体系，借助不同通道及交易结构进行监管套利。在这个时期，理财资金除了通过各种通道和交易结构实现投资于很多信贷项目以外，还存在较大的期限错配问

---

① 2006年5月民生银行推出"非凡"人民币理财T1计划，成为国内第一款人民币信贷类理财产品。其模式是：民生银行将其募集的理财资金投资于平安信托吉林江珲高速公路项目贷款资金信托计划，民生银行代表所有客户作为该信托计划的单一委托客户，对信托计划受托人以及高速公路项目进行监控。国家开发银行在贷款到期日履约发放后续贷款，为借款人提供充足的还款资金；国家开发银行负责贷后监控和管理，在借款人违约时，按照合同约定有权直接扣收还款资金，确保贷款安全。

题，即资金池模式。期限错配为银行带来了丰厚的利润，同时由于存在潜在的巨大风险，银监会于 2013 年 3 月发布《关于规范商业银行理财业务投资运作有关问题的通知》，要求理财产品与投资对象——对应，实行单独账户管理，独立核算，此举被视作对理财业务最严厉的监管政策，资金池理财业务由此逐渐趋于落寞。

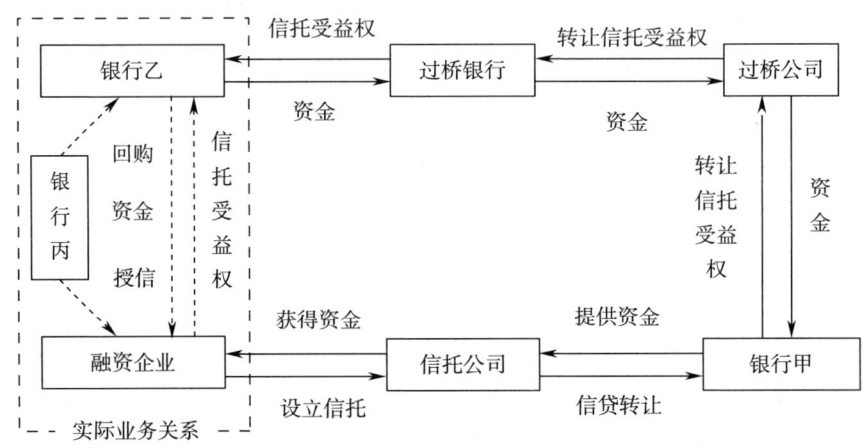

资料来源：中金公司研究。

图 2 – 12　理财类传统表外业务借道信托受益权模式

第三阶段，资产管理转型期（2014 年至今）。为了规范理财资金投向，限制银行机构和非银机构间"通道业务"无序发展，控制金融风险，银监会 2013 年 9 月开始试点"理财直接融资工具"和"银行理财管理计划"[①]，逐步推动银行理财真正向资产管理业务转型。理财产品市场上预期收益型理财产品和理财资产管理计划同时存在、互为补充，前者主要针对风险承受低、收益要求稳定的中低端客户，后者针对风险偏好较高、承受力较强的中高端客户。资产管理计划的主要特点为：开放式、净值型、浮动收益

---

① 理财直接融资工具和银行理财管理计划是相辅相成的，理财直接融资工具处于资产端，是银行理财管理计划的投资方向，其被视为标准化投资工具，实现了"非标"资产向标准化资产的阳光转化；银行资产管理计划处于资金端，表现为开放式、净值型和浮动收益率，实现银行理财的风险隔离，突破刚性兑付，银行理财向真正资产管理转型。理财直接融资工具是指商业银行作为发起管理人设立，直接以单一企业的债权融资为资金投向，在指定的登记托管结算机构统一托管，由合格的投资者进行投资和转让，在指定渠道进行公开信息披露的标准化投资工具。

和管理费奠定突破"刚性兑付";大中型银行主导发行,资产管理业务或私人业务较为领先的银行占据优势;理财直接融资工具是其重要投资方向。

除此之外,同业理财也是理财中的一个重要套利环节,同业理财作为表外的资管产品,实际上承担了两项职能,一个是正常的投资职能,另一个是通道职能,即作为银行调节表内监管指标、节约资本占用、投资下沉风险、提升杠杆、扩大投资范围的监管套利中的环节。典型的业务运作模式即是中小银行发售同业存单获取大型银行低成本资金后,用于购买其他银行发售的同业理财产品,其他银行再通过委外投资业务由券商、基金或私募机构承接。在这一过程中,中小银行通过期限错配,发行短期同业存单投资长期理财产品获得投资收益,而第三方银行发行表外同业理财业务扩大业务规模。其中,众多中小银行由于自身资质难以大规模拓展表外理财业务,即通过这一模式扩大同业投资收益。

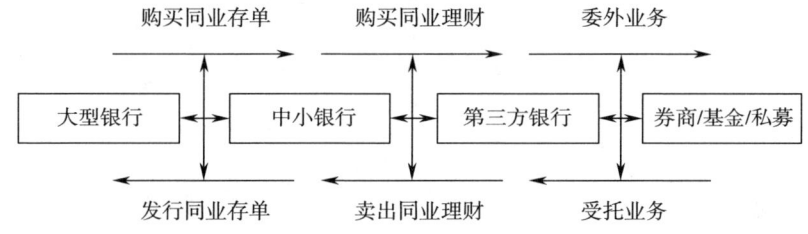

图 2 - 13　同业理财类传统表外业务运作模式

资产证券化通过表内信贷资产出表有助于缓解资本金监管压力,因而国外学者认为监管套利是其典型特征 (Calemand 和 Cour-Little, 2004; Ambrose 等, 2005)。现阶段我国的证券化业务正处于起步阶段,而监管层在发行准入上还存在较强指导 (刘红霞等, 2015、2016),加之商业银行资本充足率水平整体较高,平均水平远高于8%的监管标准,因此资产证券化与资本金监管套利的特征尚不明显。与此同时,如上分析,传统表外业务出于规避信贷额度、规模限制呈现出较强的监管套利特征,信贷资产证券化有助于释放信贷额度和规模占用,达到促进表内信贷业务和表外业务协调发展的目的 (刘丽娜, 2014)。

表 2-6 理财类传统表外业务发展阶段

年份	发展阶段	理财市场综述	监管文件
2004 年	萌芽期	1. 光大银行推出首款外币理财计划（阳光理财 A 计划）和人民币理财计划（阳光理财 B 计划） 2. 资金投向为国债和央行票据	
2005—2007 年	快速发展期	1. 外币理财产品占主导；QDII 业务开启，但销售情况远低于预期 2. 信用联结型理财产品为主，结构单一、风险和收益均较低，投资吸引力有限 3. 资本市场火爆及一二级市场无风险套利机会驱使新股申购类理财产品成为市场追捧的热点	商业银行个人理财业务管理暂行办法（中国银监会令 2005 第 2 号） 商业银行个人理财业务风险管理指引（银监发 [2005] 63 号） 商业银行开办代客境外理财业务管理暂行办法（银发 [2006] 121 号） 关于商业银行开展个人理财业务有关问题的通知（银监办发 [2006] 157 号） 关于商业银行开展代客境外理财业务的通知（银监办发 [2006] 164 号） 关于调整商业银行代客境外理财业务境外投资有关规范的通知（银监办发 [2007] 114 号） 关于进一步调整商业银行代客境外理财业务境外投资有关规定的通知（银监办发 [2007] 197 号） 关于调整商业银行个人理财业务管理有关规定的通知（银监办发 [2007] 241 号）
2008—2010 年	银信合作期	1. 股市跳水背景下"打新股"产品大幅受挫 2. 1 年期央票和 3 个月期央票由每周发行改为隔周发行，3 年期和 6 个月期央票停止发行，票据类理财产品受到冲击 3. 信贷资产信托理财成为稳健理财的主要方式 4. 银信合作理财产品经历"暂停"到重新"恢复"，市场积极性趋于降低	银行与信托公司业务合作指引（银监发 [2008] 83 号） 关于进一步规范商业银行个人理财业务有关问题的通知（银监发 [2008] 47 号） 关于进一步加强商业银行代客境外理财业务风险管理的通知（银监办发 [2008] 259 号） 关于进一步规范银信合作有关事项的通知（银监发 [2009] 111 号） 关于印发《商业银行个人理财业务发展情况预案》的通知（银监发 [2009] 115 号） 关于进一步规范商业银行投资管理有关问题的通知（银监发 [2009] 65 号） 关于规范信贷资产转让及信贷资产类理财业务的通知（银监发 [2009] 113 号） 关于进一步规范商业银行个人理财业务报告管理有关问题的通知（银监办发 [2009] 172 号）

续表

年份	发展阶段	理财市场综述	监管文件
2008—2010 年	银信合作期		关于规范银信理财合作业务有关事项的通知（银监发〔2010〕72 号）
			关于进一步规范银信理财合作业务金融机构信贷资产转让业务有关问题的通知（银监发〔2010〕102 号）
2011—2013 年	监管套利期	1. 资金池理财产品采取类基金化运作模式，具备"滚动发售，集合运作，期限错配，分离定价"四大特征，受到市场青睐 2. 监管政策逐渐完善，市场运作逐步规范	关于进一步加强商业银行理财业务风险管理有关问题的通知（银监发〔2011〕91 号）
			商业银行理财产品销售管理办法（银监发〔2011〕5 号）
			关于进一步规范银信理财合作业务的通知（银监发〔2011〕7 号）
			关于规范商业银行理财业务投资运作有关问题的通知（银监发〔2011〕148 号）
			关于规范商业银行理财业务投资运作有关问题的通知（银监发〔2013〕8 号）
			关于全国银行业理财信息登记系统（一期）运行工作有关事项的通知（银监办发〔2013〕167 号）
			关于进一步做好全国银行业理财信息登记系统运行工作有关事项的通知（银监办发〔2013〕213 号）
			关于全国银行业理财信息登记系统（二期）上线运行有关事项的通知（银监办发〔2013〕165 号）
			关于商业银行理财产品开立证券账户有关事项的通知（中证登 2013 年发布）
2014 年至今	资产管理转型期	1. 银监会试点"理财直接融资工具"和"银行理财管理计划"，逐步向资产管理业务转型 2. 预期收益型理财产品和理财资产管理计划互为补充	关于商业银行理财产品进入银行间债券市场有关事项的通知（银市场〔2014〕1 号）
			关于完善银行理财业务组织管理体系有关事项的通知（银监发〔2014〕35 号）
			2014 年商业银行理财业务监督管理办法（征求意见稿）
			2016 年商业银行理财业务监督管理办法（征求意见稿）

表2-7 信贷资产证券化业务发展阶段

年份	发展阶段	市场综述	监管文件
2005—2008年	试点启动期	2005年开始启动相关试点工作，实行严格准入管理，由于基础资产质量要求偏高，产品创新不足，发行人动力不强；加之证券化产品投资收益率较低、流动性不足，投资人需求有限，信贷资产证券化一直未能突破"叫好不叫座"，监管机构"一厢情愿"的市场评价	信贷资产证券化试点管理办法（中国人民银行/中国银监会公告〔2005〕第7号） 信贷资产证券化试点会计处理规定（财会〔2005〕12号） 资产证券化信息披露规则（中国人民银行公告〔2005〕第14号） 资产支持证券在银行间债券市场的登记、托管、交易和结算等有关事项的公告（中国人民银行公告〔2005〕第15号） 资产支持证券交易操作规则（银复〔2005〕53号） 资产支持证券发行登记与托管结算业务操作规则（中债函字〔2005〕37号） 金融机构信贷资产证券化试点监督管理办法（中国银监会令2005第3号） 关于信贷资产证券化有关税收政策问题的通知（财税〔2006〕5号） 中国人民银行关于信贷资产证券化基础资产池信息披露有关事项的公告（中国人民银行公告〔2007〕16号） 关于信贷资产证券化质押式回购交易有关事项的公告（中国人民银行公告〔2007〕21号） 关于进一步加强信贷资产证券化业务管理工作的通知（银监办发〔2008〕23号） 商业银行资产证券化风险暴露监管资本计量指引（银监发〔2009〕116号）
		2009—2011年国际金融危机后停滞期	
2012—2014年	重启扩大期	为盘活存量信贷资产，释放银行业系统风险，国务院决定在总量控制下扩大信贷资产证券化试点规模，但监管审批准入制下市场发行数量和规模有限	关于进一步扩大信贷资产证券化试点有关事项的通知（银发〔2012〕127号） 关于信贷资产证券化登记托管、清算结算业务的公告（清算所公告〔2012〕7号） 关于进一步规范信贷资产证券化发起机构风险自留行为的公告（中国人民银行/中国银监会公告〔2013〕第21号） 关于金融支持经济结构调整和转型升级的指导意见（国办发〔2013〕67号）
2015年至今	快速发展期	资产证券化发行由证监会审批制转为交易所备案制，发行主体由国有大行、股份制银行逐步拓展至城商行、农商行等地方性银行	关于信贷资产证券化备案登记工作流程的通知（银监办便函〔2014〕1092号） 关于信贷资产支持证券实行注册制的公告（中国人民银行公告〔2015〕第7号）

本章小结

本章从《巴塞尔协议》、主要发达市场国家和地区及我国监管部门三个方面阐述表外业务的概念定义，着重梳理了我国监管层和学术研究中表外业务概念范围的变化历程。在此基础上界定本书的表外业务研究范围和定义，即采用国际通行的广义表外业务概念，并基于业务模式、功能特征和发展阶段、未来发展趋势等，建立传统表外业务和信贷资产证券化新型表外业务的研究框架。

商业银行表外业务在内外环境驱动下呈现快速发展的态势。在供给侧，一方面，利率市场化改革加速推进利差收窄倒逼商业银行经营转型，拓展新的利润增长点；金融体制改革深化商业银行同业竞争加剧，直接融资市场不断发展完善，对银行传统业务形成较大冲击。另一方面，商业银行股权改革和登陆资本市场，治理机制逐步建立健全，金融创新能力不断增强。在需求侧，经济持续增长引致居民对金融产品和服务的要求进一步提升，企业融资需求尤其是中小企业难以从银行获得传统信贷支持，催生表外理财和融资业务快速发展。监管部门借鉴美国经验引入并逐步扩大推广信贷资产证券化，在历经"启动—试点—停滞—重启"一波三折后，信贷资产支持证券发行范围和发行规模均呈现快速增长。

现阶段商业银行表外业务发展呈现出显著的阶段性特征，即表外业务与表内信贷业务密切相关；商业银行通过表外业务参与直接融资应对金融脱媒；通过表内信贷业务表外化获取监管套利，在银行收入结构逐步发生变化的趋势下有助于弥补表内信贷业务利息收入损失；信贷资产证券化释放信贷额度和信贷规模占用，有助于推动表内业务和表外业务协调发展。

第三章　理论基础与研究现状

经典银行经营管理理论主要聚焦于信贷业务及其资产负债管理，而有关表外业务主要从风险管理视角进行研究，1988 年《巴塞尔协议》针对表内资产和表外业务确定不同的风险权重以及相应的资本充足率，被视为传统资产负债管理与风险管理理论完善统一的标志。本章主要从表外业务发展动因及经济后果两个角度，对相关理论进行回顾，梳理已有学术研究文献并做总结评述，为后续章节的实证分析奠定理论基础。

第一节　理论基础

TRICK 理论直接揭示了银行机构表外业务和证券化发展的内外部驱动因素，金融创新理论从宏观、中观、微观各层面分析整个金融机构、金融行业的创新动因，金融抑制理论基于不同经济发展阶段下政策环境导致的抑制—创新关系进行阐述。就经济后果而言，多元化理论由工业界引入金融领域得到广泛运用，表外业务扩展银行单一信贷业务，具有多元化经营的典型特征；监管套利理论和交叉销售理论，从表外业务与表内业务的内在逻辑关系论证，揭示其相互作用对银行绩效和风险的综合影响。本节对上述相关理论进行简要分析。

一、表外业务发展动因的理论分析

1. 金融创新理论

金融创新一词由著名经济学家熊彼特在 1912 年出版的《经济发展理论》中首次提出。然而，由于金融创新涉及的范围广、内涵各有不同，国内外尚未对这一概念定义形成统一解释。国内学者阮震（2010）从宏观、中观和微观三个层面界定金融创新概念和范围：宏观上，金融创新伴随金融发展全过程，每一次金融变革都是由金融创新所驱动因而涵盖的内涵最为丰富，不仅包括金融产品设计和服务创新，还涉及金融机构变革；中观上，金融创新主要围绕银行功能变革进行界定，包括金融制度变迁和金融工具、金融产品和服务升级；微观上，金融创新主要指金融工具、金融服务创新。针对金融创新的动因研究，大致形成了如下几种经典理论：

交易成本创新理论由 Hicks 和 Niehans 于 1976 年提出，其核心观点为：交易成本降低是金融创新的主要驱动因素和首要动机。基于此，衡量金融工具创新是否具有实际意义的关键标准，在于是否降低了交易成本；另外，该观点从科技进步的视角探讨认为，金融工具创新本质上是金融机构应对科技进步而采取的主动策略，以达到交易成本降低的目的。由此可见，交易成本理论着重强调和分析微观层面的金融工具创新，随着科技进步交易成本逐渐降低的趋势，推动金融服务需求发生变化，进而驱使产生新的交换媒介和金融工具。

约束诱导型金融创新理论由美国著名的经济和金融学家 Silber 于 1983 年在《金融创新的发展》中首次提出。约束诱导理论从外部和内部两个角度，基于供给角度分析金融创新的主要影响因素。该理论认为微观金融主体在寻求利润最大化的过程中，面临来自外部和内部的约束条件，外部约束主要指政府等监管机构的管制，包括政府管制、法律法规、行业规则约束等；内部约束主要指金融机构自身制定的利润增长目标、资产负债管理标准、流动性水平等。为了减轻内外部约束产生的金融压制，驱动金融主体创新产品服务设计。

规避型金融创新理论由美国经济学家 Kane 于 1984 年提出。在 Kane 设计的规章制度制定框架中，将金融机构和政府监管部门视为一种博弈关系，政府为维护金融稳定通常设定一系列监管制度和规定，而金融机构通过各种创新来规避政府管制，以获取监管套利和追求最大化利润。因而，金融制度的静态均衡并不存在，在政府和金融机构的循环动态博弈中推动新一轮金融创新不断发展。

以上三种理论从不同角度阐述了金融创新的动因，同时也招致学者们的批判。交易成本理论将金融创新的动因假定为科技进步带来的交易成本下降，假设过于简单，同时忽略了科技进步以外诸如竞争、宏观经济环境变化等因素带来的交易成本下降问题。约束诱导型创新理论主要强调"逆境创新"，缩小了金融创新的内涵，难以解释宏观环境变化引起的金融创新活动；规避型金融创新理论过于绝对和抽象地将政府管制和金融创新联系在一起，倾向于认为金融创新向管制型发展，与现实的市场现象并不相符，管制放松已然成为金融发展趋势。

表外业务是商业银行金融创新的典型特征和集中体现。尽管上述理论值得继续探讨深化，仍然在很大程度上为商业银行表外业务发展提供了合理解释。信息技术和交易成本方面，作为金融服务中介机构，电子化、数字化以及大数据运用，不仅推动商业银行与企业、政府部门间信息共享，降低经营成本、提升银行风险管理和经营管理能力，同时为表外业务创新奠定了技术基础，数字货币、信用卡和网络支付正在逐步替代传统货币支付手段，对金融服务类表外业务产生了深远影响，推动商业银行支付结算方式发生巨大变化。金融监管方面，商业银行是间接融资的主体，银行业发展事关金融稳定和经济平稳增长，通常面临更为严格的监管政策，促使表外业务创新层出不穷、交易结构日益复杂化和专业化。如信贷资产证券化的快速发展就与《巴塞尔协议》对资本充足率的监管密切相关，由于表外资产通过信用转换系数折合为等同的表内资产，信用转换系数设置不同，相应的资本充足率要求与表内资产存在较大差异，因而大量商业银行通过证券化将表内资产转移到表外以达到监管套利的目的，同时也推动《巴塞尔协议》逐步完善，如《巴塞尔协议Ⅲ》进一步扩大了风险覆盖范围，提高复杂资产证券化产品风险暴露的资本要求，以提升资本监管水平。

2. TRICK 理论

TRICK 理论于 1987 年在美国召开的关于"存款机构资产证券化和表外业务的发展与风险"研讨会上形成。该理论将表外业务产生和发展的动因归结为一个模型：

$$TRICK + 理性的自我利益 = 表外业务发展 + 证券化$$

式中，"TRICK"中的 T 代表技术（Technology），R 代表管制（Regulation），I 代表利率风险（Interest Risk），C 代表为争取顾客所进行的竞争

（Competition for Customers），K 代表资本充足率（Capital Adequacy，德语中
Capital 的首字母为 K）。

该理论将表外业务创新与发展的驱动因素归结为一个"5 + 1"模式。
其意义是，表外业务的发展和证券化，从外部驱动因素看，是由 TRICK 的
诸因素驱动的，而商业银行为寻求新的盈利机会和更广阔的发展空间所进
行的自我约束和激励则可成为表外业务发展的内在动力。模型表明，银行
表外业务发展来自外部的压力包括：受到金融管制，面临利率等方面的风
险，受到同业竞争的逼迫，以及金融监管当局对最低资本金的要求等。

TRICK 理论在金融创新理论的基础上进一步完善了内在驱动因素和外
部环境因素，将利率风险和同业竞争纳入其中。事实上，在发达市场国家，
利率风险对表外业务创新发展产生了强大的推动力，20 世纪 70 年代至 80
年代由于利率、汇率波动催生了一系列对冲风险的表外衍生产品诞生。同
业竞争包含两个方面，即商业银行之间的竞争以及商业银行与非银行金融
机构之间的竞争，而后者的冲击力往往更易推动银行在传统信贷业务之外
拓展表外业务，以弥补信贷利差收益下降带来的损失。如"金融脱媒"现
象下股票、债券等直接融资的迅速发展，以及财务公司集团内资源优化使
得银行信贷融资需求下降，基金、保险、证券等财富管理导致银行存款业
务逐渐萎缩等，促使商业银行不断创新表外业务，寻求新的利润增长点，
才能保持自身竞争力。

TRICK 理论另一个突出的贡献是系统概括了资产证券化发展动因。作
为 20 世纪金融市场最重要的创新之一，资产证券化自 20 世纪 80 年代中期
在美国诞生以来，已逐步发展成为全球资本市场上与股权融资、债券融资
并列的第三种主流融资工具（王晓、李佳，2010）。有关资产证券化动因的
研究总体上围绕这个框架，学者们从监管套利（Stanton，1998；Calem 和 La
Cour-Little，2004），降低融资成本（Pelmacchi，1988；Obay，2000）等方
面提供了证据。

3. 金融抑制理论

金融抑制理论最早由 Mckinnon（1973）提出，用于描述发展中国家金
融体系的特征，他认为发展中国家存在普遍的"金融压抑"，政府通过一系
列规章制度或行政手段，使得金融系统不能充分发挥其职能，主要体现为

金融管制过多、利率限制、信贷配给以及金融产品单调等现象。在此环境下，与政府具有密切联系的少数受保护企业，或拥有垄断资源的企业容易获得优惠贷款；而大量中小企业或缺乏政治联系的企业只能依靠内源融资，或通过不正规渠道获得高利率融资，突出体现为中小微企业融资困难，租赁、典当等非银行融资渠道快速发展，影子银行体系繁荣。人为压低利率一方面使存款利率缺乏吸引力，银行吸收储蓄的难度增大，商业银行传统存贷业务面临挑战；另一方面导致商业银行贷款项目集中投向国有企业或具有垄断资源的企业，而这些企业利用低息贷款具有更低的边际投资收益，进而降低了整个社会的投资效率（刘瑞明，2011；张富祥、张颖，2014）。

基于此，宏观经济影响方面，大多数研究认为金融抑制降低了社会资金配置效率，不利于经济发展，两者呈现显著的负相关关系（Roubini，1992；Korosteleva，2010；Huang，2011）。对商业银行而言，由于信贷规模总量控制、信贷资金投向等常常作为宏观调控政策应对经济过热或衰退，采取各种手段创新金融工具和金融产品设计，推动表内业务表外发展成为应对外部监管限制、资金成本约束等内外环境变化的必然选择。如我国的银信合作信贷类理财产品一度受到商业银行青睐，即是因为可以通过表外理财产品扩大资金投放，增加表外业务收入，同时满足信贷规模监管、资本金提取要求。

金融抑制虽然一定程度上推动了商业银行表外业务创新发展，但利率管制，尤其是窗口指导等行政命令，不利于表外业务健康可持续。根据规避型金融创新理论，金融机构和监管部门在博弈过程中将促进金融创新，同时促进监管政策制度更为完善，但前提是要有更为成熟和稳定的金融监管体系，否则会出现"一管就死、一放就乱"的现象。

综上所述，表外业务创新发展是受内外因素共同驱动的必然选择。我国正处于转轨经济过程中，外部开放和内部改革环境下经济周期波动和宏观调控政策频出，直接融资市场发展推动金融脱媒加速，放开银行准入牌照、推动农商银行改制等系列措施日益加剧同业竞争，商业银行面临巨大的经营转型压力，而加快表外业务创新、推动收入结构调整成为其可行的路径。

二、表外业务发展经济后果的理论分析

1. 监管套利理论

国内外针对监管套利尚未有统一的概念。Partnoy（1997）认为监管套利是金融机构利用监管法律法规的不完全性、差异性和非有效性以规避监管从而获得超额利润的各种活动。该定义也解释了监管套利产生的动因，即是由于差异性的监管制度，使得市场主体可以设计一系列交易来获得最大利润。除此之外，从降低监管成本的角度，Gastion 等（2007）认为监管套利是金融机构为了降低监管成本或净监管负担而进行的经营行为。张金城、李成（2011）进一步将其概括为"净监管成本一价定律"，即监管套利使不同监管措施的净监管成本相等的各类活动。再者，从监管资本与经济资本不一致的角度，黄国平（2014）认为两者之间背离程度决定着金融创新与金融套利的演化进程，若两者背离扩大则监管套利动机增强，投机活动就会充斥金融市场。最后，从信息不对称角度，陈业宏、黄辉（2013）认为金融经营者可以利用其信息优势，在不同的制度中转换经营行为，获得经营收益，从而形成监管套利。

监管套利与影子银行体系密切相连，由于游离在监管视线之外，容易诱发系统性风险[①]。传统银行在资本充足率、存贷比和存款准备金率等有着严格要求，而传统银行之外的、具有"类银行职能"的金融中介或业务却没有受到监管或者监管不足，以至于产生监管套利现象。万晓莉等（2016）认为影子银行发展的目的之一本身就是为了监管套利，并认为中国银行理财产品和信托业务即属于影子银行业务。现阶段我国银行业监管套利的动因主要是规避资本监管、流动性监管和信贷规模及投向监管（李鹏，2017）。

监管套利对商业银行经营产生两方面影响。通过设计复杂的产品交易

[①] "影子银行"一词最早出现于 2007 年，由 Paul McCulley 在美联储年度金融研讨会上提出"shadow bank"一词，其后美国经济学家 Pozsar 等（2010）、英格兰银行 Tucker（2010）及美联储主席 Bernanke（2012）都分别对影子银行进行了界定，而 FSB（2011）将影子银行定义为"常规银行体系之外的由金融实体和金融活动构成的信用中介，特别地，其期限转换、流动性转换、信用转换、杠杆率等性质以及监管套利问题是引起系统性风险的重要来源"。

结构，借助信托、证券、保险、基金等"通道"实现表内信贷业务表外化，一定程度上扩大了银行业务规模，增加收入来源。另外，表外信贷实为贷款，却绕开了表内贷款面临的监管要求，导致银行面临更大的违约风险；在中国尚未健全商业银行破产制度以及广泛存在的以国家信用为隐性担保的背景下，投资者误把理财收益当作风险收益率，"刚性兑付"带来流动性风险加大。由此可见，表外业务的监管套利行为将对银行传统信贷业务以及银行整体经营盈利和风险产生影响。

2. 交叉销售理论

"交叉销售"是伴随着竞争加剧环境下，商业模式由"以产品为中心"向"以客户为中心"转变而诞生的营销学理论。Nash（1993）和 Deighton 等（1994）认为，交叉销售即是公司向现有客户销售本公司其他产品而采取的一项营销策略；Jarrar 和 Neely（2002）认为，交叉销售是公司借助客户关系管理理论进行市场细分研究，发掘现有客户的其他产品需求，并为满足这种需求而研发新的产品和服务，达到扩大产品服务销售、增强客户粘性的一种新兴营销方式。Kamakura 等（2003）进一步强调了交叉销售的目的是增强客户粘性，努力培育客户购买同一公司的多种产品和服务，以获取长期利益。

交叉销售理论的实质是关系营销，核心在于发展和培育真正具有价值的客户，提升客户忠诚度，以留住那些具有价值感知度和价值挖掘潜力，能够购买更多产品和服务的客户，最大限度降低价值客户转向竞争对手的概率（Emmelhainz 和 Kavan，1999）。交叉销售能否获得成功的前提是对于客户盈利性的判断，交叉销售并不适合所有的客户，鉴别和界定能够促进盈利的客户十分重要（Zeithamal 和 Bitner，2003），因而针对有利润的产品和细分市场进行研究甄别是交叉销售的核心内容（Parsons 等，1998）。信息技术是交叉销售理论应用的基础，只有有效搜集、建立和挖掘客户购买习惯，才能采用适当的营销策略培育稳定而有价值的客户（梁世红，2003）。

交叉销售策略在国外金融业领域的实践应用最为广泛。这与金融行业的经营环境、产品特征和客户资源优势密切相关：一方面金融客户的产品和服务需求具有可获取的顺序特征（Paas 等，2001），而金融机构相比其他行业具有客户信息获取的绝对优势；另一方面，1999 年美国通过《金融现代化法案》实行混业经营，金融产品极大丰富，为金融业推行交叉销售提供了良好了宏观环境，花旗集团、富国集团等成功案例进一步推进了这一理论在实践中的推广。

Stiroh（2004）在研究银行业务多元化时将交叉销售理论应用到表外业务与传统信贷业务定价的关系中，认为商业银行为吸引客户并保持长期的关系，主动降低表内信贷业务定价水平，同时通过发展表外业务来弥补表内业务收入的下降。Valverde 和 Fernández（2007）将商业银行业务经营类型细分为传统和创新型两大类，引入不断发展完善的银行利差决定做市商模型（H—S 模型）[①]，推导出存款、贷款以及非利息业务三者之间的关系，认为引入非传统业务会扩大或缩小利差。周鸿卫、胥荷香（2015）认为银行面临激烈的市场竞争时，既可能通过主动降低利差并以表外业务收费来弥补损失，也可以通过主动降低表外业务收费来发展表外业务，同时提高利差以弥补该部分损失。

由上可见，交叉销售是商业银行为了应对竞争进行自身资源优化配置而采取的主动策略调整。而交叉销售应用也对银行客户信息搜集和挖掘，以及市场细分、产品设计、营销管理等提出了更高要求。现阶段我国商业银行经过改制上市、完善公司治理结构和规划战略发展，在经营管理理念转变、后台数据系统整合、客户关系管理等方面都取得了长足发展，为商业银行主动适应市场竞争转变营销策略提供了基础。

3. 多元化理论

多元化理论最早由美国学者安索夫（Ansoff）1957 年在《哈佛商业评

---

① 有关银行净利差理论主要包括做市商理论和银行公司微观理论。做市商理论模型（Dealer Model）由 Ho 和 Saunders（1981）最早提出，而后经过不断完善和扩展，成为这一研究领域的主流模型。银行公司微观理论模型（Micro-model of the Banking-firm）由 Wong（1997）提出，主要从利润或资本的效用最大化角度考虑银行定价行为，认为银行应该使贷款需求与存款供给达到出清，也正是因为该局限，使得微观模型不适合用数据进行实证检验。Ho 和 Saunders（1981）构建的做市商模型（H—S 模型）中，认为银行利差由交易不确定性决定，因而受到风险厌恶程度、利率波动、市场结构和交易规模的影响。Allen（1988）对 H—S 模型进行了贷款业务多元化扩展，假设贷款类型是多样的，而这种贷款产品多样性引起的产品间的需求交叉弹性将可能会缩小或增加银行纯利差。Angbazo（1997）、Maudos 和 Guevara（2004）分别将信用风险、竞争环境因素加入分析模型，净利差决定理论不断丰富完善。

论》上发表的《多元化战略》提出，并强调企业在多元化战略时应最大限度利用协同性。1962 年美国著名经济史学家钱德勒（Chandler）发表专著《战略与结构——工业企业发展的历史阶段》在学术界及工业界引起极大反响，他认为美国企业成长一般均经历四个阶段并相应形成四种战略：数量扩大战略、地区扩展战略、垂直一体化战略和多元化经营战略。

有关多元化的研究最初主要集中于工业企业，而后被引入金融企业，目前学术界在多元化经营与商业银行绩效关系这一问题上仍存在争议。持肯定态度的学者们认为，商业银行通过创新金融产品、提供"一条龙"金融服务可以实现范围经济和规模效应，有助于分散风险，如 Rajan（1992）、Saunders 和 Walter（1994）均认为商业银行实行多元化经营可以拓宽营销渠道、丰富收入来源、提高经营绩效；Allen 和 Jagtiani（2000）通过构建全能型银行模型，表明银行控股公司在从事证券和保险业务后总体风险有所下降。然而持否定态度的学者们认为，多元化经营不但会产生道德风险，而且会因管理成本和监管成本的上升导致银行绩效的下降，如 Lang 和 Stulz（1994）、Ofek（1995）的研究发现，多元化的金融公司不仅托宾 Q 值低于专业化公司，且存在 13% 左右的多元化折价。

商业银行最基本的职能是充当信用中介和支付中介，因而支付清算成为伴随商业银行产生便存在的一类表外业务，随着经济社会发展和金融需求的变化，商业银行逐步创新形成多种多样的表外业务，因而表外业务创新本身即是商业银行多元化业务发展基本路径。在产品创新过程中拓宽了银行收入来源，并有助于发挥表外业务对于信贷业务的协同效应，但与此同时，由于金融产品结构日益复杂，交易风险随之增加，对商业银行经营管理及经营绩效形成更大挑战。

第二节　国内外研究现状

本节针对传统表外业务和资产证券化业务的发展动因和经济后果，分别从国外和国内两个方面进行文献回顾。

一、传统表外业务发展动因的研究文献回顾

1. 国外相关研究

国外学者主要从外部环境因素和银行特征因素角度研究表外业务发展动因。外部环境因素主要包括监管环境、竞争环境和技术进步，银行特征因素主要包括规模因素、资产负债结构以及经营管理能力因素。

关于监管环境的研究结论并不一致，Pavel 和 Phillis（1987）、Pennachi（1998）认为规避资本管制是表外业务创新的主要原因，资本约束更大的银行通常开展更多的表外业务和证券化业务；而 Benveniste 和 Berger（1987）、Koppenhaver（1989）研究认为资本约束与表外业务发展之间的关系并不显著，Jagtiani 等（1995）支持了这一结论。

竞争加剧通常会激发银行创新信贷业务之外的金融工具，提供更丰富的金融服务，竞争有利于促进创新，垄断导致创新动力下降（Arrow，1962）。Hester（1969）认为金融脱媒效应给商业银行带来巨大的经营压力，促使其由传统的资产负债业务向表外业务转移重心；Fung 和 Cheng（2004）基于香港商业银行数据，研究认为市场竞争是促进表外业务兴起和发展的重要因素；Deyong 和 Rice（2004）研究美国商业银行表外业务影响因素，同样得出具有竞争势力的银行表外业务占比通常较高。

DeYoung 和 Roland（2001）考察了科技进步对表外业务发展的影响，认为技术进步对表外业务收入的增加有双重影响，有助于提高服务质量、增进银行与顾客关系的技术进步有助于商业银行收入增加，导致银行与顾客关系减弱的技术进步则会导致非利息收入的减少，如 ATM、网上银行等改变传统银行支付中介服务模式，带来银行支付结算收费降低；而资产证券化业务实现信贷业务滚动发放，有助于提升表外佣金收入。Ankrah（2012）也从降低交易成本和减少不确定角度，阐述了金融科技如何彻底改变银行功能和提供服务的方式。

银行特征方面研究最多的是规模和成本因素，一般结论认为表外业务有利于促进规模经济效应，规模大行表外业务发展积极性更高，成本优势更明显，其原因在于表外业务通常对专业人才和技术提出更高要求，而规模大行在这方面具有更大优势。如 Jagtiani 和 Khanthavit（1996）研究认为

银行规模效应与表外业务发展显著正相关；Rogers 和 Sinkey（1999）使用美国数据研究认为资产规模更大的商业银行具有更高的表外业务发展水平；Clark 和 Siems（2002）发现表外业务显著提升了银行成本的 X 效率；Hou 等（2015）利用中国银行数据研究得出表外业务对于非国有银行具有规模经济效应，而国有银行中这一效应不显著。

关于资产负债结构对表外业务影响的研究主要考察存款结构、贷款结构以及净利差与表外业务的关系。信贷业务是银行业务发展的重点，一般认为银行会根据利息业务决定表外业务发展策略，而利息业务盈利水平高、净利差更高的银行倾向于专注信贷业务，利息业务盈利水平低、净利差低的银行倾向于调整经营发展战略，寻求表外业务发展以增强竞争能力。如 Rogers 和 Sinkey（1999）利用美国数据研究发现净利差较低、核心存款较低的银行更多地从事表外业务。

经营管理能力对于银行拓展业务和创新发展至关重要，其对表外业务的影响存在争议，一类观点认为经营管理能力越强的银行才具备创新金融产品、扩大盈利渠道以及降低成本等能力，进而促进表外业务拓展（Pennachi，1998；Roger 和 Sinkey，1999）；另一类观点认为部分经营管理水平更高的银行通过精耕传统信贷业务，更加有助于长期发展，而经营管理较弱的银行才会转而寻求表外业务收入，如 DeYong 和 Rice（2004）研究发现经营管理差的银行比经营管理好的银行更依赖表外业务收入，其解释是大型银行和小型银行将会采取不同的差异化竞争策略，大型银行拓展表外业务获取更低的边际收益和规模效应，而小型银行精耕传统业务获得较低的规模收益和更高的边际收益。

2. 国内相关研究

我国金融体制以银行间接融资为主，信贷业务一直居于主导，表外业务占比长期较低，相关的研究起步也较晚。早期的研究主要阐述了发展表外业务的必要性，认为商业银行应该大力发展表外业务，优化产品结构，以适应金融改革和应对外部市场开放带来的激烈竞争（杨玉凤、陈燕，2002）；同时通过解析国外表外业务发展特点，以供国内银行业借鉴（王志军，2004；薛鸿健，2006；张广君、张中良，2009）。在此基础上，学者们主要从表外业务发展的制约因素、面临的困境，以及主要驱动因素等方面进行了初步探讨。

在制约因素方面，王千红、刘晓君（2009）认为我国表外业务存在总量不足和业务结构低端的问题，应拓展代理融资业务和创新投资银行业务以提升银行盈利空间。王国才（2010）和李宜琼（2014）分别针对湖北省十堰市和襄阳市商业银行和信用社调研发现，市场发育水平低、政策空间不足，外部信用环境欠佳，以及商业银行专业人才和技术缺乏等制约了表外资产业务的发展，表外业务面临多重风险、信息透明度低、内部管理薄弱，快速增长容易对冲宏观调控效应等问题，应加强分类管理和监测监管，完善风险处理机制。王园园（2008）和王琦瑛（2013）从法律制度、市场环境、监管政策、管理理念、人才技术资源等角度全面分析了影响表外业务发展的制约因素和政策建议。

在驱动因素方面，易纲、赵先信（2001）认为随着资本市场建设和逐步开放，市场竞争加剧将推动商业银行业务创新和表外业务发展。刘亚干（2014）从资金供给方和需求方分析表外业务发展动因，认为一方面流动性充足支撑表外融资快速发展，居民理财意识增强在银行"一业独大"的金融格局下，使得居民投资需求被银行吸纳，约20%左右资产配置脱离存款体系进行表外理财产品渠道；另一方面表内信贷融资门槛高，以及控制信贷规模等宏观调控政策"倒逼"私营企业寻求银行承兑汇票等表外融资方式。同时指出，利率市场化改革加速要求商业银行调整收入结构，实现信贷业务与非利息业务均衡发展，而金融脱媒升级也要求商业银行借助表外创新提高自身交叉销售能力，增加客户粘性，因而表外业务发展具有内生的合理性。

实证研究方面，大部分学者以非利息收入占比作为代理变量进行考察，研究结论并不一致。郑荣年、牛慕鸿（2007）较早探讨了非利息业务的影响因素，基于14家商业银行数据研究发现资产规模、净利差、净资产占比、人员规模与非利息收入占比负相关，信用违约风险与之正相关。朱宏泉（2011）利用12家商业银行数据研究发现非利息收入与资产规模、存款占比、人员数量与存款之比正相关，与经营管理水平无关。郑玉华、崔晓东（2014）利用10家银行数据研究发现，贷款规模、费用占比、资产规模与非利息收入正相关，而核心存款与之负相关。王光岐（2017）基于13家银行数据分析认为净利差与非利息收入显著负相关，资产规模、宏观经济发展与非利息收入显著正相关。朱卫东、陈龙（2013）利用 16 家商业银行数据分别考察国有银行和股份制银行非利息业务影响因素的差异性，发现资产规模、存款占比和净利差对于两类银行的非利息收入均具有负向作用，管理费用具有正向作用，而贷款损失准备金占净利息收入比重与国有银行非利息收入负相关，与股份制银行正相关。

二、传统表外业务发展经济后果的研究文献回顾

1. 国外相关研究

由于国外发达经济体大都实行混业经营体制，有关表外业务发展对经营绩效的影响基本从业务多元化的视角研究。早期的研究大都持支持观点，认为非利息业务发展扩大了收入来源，同时基于资产组合理论有助于分散风险（Gallo 等，1996；Boyd 等，1993）。随后，商业银行非利息业务规模不断扩大，尤其是大量衍生业务的拓展使得非利息业务风险加大，研究文献倾向于认为非利息业务对银行绩效增加的净效应有限。大致的观点可以分为以下几类：

第一类持肯定态度，认为商业银行通过创新金融产品、提供"一条龙"金融服务可以实现范围经济和规模效应，同时根据资产组合理论，涉足多元化的金融产品和金融领域有助于分散风险。Diamond（1991）、Rajan（1992）、Saunders 和 Walter（1994）的研究均认为商业银行实行多元化经营可以拓宽营销渠道、丰富收入来源、提高经营绩效；Allen 和 Jagtiani（2000）通过构建全能型银行模型，表明银行控股公司在从事证券和保险业务后总体风险有所下降。在实证方面，Saunder 和 Walter（1997）以美国、德国和瑞士的商业银行为样本，发现实行多元化经营的大型银行绩效明显提升；Rosie 等（2003）基于欧盟体国家的银行数据，研究认为非利息收入显著降低了银行盈利波动；Chiorazzo 等（2008）基于意大利商业银行数据，研究得出非利息收入占比越大，经风险调整后的盈利水平越高，非利息业务有助于提升银行盈利能力。Busch 和 Kick（2009）以德国银行业的数据为考察对象，研究表明表外业务收入的增加提高了全能银行经风险调整的股权收益率和总资产收益率。

第二类持否定观点，认为多元化经营不但会产生道德风险，而且会因管理成本和监管成本的上升导致银行绩效的下降。DeYoung 和 Roland（2001）具体分析了不同非利息业务对银行盈利和风险的影响，研究发现手续费和佣金收入占比越高的银行具有更大的盈利波动水平。Stiroh（2004）利用美国数据研究得出非利息业务显著降低了商业银行经风险调整后的盈利水平。Stiroh（2006）采用平均股权收益率衡量盈利水平，研究发现非利息收入占比较高的银行盈利水平增加并不显著，盈利波动性却显著增大。DeYoung 和 Rice（2004）、Mercieca 等（2007）、Calmès 和 Liu（2009）以及 Calmès 和 Théoret（2010）等基于不同国家数据的研究，同样支持这一结论。Mercieca 等（2007）和 Lepetit 等（2008）以欧洲银行为研究样本探讨规模因素对多元化绩效的影响，发现总体而言多元化程度同收入水平呈现负相关，而这一现象在小型银行中更为明显。

基于支持和否定的结论争议，部分学者倾向于认为非利息业务发展对银行绩效和风险影响存在限定条件。DeYoung 和 Rice（2004）和 Baele 等（2007）认为非利息业务发展可能存在最优水平。Nouals 和 Miller（1990）对北美银行的多元化经营进行研究，发现只有当资产规模超过 6 亿美元时多元化经营才有助于银行绩效的提升；Rodriguez（1993）分析指出意大利不同资产规模的银行在规模经济和范围经济方面的表现呈现出截然不同的特征；Ralf 等（2010）选用 9 个国家 380 家银行数据，在 Laeven 等（2007）的模型中加入非线性因素，发现多元化经营对银行存在直接和间接两类效用，总体而言多元化经营提高了商业银行的盈利能力。

2. 国内相关研究

我国实行分业经营的金融体制，长期以来商业银行收入结构单一依赖于存贷利差，发展非利息业务调整收入结构成为监管部门和商业银行关注的重要内容。学术研究中虽然使用"业务多元化""业务创新""中间业务创新""表外业务创新"等多种概念，但实质上均围绕非利息收入比重进行讨论，研究结论不尽一致。归纳如下：

第一种观点对业务多元化持支持态度，认为表外业务有助于提升绩效、降低风险。盛虎、王冰（2008）和赫国胜、徐洁（2010）研究得出商业银行增加非利息收入比重，有利于改善经营绩效。黄隽、章艳红（2010）基

资产证券化：银行表外业务转型新视角

于美国银行业数据研究得出非利息业务增大了盈利水平同时带来更大的风险。张羽等（2010）采用我国 15 家大型商业银行数据研究认为非利息业务在整体上分散了风险，但这种分散化效应随着非利息业务规模增加边际收益减小。易志强（2012）研究发现多元化有效降低了银行风险，经风险调整后的收益显著提升。陈一洪（2015）基于 23 家大型城商行数据研究认为非利息收入与资产收益率和股权收益率均显著正相关。

第二种观点认为非利息业务与商业银行盈利之间存在负向关系。王菁、周好文（2008）和魏世杰等（2010）均认为非利息收入的增加不利于商业银行绩效的提高；孙浦阳等（2011）基于 OECD 国家商业银行数据研究认为非利息业务显著降低了银行盈利水平；李泉、延莉莉（2014）基于上市银行数据研究认为非利息收入与股份制银行经营绩效显著负相关；郜越越、杨虎锋（2014）采用 44 家城商行数据研究得出由于客户规模、成本费用等限制，非利息收入占比提高会降低银行绩效，冯波等（2016）同样研究得出非利息收入与城商行经营绩效负相关。

鉴于支持和否定的观点争议，学者们试图寻找多元化对经营绩效影响的限制条件，规模大小是其中主要考虑的因素之一。黄泽勇（2013）采用我国 108 家商业银行 2007—2011 年间数据研究得出业务多元化与银行盈利水平间存在阈值效应，当资产规模超过阈值后多元化程度提高将不利于提升小银行盈利水平；李志辉、李梦雨（2014）得出了类似的研究结论，即大型银行多元化经营有助于提高收益、分散风险，而小型商业银行多元化经营提升盈利能力的同时导致风险增大。冉光和、肖渝（2014）利用我国 15 家商业银行 2003—2011 年的相关数据研究发现，国有银行绩效水平受多元化正向影响最为显著，股份制银行次之，城市商业银行的绩效水平并未显著地受到收入多元化的影响。周晔、郑军丽（2014）同样从资产规模角度寻求限制因素，研究发现银行业务多元化的风险与资产规模高度相关，规模较小的商业银行拓展非利息业务会相应带来更高风险，并且手续费及佣金收入占比越高时风险越大，而投资交易类收入占比对风险的影响不显著。朱波等（2016）采用成分预期损失方法基于上市银行数据研究得出，规模大行发展非利息业务分散了风险，而小型银行系统性风险上升。

此外，还有学者认为非利息业务对银行盈利和风险的影响并不明显

（娄迎春，2008；周开国、李琳，2011；刘孟飞等，2012；李明辉等，2014）。顾晓安、王鹏程（2015）和王鹏程等（2015）采用美国商业银行数据研究得出非利息收入占比与风险分散之间存在非单调关系，总体上呈现先升后降或先降后升再降的特征。

三、资产证券化发展动因的研究文献回顾

1. 国外相关研究

由于资产证券化在国外资本市场占有举足轻重的地位，国外学者针对其发行动机进行了专门研究。主要的观点可分为流动性动机、监管资本套利动机、融资成本动机、风险管理动机四类。其中，关于流动性动机，Thomas（2001）认为银行本质上是资产证券化过程中流动性的提供者和转移者，增强资产流动性是其资产证券化的最终目的和动机；王志强和Thomas（2004）通过建立模型描述银行出于流动性管理和资本管理目的而进行资产证券化的选择问题，结果表明银行资产证券化主要是一种流动性管理工具。关于监管资本套利动机；Calemand 和 LaCour-Little（2004）认为由于大多数抵押贷款监管资本水平太高，银行有动机将其具有最小风险的抵押贷款证券化以实现监管资本套利；Ambrose 等（2005）对此提供了经验证据。关于融资成本动机，Pelmacchi（1998）和 Obay（2000）认为通过资产证券化方式进行融资能够免除储蓄保险和储备需求，降低融资成本；Gaon（1999）认为资产证券化通过破产隔离、担保等机制设立，可有效降低信息非对称情况下筹资人的逆向选择和道德风险，从而降低融资成本。关于风险管理动机，研究者的结论存在不一致，Benveniste 和 Berger（1957）通过经验证据分析得出小银行中具有较高风险的银行倾向于证券化其资产；Hess 和 Smith（1998）认为资产证券化可以规避资产负债期限结构错配导致的利率风险，增加原始债权人可支配的流动资产总额，提升银行经营效率和增加盈利；Stanton（1998）也发现资本充足率较低、流动性较低和不良贷款比率较高的银行倾向于从事更多的表外业务；但 Avery 和 Berger（1991）、Boot 和 Thakor（1991）以及 Gorton 和 Permacehi（1995）的研究得出相反的结论，认为相对安全的银行其担保价值较高，或者资产证券化选择过程吸引要求相对安全的投资者，资产证券化往往被相对安全的银行所采用，而

非相对风险较高的银行。

2. 国内相关研究

国内有关资产证券化的研究由于市场环境起步较晚，多为理论、政策层面研究，已有文献主要是围绕引进、介绍资产证券化融资手段和实务操作，论证发展和推广资产证券化的合理性，以解决经济和改革发展的具体问题（张超英、瞿祥辉，1998；张衡，2002；陆烨彬、吴应宇，2004 等）。实证方面的研究多是运用美国的数据进行验证，王志强（2007）和车坦阳等（2008）基于美国市场数据对我国信贷资产证券化发展进行理论分析，认为我国银行业整体流动性充足，流动性管理并非驱动我国银行资产证券化行为的主要原因。近年来随着资产证券化重启，刘红霞等（2015、2016）基于试点数据以商业银行经营管理"三性原则"为基础进行了较为系统的分析，研究认为现阶段监管推动是商业银行参与发行信贷资产支持证券的主导因素，流动性充足是导致商业银行动力不足的主要原因；短期内资本充足率、存贷比可能影响银行资产证券化融资选择；长期来看付息债务融资成本上升以及流动性管理压力逐步增大将成为驱动银行资产证券化融资的直接动因，资产证券化势必成为银行经营管理过程中重要的融资手段、资本管理和流动性管理工具。

四、资产证券化发展经济后果的研究文献回顾

由于信贷资产证券化可以盘活存量资产，扩大资金来源，同时可能提高银行风险偏好导致资产质量降低，因此有关资产证券化对银行盈利和风险的绩效影响，学者们主要关注资产证券化对资产收益率、融资成本和不良贷款率的影响。

1. 国外相关研究

Greenbaum 和 Thakor（1987）最早提出证券化可以有效降低信贷资产集中度，从而降低信贷资产风险；Pennachi（1998）以及 Boot 和 Thakor（1993）分别从风险资本消耗、信息不对称两个角度进行理论分析，提出证券化可以降低银行负债成本、提高盈利能力。上述研究时间较早，当时尚未有充足的数据和实证方法去验证。Dionne 和 Harchaoui（2003）以加拿大银行业 1988—1998 年的数据为样本进行实证研究，发现当时的监管政策实

质上引导了银行热衷于将低风险资产作为资产证券化的基础资产，而留存高风险资产，导致大量高风险资产积累在银行体系内，整体上增加了银行的风险，从而降低了银行的整体盈利。然而，Carey（1998）、Mian 和 Sufi（2009）使用美国市场数据进行研究的结论却恰恰相反，在近 10 年资产证券化发行中，美国的商业银行将大量高风险的住房抵押贷款（Mortgage-Backed Security，MBS）作为基础资产，短期内提高了银行的盈利能力，但在金融危机之后则对银行盈利能力造成了巨大的负面影响。上述负面影响部分原因是由于隐性追索（Implicit Recourse）因素，Higgins 和 Mason（2004）以及 Chen（2008）的研究表明，资产证券化中很多基础资产的风险仍由发行人银行承担，尤其是在信用卡循环类资产方面。

部分学者从资产证券化发行后的信贷行为偏好角度研究，认为银行通过资产证券化实现资产真实销售后，尤其发行 CDO，将会提高其风险偏好，从而增加其面临的系统性风险（Krahnen，2006、2007），影响银行的盈利持续性。这点在 Shin（2009）和 Michalak（2012）的研究中得以印证。Fyfe（2007）的研究认为，发行人自持次级份额和出售优先级份额之间存在某种风险关系，虽然表面上可降低银行抵御非预期风险的能力，提高其偿付能力和盈利能力，但这将会引导银行以高杠杆的方式，去追求高风险、高收益的资产（Cebenoyan 和 Strahan，2004），这在 Purnanandam（2011）对美国银行业金融危机前后的行为研究中也得到了验证，Bonsall（2015）也提出了类似观点。然而，Jiangli 和 Pritsker（2008）的研究则表示了相反意见，他们使用美国银行业金融危机之前的数据，提出 MBS 资产在金融危机之后逐步回到银行表内，可以提高银行杠杆及盈利能力，该结论在 Salah（2012）的研究中也得以证实。Jiangli（2007）同时提出，银行开展证券化可以缓解破产风险、提高资产收益率。Lejard（2014）的研究表明，银行通过资产证券化可以调整风险结构，改善银行盈利能力。

2. 国内相关研究

由于客观原因，国内有关信贷资产证券化对盈利和风险影响的研究较为缺乏，早期引入阶段多为理论、政策层面探讨，如王志强（2007）认为资产证券化不能够解决我国银行业的不良资产问题。实证方面的研究主要运用美国数据进行验证，姚禄仕（2012）、邹晓梅（2015）、高蓓等（2016）

均利用美国 2001—2012 年的数据进行了实证研究，认为虽然资产证券化整体上可以提高资本利润率水平，但主要依赖于非 MBS 类资产的证券化，但高蓓等（2016）认为资产证券化的影响在不同阶段表现不同，在证券化中后期，这种影响并不明显。刘琪林、李富有（2013）也利用美国数据研究了资产证券化对银行盈利水平、风险水平和流动性的影响，认为资产证券化对银行盈利水平和风险水平的影响则取决于银行规模。

第三节 国内外研究文献述评

本书针对国内外有关商业银行表外业务发展的影响因素及经济后果方面进行了文献回顾。归纳起来，以往研究取得了丰富的成果，但结合我国表外业务发展实践，在以下几个方面仍需要进一步拓展和深入探讨：

1. 针对表外业务概念及发展现状的界定不清晰。研究概念上，"非利息收入""中间业务收入""表外业务收入"混同采用。一方面，表外业务与其他非利息业务之间存在较大差异，如投资收益、汇兑损益、公允价值变动损益，通常与资本市场波动，以及银行自身投资管理能力等相关；另一方面，不同类型银行在收入结构上存在较大差异，国有银行及股份制银行中手续费及佣金收入占据整个非利息收入的 80% 左右，而城商行和农商行中手续费及佣金收入占比在 5% 左右，投资收益类收入占比在 15% 左右[①]，混同采用同样的概念将不利于揭示问题的本质。

2. 针对表外业务发展影响因素的研究缺乏完整分析框架。美国等发达国家表外业务在银行收入结构中已占有相当比重（接近 50% 左右）（程实、宋玮，2014），现阶段针对表外业务发展动因的探讨主要聚焦于某一类具体业务（周正清等，2016）。我国表外业务发展起步较晚，表外业务在收入中的占比长期较低，相关研究主要借鉴美国学者 2000 年左右（DeYong 和 Roland，2001；DeYong 和 Rice，2004）的研究框架，选取其中部分因素进行分析。近年来，我国商业银行表外业务呈现出爆发性增长态势，其影响因

---

① 详见本书后续各章节的样本描述部分。

素既有外部环境驱动，也有银行自身转型的内生合理性，若仅从银行自身某些特征考量，忽视整体框架的完整性和系统性，将影响研究结论的公允性。本书将从外部竞争环境、内生经营管理"三性原则"，以及银行个体特征方面建立完整分析框架，针对不同类型银行展开分析。

3. 针对传统表外业务对盈利和风险的研究未能结合考虑其与表内信贷业务之间的密切关系，因而未能揭示其内在逻辑联系。我国由于长期以来实行利率管制的原因，国内研究鲜少关注表外业务对表内信贷业务的影响，近年来随着利率市场化改革的推进，程茂勇、赵红（2012）、刘莉亚等（2014），周鸿卫和胥荷香（2015）对这一话题进行了有益探索。在我国分业经营、分业监管的监管体制环境中，表外业务发展阶段和路径与国外发达市场存在差异，表外业务发展与表内信贷业务密切相关，不同类型银行基于自身不同的资源禀赋，在面对外部竞争加剧、金融脱媒深化、经营转型压力加大的情况下，为应对净利差收窄、扩大收入来源和调整收入结构将会采取不同的经营策略，进而对表内信贷业务形成替代和协同效应，这些都是分析表外业务对盈利和风险影响综合效应的重要基础，需要统一纳入考虑。

4. 有关新型表外业务信贷资产证券化的研究较为缺乏。信贷资产证券化已成为发达市场国家与债券、股票比肩的第三大融资工具，在我国启动至今已有十余年。由于受到国际金融危机的影响，经历一波三折，2012 年重启后获得快速发展，现有文献针对这一话题的探讨较少，而信贷资产证券化有助于扩大资金来源，释放表内信贷额度，同时缓解表外类信贷业务发展，促进表外业务规范化，实现表内业务和表外业务协调发展（刘丽娜，2014）。因而被监管层在盘活存量资产，释放银行业系统风险方面寄予厚望。本书建立资产证券化动因和经济后果研究的系统分析框架，以丰富理论研究文献，并为下一步市场扩大实践提供政策建议。

5. 研究样本范围存在局限。由于表外业务相关信息搜集难度较大，大量研究文献基本采用全国性大行和已上市的城商行和农商行数据进行研究，研究样本量过小影响了研究结论的客观稳健性和针对性。本研究在全球银行和金融机构分析数据库（Bankscope）、万得（Wind）、国泰安（CSMAR）数据库的基础上，通过对商业银行年报信息进行手工整理，搜集完成后金融危机时期 2009—2016 年近 200 家银行数据（也是目前研究中可供获得的最大样本量），银行类型涵盖全国性银行外的众多城商行和农商行。针对不同类型银行尤其是中小地方性银行的研究，不仅有助于丰富相关研究文献，在目前民营银行放开准入、地方银行积极拓展规模的背景下具有现实的实践意义。

本章小结

本章从金融创新理论、TRICK 理论和金融抑制理论分析了表外业务发展动因相关的理论基础。归纳起来，宏观方面如经济发展阶段、技术革新程度、监管环境变化，中观方面如行业竞争程度、客户需求变化，以及微观方面如自身经营管理水平、资源禀赋条件等均对表外业务创新发展产生不同程度的影响。

表外业务创新一方面丰富了银行业务品种，有助于拓展利润增长新渠道，实施多元化经营策略；通过客户信息共享和深度挖掘，有效开展"交叉销售"，有助于实现与表内信贷业务的协同发展。另一方面通过表外业务获取监管套利，与影子银行体系密切相关，游离于监管视线之外，容易诱发系统性风险；创新业务伴随着高风险，对银行创新管理能力提出更大挑战。

国内外学者在这一领域研究形成了丰富的学术成果，但是研究结论不尽一致。针对中国市场实践的研究仍亟待拓展。长期以来表外业务发展水平不高、创新程度较低，监管政策进退两难，如何破解银行业务结构调整和经营转型仍是重要课题。因此，本文将做相应拓展研究：一是建立动因分析的系统性框架，揭示不同类型银行表外业务发展的必然性和选择差异性；二是在传统表外业务与信贷资产证券化经济后果研究的基础上，揭示二者之间以及与表内信贷业务间的相互关系，以探求表外业务转型发展的可行路径。

第四章　表外业务发展动因的实证分析

苏志强、王硕（2014）针对商业银行表外业务研究相关文献进行梳理和综述，得出表外业务影响因素较为综合，既包括内部影响因素，也与宏观经济增速、外部经营环境等密切相关；此外，银行发展战略等难以衡量的软实力也在一定程度上影响表外业务发展。本章立足我国银行实际和前文的理论分析，借鉴已有研究成果，从外部竞争和内生驱动两个角度，建立表外业务发展影响因素的完整分析框架，并通过实证分析探讨现阶段影响我国商业银行表外业务发展的主要动因，及其在不同类型银行中的表现差异。

第一节　研究假设提出

竞争加剧是现阶段我国商业银行面对利率市场化改革和金融脱媒大背景下最为严峻的外部形势，而盈利性、安全性、流动性"三性原则"是《商业银行法》规定的银行经营管理立行之本。基于此，本部分从内外两个角度探讨现阶段我国商业银行表外业务发展的主要驱动因素。

市场竞争是改变银行风险承担行为的潜在途径（Allen，2004；Boyd 和 Nicolo，2005），银行表外业务的多样化恰好符合这一理念，银行可以通过发展表外业务获取多样化收入来源，减少投资组合的风险（张庆君、何德旭，2013）。DeYoung 和 Rice（2004）针对美国市场取消 Q 条例[①]（Regula-

---

[①]　Q 条例是指美国联邦储备委员会按字母顺序排列的一系列金融条例中的第 Q 项规定。1929 年之后，美国经历了一场经济大萧条，金融市场随之也开始了一个管制时期，与此同时，美国联邦储备委员会颁布了一系列金融管理条例，并且按照字母顺序为这一系列条例进行排序，其中对存款利率进行管制的规则正好是 Q 项，因此该项规定被称为 Q 条例。后来，Q 条例成为对存款利率进行管制的代名词。Q 条例的内容是：银行对于活期存款不得公开支付利息，并对储蓄存款和定期存款的利率设定最高限度，即禁止联邦储备委员会的会员银行对它所吸收的活期存款（30 天以下）支付利息，并对上述银行所吸收的储蓄存款和定期存款规定了利率上限。

tion Q）管制背景下的商业银行表外业务发展进行分析，发现管制放松后市场竞争加剧，催化商业银行借助技术革新手段大力拓展表外业务，市场竞争是商业银行表外业务创新的直接诱因。我国银行业长期受到利率管制的影响，高利差使得银行业可以坐享收益，抑制其金融创新的动力。随着我国加入世界贸易组织（WTO）后履行金融业开放的承诺，利率市场化改革加速推进，2015年随着央行宣布取消存款利率上浮区间限制，我国历时近十年的利率市场化改革接近尾声，利率市场化带给商业银行的直接影响就是利差收窄，依赖高利差的盈利模式无法持续，倒逼商业银行加快实施战略转型，聚焦优势业务领域、加快业务创新，推动差异化经营。与此同时，为积极应对与外资金融机构同台竞争，政府部门采取一系列措施深化金融业改革，推动国有大行股改上市、放开商业银行异地设立分支机构①、加快农村信用社改制农村商业银行、放开民营银行设立牌照等，商业银行面临的同业竞争环境日益加剧。

由于经济发展阶段不同，现有文献有关市场结构对银行经营影响的研究仅限于发达国家，鲜少涉及转型经济体国家的银行体系（程茂勇、赵红，2011）。市场力量会驱使管理者使用更多的资源去获得更大的市场力量（Berger 和 Hannan，1989）。Maudos 和 Guevara（2004）研究发现在欧洲国家银行中，具有较大市场力量的银行通过业务多元化提高了收益，Schaeck 和 Cihak（2008）对欧盟和美国银行的研究同样表明，市场力量有助于银行从其多元化的投资组合中获得更多利润，因此具有市场力量的银行更易于通过发展表外业务来扩大市场占用和获取收益。DeYoung 和 Rice（2004）研究认为竞争会导致不同银行采取差异化的竞争策略，大型银行通过规模

---

① 2009年5月银监会下发《关于中小商业银行分支机构市场准入政策的调整意见（试行）》允许符合条件的中小商业银行在相关地域设置分支机构，设置分支机构不再受数量指标控制，同时放松对分支机构运营资金的要求。在此宽松政策下，仅2010年全年有62家城商行跨区域设立103家异地分支行。随后，城商行在全国范围内大规模"圈地"引起不断争议，通过急速扩张，城商行实现了迅速抢占市场份额的目标；与此同时，城商行信贷客户集中，异地经营成本高，抗风险能力低的不稳定因素也引起了监管层的重视。2013年和2014年银监会先后发布《关于做好2013年农村金融服务工作的通知》和《关于做好2014年中小商业银行分支机构发展规划相关工作的通知》，明确规定城商行在辖内和周边经济紧密区申设分支机构，单一城市单年新设分行总数不超过2家，金融服务明显不足地区可适当放宽，省外扩张受到限制。

效应和低成本优势争夺市场，而小型地方银行通过个性化服务提高客户忠诚度和谋取更高的边际收益。我国商业银行间最突出的差异就是规模悬殊巨大，地方银行和全国银行相比不仅在物理渠道如分支机构网点数量，而且在客户基础、人力资源、信息技术等资源配置上难以企及，具有竞争势力的全国性银行更有可能采取多元化策略，而地方银行市场力量较大时更容易专注于传统信贷业务精耕细作，市场力量较小时出于生存压力具有更强的动力拓展新的利润增长来源，不同类型银行会依据自身竞争势力采取不同的表外业务发展策略。

基于此，提出研究假设 4 - 1 和假设 4 - 2：

假设 4 - 1：商业银行面临的外部竞争越激烈，表外业务发展程度越高。

假设 4 - 2：对于全国性银行而言，市场力量越大，越倾向于发展表外业务应对竞争；对于地方性银行而言，市场力量越大，越倾向于发展表内信贷业务。

《商业银行法》规定商业银行以安全性、流动性、效益性为经营原则，实行自主经营、自担风险、自负盈亏、自我约束。发展表外业务是商业银行丰富金融产品，推进经营转型的战略选择，贯彻"三性原则"的基本要求具有内生合理性。

银行业最大的特征之一就是杠杆经营，银行的风险具有天然性，高杠杆经营带来相应的高风险。表外业务发展是衡量商业银行业务创新能力和转型发展程度的重要标志（魏鹏，2012）。新业务通常伴随着较高的风险，当银行自有资本占银行总资产的比例较高时，意味着商业银行保留更多的资本金，风险偏好程度更低，因而开展表外业务的动力降低；相反，当资本金占比较低时，反映商业银行具有更高的风险偏好，更倾向于开展创新业务获取高收益。与此同时，表外业务具有较少的资本金监管要求，而新型表外业务资产证券化具有释放存量资产资本金占用的直接效果，当资本金占比较低时，商业银行发展表外业务缓解资本金监管压力的动力更足。因此，安全性水平较高时商业银行发展表外业务的动力更小。

流动性是我国银行业重要的监管指标，其对保障商业银行经营安全具有重要作用。一方面，当银行的流动性比例较高时说明其有足够的流动资产来应对可能出现的挤兑危机，风险程度较低；另一方面，较高的流动性资产意味着资源的闲置和耗费，不利于提高经营收益。现阶段我国商业银行整体流动性充足，但是结构流动性不足的矛盾仍然存在（中国金融稳定报告，2013、2014、2015）。因此，当流动性充足时，商业银行为追逐利润，具有开展新业务提升盈利收入的动力；与此同时，由于表外业务与表内业务之间的密切联系，通过两者之间的转化又可以实现对流动性水平的调节。相对而言，大银行经营范围和业务品种更广，更有可能面临结构性不足，而大银行具备更强的管理实力，更有可能将表外业务作为流动性管理手段。

国内外已有研究对经营管理水平与表外业务发展程度的关系持有不同意见，持支持意见的认为较高的经营管理水平意味着表外业务发展动力更强（Pennachi，1998；Roger 和 Sinkey，1999；郝国胜、徐洁，2010）；而持反对意见的认为经营管理差的银行更倾向于拓展表外业务以寻求新的利润增长点（DeYoung 和 Rice，2004；王菁、周好文，2008）。就现阶段我国商业银行而言，国有大行和股份制银行已完成改制上市，公司治理水平渐趋完善，城商行和农商行仍在逐步推进过程中，商业银行经营管理水平参差不齐。表外业务发展对商业银行创新能力、风险管理能力和市场研判能力都提出了更高要求，较高的经营管理水平更有助于表外业务发展。

基于此，提出研究假设 4 - 3 至假设 4 - 5：

假设 4 - 3：商业银行风险偏好水平越高，表外业务发展程度越高。

假设 4 - 4：全国性银行流动性水平越高，表外业务发展程度越低；地方性银行流动性水平越高，表外业务发展程度越高。

假设 4 - 5：商业银行经营管理水平越高，表外业务发展程度越高。

第二节　变量选择与模型设计

一、变量选择

1. 被解释变量

（1）传统表外业务发展水平（OBS）：现有文献通常采用表外业务收入占营业总收入的比重衡量（Lepetit 等，2008；Demirguc-Kunt 和 Huizinga，

2010；程茂勇、赵红，2012），本研究沿用此方法；同时采用表外业务收入占总资产比重进行稳健性检验。

（2）信贷资产证券化（ABS）：设置 0 - 1 虚拟变量；当年发行至少一期信贷资产支持证券取值1；否则取值0。

2. 解释变量

本研究根据已有研究成果，从外部因素角度设计竞争环境、市场力量两个外部竞争变量；从内部因素角度设计风险偏好水平、流动性水平和经营管理水平三个内生驱动因素。

（1）竞争环境（Compete）：现有研究主要从存款、贷款以及资产规模三个角度衡量商业银行市场集中度，采用前几大银行规模合计占总规模的比重，或者计算所有银行的赫芬达尔指数（Herfindahl-Hirschman Index，HHI），以此反映外部竞争激烈程度，指数值越低表明外部竞争程度越高。由于这三个变量相关性程度较高，为避免同时进入模型产生严重的多重共线性，在主回归中采用存款规模赫芬达尔指数反映市场竞争环境，同时采用贷款规模赫芬达尔指数进行稳健性检验。

（2）市场力量（Power）：勒纳指数（Lerner Index，Berger 等，2009）是现有研究广泛采用的市场势力衡量指标，鉴于研究样本涉及大量非上市银行，信息缺失严重，因而采用存款、贷款、总资产规模占市场总规模的比重进行代替。现有文献中，秦宛顺、欧阳俊（2001），赵旭等（2001）和刘莉亚等（2014）也采用该指标衡量银行市场力量。同上，采用存款规模占市场总规模的比重作为主回归，贷款规模占比作为稳健性检验指标。

（3）风险偏好水平（Equity）：资本监管是国际通行的商业银行监管标准，银监会于 2009 年和 2012 年先后发布《关于完善商业银行资本补充机制的通知》和《商业银行资本管理办法（试行）》，按照《巴塞尔协议Ⅲ》的要求规范银行业金融机构资本管理，商业银行整体资本充足率水平较高，远远超过 8% 的监管标准，银行间个体差异不明显。研究过程中，大多采用净资产占总资产的比值衡量商业银行风险偏好水平（郑荣年、牛慕鸿，2007；刘莉亚等，2014）；国际上这一指标也被广泛采用（Rogers 和 Sinkey，1997；Nguyen，2012），本研究沿用这一方法，并采用资本充足率进行稳健性检验。

（4）流动性水平（Liquid）：商业银行常用的流动性指标包括流动资产与流动负债的比值，以及存款和贷款比值。后者由于曾经长期被监管部门采用[1]，国内学者较常使用（段军山，2011；孙秀峰、丛金萍，2013；陈龙，2013）；前者在国际研究中广泛采用（Nguyen，2012；刘莉亚等，2014）。本研究在主回归中采用流动性资产与流动性负债的比值衡量商业银行流动性水平，同时采用存贷比指标进行稳健性检验。

（5）经营管理水平（Manage）：现有商业银行研究文献有关经营管理水平通常基于会计业绩表现和市场业绩表现进行计算衡量。由于我国商业银行中上市银行仅占较小比重，本研究以会计业绩表现为衡量基础，借鉴DeYoung 和 Rice（2004）和朱宏泉等（2011）的方法，计算经过均值调整后的总资产收益率水平，以此反映商业银行相对经营管理水平。

3. 控制变量

现有文献针对银行自身特征与表外业务发展的研究成果非常丰富，本书进行梳理和归纳，并作为控制变量纳入分析框架。主要包括以下几个方面内容：

银行规模特征，一方面，规模较大的银行通常意味着资源优势，具有拓展新业务的条件，发展表外业务有助于实现规模经济效应，进而降低成本获取收益（DeYoung 和 Rice，2004；Rogers 和 Sinkey，1999；郑荣年、牛慕鸿，2007）；资产规模较大意味着存量资产占用更大，商业银行开展信贷资产证券化业务的积极性更高。另一方面，现阶段我国商业银行表外业务整体占比不高，规模经济效应发挥在各类型银行中可能存在差异，而随着金融技术创新发展，表外业务对专业人才、技术平台研发的依赖程度增强，资源投入较高的银行更有助于表外业务开展。因而本书在研究时将规模特征和资源投入因素均纳入分析框架，前者采用资产规模的自然对数衡量，

---

① 存贷比指标诞生于 20 世纪 90 年代初，1995 年纳入《商业银行法》，目的在于抑制银行信贷盲目投放和管理流动性风险。随着银行资金来源渠道增多和资产端投放多元化，已不局限于存贷业务，存贷比监管已失去本来的意义，对商业银行经营造成束缚。2015 年 10 月 1 日起修订实施的《商业银行流动性风险管理办法（试行）》，删除了 75% 存贷比监管指标，并在流动性风险监测章节中规定，"银监会应当持续监测商业银行存贷比的变动情况，当商业银行出现存贷比指标波动较大、快速或持续单向变化等情况时，应当及时了解原因并分析其反映出的商业银行风险变化，必要时进行风险提示或要求商业银行采取相关措施"。

后者采用营业费用与营业收入的比值衡量（朱卫东、陈龙，2013）。

资产负债结构是影响商业银行发展表外业务，实现战略转型的重要因素。传统观点认为受利率变动和经济周期的影响，利息收入（存贷款业务）具有显著的不稳定性和周期性特征，且受坏账风险影响较大，而表外业务如信托服务、结算业务、资产托管等高收益的中间项目，相对安全、稳定，且利润率更高（Sinkey，1998；Rosie 等，2003），因此核心存款低的银行开展表外业务的积极性更高。而后随着表外业务创新加快，Stiroh（2004）研究认为表外业务从信贷业务衍生而来，因而与利息业务存在很强的正相关关系。国内学者在研究时也通常加入存款占资产的比重（朱卫东、陈龙，2013），或者将贷款占总资产的比重同时纳入分析（朱宏泉等，2011；郑玉华、崔晓东，2014），或考察存贷业务净利差的影响（陈龙，2013；朱卫东、陈龙，2013；王光岐，2017）。因此，本研究综合考察资产负债结构对表外业务的影响，为避免存贷款之间存在较强相关性对回归结果的影响，在主回归中将存款占总资产的比重和净利差纳入分析，并利用贷款占总资产的比重作为稳健性检验。

宏观经济环境因素，我国作为发展中国家，金融市场发展与经济增长密切相关，通常良好的经济发展前景预示着金融市场基础更加稳固（King 和 Levine，1993；Porta 等，1998；Djankov 等，2003；胡静、金颖，2011），一方面居民金融产品需求增强能够促进商业银行创新，另一方面我国间接融资主导的情况下经济增长可能意味着信贷业务拓展积极性更高。国内生产总值（GDP）是最为广泛采用的经济增长衡量指标，同时其对商业银行存款、贷款等相关金融产品产生诸多影响，如经济发达地区的居民金融产品需求更为丰富等。因此本研究选用 GDP 增速衡量整体宏观经济环境，同时考虑居民消费物价水平（CPI）的变化，考察宏观通货膨胀因素的影响。

一直以来我国的直接融资市场发展缓慢，对商业银行表外业务发展具有双向影响：一方面，商业银行面对的市场竞争压力相对较小，长期寡占着几乎所有的国内信贷资源（存款来源和贷款需求），享受利率管制下较为固定的利差，依赖主营存贷业务赚取较为丰厚和稳定的收益，缺少开发表外业务产品的积极性（王勇等，2006）；另一方面，直接融资市场金融产品种类单一，商业银行在利率市场化改革背景下盈利空间收窄，借助客户优势、成熟的运行机制有利于推出新产品和新服务，拓展表外业务规模。与此同时，直接融资市场发展水平较高时，商业银行发行次级债获取资金的条件更为成熟，通过资产证券化获取融资的积极性更低。本研究采用上市公司股票市值总额占国内生产总值的比重来衡量直接融资发展程度。

主要变量定义如表 4-1 所示：

表 4-1　　　　　　　　　　　**主要变量定义**

变量类型	变量名称	变量符号	变量定义
被解释变量	传统表外业务发展水平	OBS	表外业务收入所占比重
	信贷资产证券化	ABS	0-1 变量；当年发行至少一期信贷资产支持证券时取值 1，否则取值 0
解释变量	竞争环境	Compete	年末存款规模的赫芬达尔指数
	市场力量	Power	年末存款占市场存款总规模的比重
	风险偏好水平	Equity	年末净资产占总资产的比重
	流动性水平	Liquid	流动资产与流动负债的比值
	经营管理水平	Manage	均值调整后的总资产收益率
控制变量	宏观经济增速	GDP	GDP 年均增速
	通货膨胀水平	CPI	CPI 年均增速
	直接融资水平	Direct	年末股票总市值占 GDP 的比重
	资产规模	Size	资产规模取自然对数
	负债结构	Deposit _ ratio	年末存款占总资产的比重
	净利差	NIM	净利息收入占生息资产余额的比重
	资源投入	Resource	营业费用占营业收入的比值
	地区固定效应	Province	除西藏外 30 个省（自治区、直辖市）
	银行固定效应	Bank	194 家商业银行

二、模型设计

为了分析如上各因素对商业银行表外业务发展的影响，分别建立回归模型（4-1）至模型（4-4），模型（4-3）和模型（4-4）用于验证研究假设 4-2，模型（4-1）至模型（4-4）共同验证其余研究假设。信贷资产证券化为 0-1 虚拟变量，故而建立逻辑模型（Logistic Model），如下所示：

$$OBS = \alpha_0 + \alpha_1 Compete + \alpha_2 \times Equity + \alpha_3 \times Liquid$$
$$+ \alpha_4 \times Manage + Cons. + \varepsilon \qquad (4-1)$$

$$P(ABS = 1) = \alpha_0 + \alpha_1 Compete + \alpha_2 \times Equity + \alpha_3 \times Liquid$$
$$+ \alpha_4 \times Manage + Cons. + \varepsilon \qquad (4-2)$$

$$OBS = \alpha_0 + \alpha_1 Compete + \alpha_2 \times Power + \alpha_3 \times Compete \times Power$$
$$+ \alpha_4 \times Equity + \alpha_5 \times Liquid + \alpha_6 \times Manage + Cons. + \varepsilon$$
$$(4-3)$$

$$P(ABS = 1) = \alpha_0 + \alpha_1 Compete + \alpha_2 \times Power + \alpha_3 \times Compete \times Power$$
$$+ \alpha_4 \times Equity + \alpha_5 \times Liquid + \alpha_6 \times Manage + Cons. + \varepsilon$$
$$(4-4)$$

分析过程中，针对全国性银行和地方银行分类回归。式（4-1）和式（4-2）中，若竞争环境变量（Compete）的系数显著为负则证实研究假设4-1；式（4-3）和式（4-4）中，全国性银行分类回归中，竞争环境变量（Compete）和市场势力变量（Power）的交乘项系数显著为正，地方银行分类回归中交乘项系数显著为负，则证实研究假设4-2；式（4-1）和式（4-4）中，若风险偏好水平变量（Equity）回归系数显著为负；经营管理水平变量（Manage）回归系数显著为正，则证实研究假设4-3和假设4-5；若流动性水平变量（Liquid）的回归系数在全国性银行分类回归中显著为负，在地方银行分类回归中显著为正，则证实研究假设4-4。

第三节　回归结果与分析讨论

一、样本数据

本书数据来自 Bankscope 数据库、Wind 数据库、CSMAR 数据库以及商业银行网站披露的年报信息，共计搜集了全国30个省（自治区、直辖市）194家商业银行样本数据，包括工行、农行、中行、建行、交行5家大型商业银行，12 家全国性股份制商业银行以及部分城商行和农商行①，这也是目前为止能够搜集到的最全研究数据。考虑到国际金融危机对商业银行经营可能造成的外部冲击，样本期间为 2009—2016 年，剔除缺失值后，得到样本观测值 1184 个。为避免异常值影响，对所有连续变量进行 1% 水平的缩尾处理。数据处理均采用 Stata13.0 版本。

二、变量描述性统计分析

表 4 - 2 提供了全样本以及全国性银行、城商行和农商行分组描述性统计信息。由此可知：第一，表外业务发展水平在不同类型银行间差异很大，全国性银行均值为 18%，而城商行仅为 6%，农商行最低（3%）。第二，外部竞争变量样本均值为 0.09，反映整体竞争加剧，实际业务开展过程中，由于受到区域监管限制，应相对缓和；但是地方银行生存压力比全国性银行更大符合实际情况。第三，内生驱动因素方面，经营管理水平变量的最大值和最小值在城商行和农商行分组中具有更大差异，反映中小银行经营管理水平参差不齐；风险偏好水平变量全国性银行最低，农商行最高，表明农商行风险承受能力最弱，风险偏好最低，城商行次之；流动性水平城商行和农商行基本相当，全国性银行最低，同样反映出大型商业银行结构性流动不足是其面临的重要问题。

控制变量方面，GDP 均值为 8%，CPI 均值为 2%，宏观经济增速平稳，物价水平温和通胀，有利于银行业经营发展；表内业务结构上，存款占比全样本均值为 73%，全国性银行最低（68%），城商行次之（72%），农商行最高（78%），存款仍然是商业银行主要的资金来源，农商行对存款的依赖程度更大，也印证了表外业务发展水平上全国性银行最高，农商行最低；净利差上，全国性银行最低（2%），城商行和农商行为 3%，反映区域性地方银行更具有信息优势，能够向客户提供更便利的服务，因而获取更高的收益（DeYoung 和 Rice，2004；周建松、郭福春，2005）；资产规模上，城

---

① 5 大商业银行和 12 家股份制银行中，除浙商银行 2009 年数据存在缺失值以外，均包含在样本中。由于绝大部分城商行和农商行均未上市，相关信息披露不完善，本书最终搜集的城商行 2009—2016 年样本分布分别为 67 家、76 家、81 家、83 家、96 家、103 家、104 家、103 家；农商行 2009—2016 年样本分布分别为 13 家、26 家、34 家、46 家、54 家、56 家、59 家、58 家。

商行和农商行相对规模差异较大，尤其是农商行，表明地方银行发展水平参差不齐；资源投入上，全国性银行占比最低，农商行和城商行基本一致，反映出近年来其规模扩张加大投入，尤其是信息系统建设和高素质人才引进对成本耗费的压力较大，同时也体现出全国性银行在成本管理方面具有较大优势。

表4－2　　　　　　　　　　样本描述性统计分析

银行属性	variable	OBS	Compete	Power	Manage	Equity	Liquid	GDP	CPI	Direct	Deposit	NIM	Size	Resource
全样本	mean	0.06	0.09	0.02	0.00	0.07	0.52	0.08	0.02	0.58	0.73	0.03	11.56	0.56
	sd	0.06	0.04	0.03	0.00	0.02	0.15	0.01	0.01	0.13	0.11	0.01	1.68	0.11
	min	0.00	0.03	0.00	−0.01	0.04	0.29	0.07	−0.01	0.40	0.45	0.01	8.58	0.32
	p50	0.04	0.10	0.01	0.00	0.07	0.50	0.08	0.02	0.58	0.74	0.03	11.27	0.55
	max	0.27	0.15	0.20	0.01	0.15	1.06	0.11	0.05	0.77	0.92	0.06	16.63	0.92
	N	1184	1184	1184	1184	1184	1184	1184	1184	1184	1184	1184	1184	1184
全国性银行	mean	0.18	0.13	0.06	0.00	0.06	0.44	0.08	0.02	0.58	0.68	0.02	14.88	0.55
	sd	0.06	0.01	0.07	0.00	0.01	0.11	0.01	0.02	0.13	0.10	0.01	1.18	0.08
	min	0.05	0.13	0.00	−0.01	0.04	0.29	0.07	−0.01	0.40	0.45	0.02	11.67	0.42
	p50	0.18	0.13	0.03	0.00	0.07	0.44	0.08	0.02	0.58	0.69	0.02	14.89	0.54
	max	0.27	0.15	0.20	0.00	0.08	1.06	0.11	0.05	0.77	0.86	0.04	16.63	0.85
	N	135	135	135	135	135	135	135	135	135	135	135	135	135
城商行	mean	0.06	0.11	0.01	0.00	0.07	0.54	0.08	0.02	0.58	0.72	0.03	11.35	0.56
	sd	0.05	0.03	0.02	0.00	0.02	0.14	0.01	0.01	0.13	0.11	0.01	1.10	0.12
	min	0.00	0.03	0.00	−0.01	0.04	0.29	0.07	−0.01	0.40	0.45	0.01	8.58	0.32
	p50	0.05	0.12	0.00	0.00	0.07	0.51	0.08	0.02	0.58	0.73	0.03	11.28	0.55
	max	0.27	0.15	0.20	0.01	0.15	1.06	0.11	0.05	0.77	0.92	0.06	15.92	0.92
	N	703	703	703	703	703	703	703	703	703	703	703	703	703
农商行	mean	0.03	0.04	0.02	0.00	0.08	0.53	0.08	0.02	0.58	0.78	0.03	10.70	0.57
	sd	0.03	0.02	0.02	0.00	0.02	0.15	0.01	0.01	0.14	0.09	0.01	1.11	0.11
	min	0.00	0.03	0.00	−0.01	0.04	0.29	0.07	−0.01	0.40	0.45	0.01	8.58	0.34
	p50	0.02	0.03	0.01	0.00	0.08	0.49	0.08	0.02	0.58	0.81	0.03	10.62	0.56
	max	0.20	0.13	0.20	0.01	0.15	1.06	0.11	0.05	0.77	0.92	0.06	13.59	0.92
	N	346	346	346	346	346	346	346	346	346	346	346	346	346

表4-3提供了2012年信贷资产证券化试点重启以来至2016年末商业银行发行情况。在2014年由证监会审批制转由交易所注册备案制以前，发行数量较少，2012年和2013年分别发行仅3单和2单。2014年开始逐步进入快速发展期，2015—2016年除个别银行未参与发行外，全国性银行已基本实现常态化发展；对于新兴业务城商行和农商行仍在逐步适应期，每年新增发行银行仍占据主要比重，而已发行银行尚未实现滚动发行和常态化。

表4-3 **2012—2016年信贷资产支持证券发行统计①**

年份	发行 ABS				首次发行 ABS			
	全样本	全国性银行	城商行	农商行	全样本	全国性银行	城商行	农商行
2012	3	3	0	0	3	3	0	0
2013	3	2	0	0	3	2	0	0
2014	29	10	14	5	25	6	14	5
2015	42	15	20	7	24	4	14	6
2016	37	15	16	6	12	0	8	4

三、实证回归结果

1. 传统表外业务发展影响因素的回归结果

表4-4提供了全样本，以及全国性银行和城商行、农商行分组回归结果。竞争环境变量（Compete）的回归系数在全样本和全国性银行、城商行分组回归中显著为负，证实了研究假设4-1，竞争越激烈，越有助于促进表外业务发展；竞争环境对农商行表外业务发展的影响不显著。风险偏好水平变量（Equity_ratio）在全样本和城商行分组回归中显著为负，部分证实了研究假设4-3，风险偏好越低的银行越倾向于发展表外业务，同时也反映出全国性银行相比地方银行具有更高的风险承受能力；流动性水平变量（Liquid）在全样本回归中显著为正，在城商行分组中体现为不显著的正向关系，在全国性银行中显著为负，部分证实了研究假设4-4，印证了描述性统计分析中全国性银行面临更大的结构性流动不足问题，表外业务开展一定程度上被作为一种流动性管理手段，当流动性不足时，通过表内表外腾挪达到信贷

---

① 由于剔除变量缺失值的影响，实际发行单数略有增加，具体发行情况参见附录。

投放的目的。经营管理水平变量（Manage）在四个方程中均显著为正，表外业务发展与较高的经营管理能力相关，证实了研究假设4-5。

控制变量方面，宏观经济环境（GDP）与表外业务发展水平（OBS）负相关，反映出我国银行业仍然以信贷业务为主导的特征，净利差水平（NIM）的回归系数显著为负，表明表外业务与传统业务之间存在显著的替代效应，本书将在第五章详细分析。资产规模（Size）在全国性银行分组中显著为正，在城商行和农商行分组中不显著，表明大型商业银行发展表外业务更具优势；资源投入（Resource）回归系数显著为正，体现出表外业务创新过程中技术、人才等资源需求至关重要。

表4-4　　　　　内外部影响因素与表外业务发展的回归结果

VARIABLES	全样本	全国性银行	城商行	农商行
Compete	-0.142	-5.071	-0.169	0.217
	(-3.76)***	(-3.48)***	(-3.31)***	-1.17
Equity_ratio	-0.274	0.465	-0.389	-0.106
	(-2.67)***	(1.26)	(-2.97)***	(-0.92)
Liquid	0.030	-0.092	0.025	0.025
	(2.32)**	(-2.28)**	(1.40)	(1.85)*
Manage	4.815	20.578	4.972	3.709
	(5.37)***	(3.78)***	(3.45)***	(3.36)***
GDP	-0.954	0.359	-0.642	-1.000
	(-5.26)***	(0.35)	(-2.68)***	(-2.89)***
CPI	0.634	-0.075	0.692	0.695
	(6.42)***	(-0.17)	(4.00)***	(3.27)***
Direct	-0.007	-0.103	0.002	-0.001
	(-0.56)	(-1.65)	(0.09)	(-0.05)
Deposit_ratio	-0.067	-0.141	-0.078	-0.002
	(-2.27)**	(-3.19)***	(-1.77)*	(-0.07)
NIM	-0.728	-3.597	-0.713	-0.275
	(-3.01)***	(-2.91)**	(-2.17)**	(-0.83)
Size	-0.007	0.153	-0.015	0.011
	(-0.95)	(4.53)***	(-1.00)	(0.86)

续表

VARIABLES	全样本	全国性银行	城商行	农商行
Resource	0.074	0.337	0.070	0.099
	(2.53) **	(3.51) ***	(1.63)	(3.22) ***
Constant	0.176	0.892	0.168	0.037
	(7.71) ***	(6.12) ***	(6.37) ***	(1.07)
Obs.	1184	135	703	346
Bank	194	17	109	68
Model F	13.10	420.20	9.45	4.46
Adj R2	0.252	0.824	0.215	0.179

注：方程均采用固定效应模型回归，括号内为经过稳健标准误调整后的 T 值。*、**、***分别代表在 10%、5% 和 1% 的水平上统计显著。

表 4-5 为加入市场力量后的回归结果。在全国性银行分组回归中，竞争环境变量（Compete）和市场势力变量（Power）的交乘项在 1% 水平上显著为正；在城商行分组回归中，交乘项在 1% 水平上显著为负，证实了研究假设 4-2。不同类型银行将根据竞争势力采取差异化发展策略，全国性银行作为规模大行，更大的市场占有率将有助于其采取多元化发展路径，开拓新的利润增长来源；而地方银行将基于更大的存贷市场占有精耕传统业务，以获得更高的信贷业务边际收益，也印证了描述性统计中地方银行相比全国性银行具有更高的净利差收益。相比农商行而言，城商行在管理水平、客户基础等方面更具优势，因而更具有深入挖掘既有客户资源，针对客户开展针对性增值服务的基础。

表 4-5　　竞争环境、市场势力与表外业务发展的回归结果

VARIABLES	全样本	全国性银行	城商行	农商行
Compete	-0.180	-5.985	-0.186	0.299
	(-3.92) ***	(-3.95) ***	(-3.42) ***	(1.16)
Power	0.050	-1.333	-1.721	-0.040
	(0.18)	(-0.94)	(-4.21) ***	(-0.09)
Compete × Power	1.622	24.516	-12.993	-0.585
	(1.33)	(4.25) ***	(-2.77) ***	(-0.27)

VARIABLES	全样本	全国性银行	城商行	农商行
Equity _ ratio	-0.265	0.133	-0.382	-0.105
	(-2.57)**	(0.36)	(-3.07)***	(-0.96)
Liquid	0.029	-0.107	0.026	0.025
	(2.27)**	(-3.20)***	(1.51)	(1.85)*
Manage	4.812	14.625	4.979	3.697
	(5.43)***	(2.88)**	(3.37)***	(3.18)***
GDP	-0.991	-0.166	-0.588	-1.013
	(-5.25)***	(-0.18)	(-2.58)**	(-2.82)***
CPI	0.688	0.076	0.731	0.736
	(6.57)***	(0.20)	(4.26)***	(3.06)***
Direct	-0.006	-0.050	0.003	0.002
	(-0.46)	(-1.13)	(0.16)	(0.11)
Deposit _ Ratio	-0.068	-0.103	-0.043	0.005
	(-2.27)**	(-2.17)**	(-0.96)	(0.17)
NIM	-0.717	-3.113	-0.736	-0.269
	(-2.95)***	(-3.05)***	(-2.22)**	(-0.80)
Size	-0.007	0.059	0.003	0.014
	(-0.93)	(2.10)*	(0.19)	(0.97)
Resource	0.074	0.243	0.074	0.099
	(2.54)**	(2.60)**	(1.74)*	(3.06)***
Constant	0.178	0.957	0.160	0.025
	(7.81)***	(5.46)***	(6.33)***	(0.62)
Obs.	1184	135	703	346
Bank	194	17	109	68
Model F	11.54	795.50	16.52	3.87
Adj R2	0.253	0.865	0.235	0.177

注：方程均采用固定效应回归方法，括号内为经过稳健标准误调整后的 T 值。* 、** 、***
分别代表在10% 、5%和1%的水平上统计显著。

2. 信贷资产证券化影响因素的回归结果

如上所述，由于全国性银行资产证券化业务基本实现常态化发展，在分组回归分析中本书不做探讨，通过全样本和地方性银行探讨综合分析。针对城商行和农商行发行数量较少，本书将地方性银行合并分组讨论。

如表4-6所示，在考虑银行类型影响的全样本分析中（列1和列2），竞争环境越激励，商业银行发行动机越大，且市场力量越大时，发行概率增大，表明在信贷市场竞争激烈的情况下，商业银行资金需求和获取难度增强，因而通过资产证券化扩大资金来源成为主要驱动力；与此同时，市场力量越强时更倾向于发展表内信贷业务，信贷资产证券化能够盘活存量资产，提高信贷资产循环利用。更进一步，列3和列4对地方性银行进行分组回归可见，其与全样本分析结果存在显著差异，由此可见，竞争环境加剧推动信贷资产证券化动机增强，并在市场力量较强时更为显著的影响效应可能更多体现在全国性大行，而现阶段竞争加剧并非驱动地方性银行发行信贷资产支持证券的主要因素，部分证实了研究假设4-2。这符合业务发展的实际市场情况，资产证券化由于交易结构化设计、风险控制和管理要求较高，自引入以来监管部门一直秉承审慎的推广策略，全国性大行无论在政策层面抑或自身实力方面更具运用优势。

风险偏好水平（Equity）和经营管理水平（Manage）在各个方程中的回归系数均一致，分别呈现负向和正向的影响效应，且具有统计显著性，证实了研究假设4-3和假设4-5；而流动性水平的变量系数不显著，部分原因在于，信贷资产证券化市场化发展正在起步阶段，而监管因素对其仍有重要影响，因而通过资产证券化进行流动性管理的动机未能充分展现（刘红霞等，2015、2016）。

在控制变量中，直接融资水平（Direct）与信贷资产证券化呈现出较为稳定的负向关系，在直接融资水平较高时，商业银行可以通过发行次级债获得资金，而资产证券化的发行利率在现阶段尚未充分体现，融资成本优势并不明显，这在全国性大行中体现更为明显，这在一定程度上解释了全国性大行采取资产证券化应对经营的积极性相对地方性银行而言更低的原因。规模因素（Size）在各个方程中均显著为正，一方面规模大行在目前半监管环境下，容易得到监管部门的认可；另一方面规模大意味着存量资产沉淀大，重资产经营模式下盘活存量资产和出表的需求更为强烈。资源投入因素（Resource）与资产证券化显著正相关，一方面较高的资源投入表明具备发展新型业务所需的技术、人才等实力；另一方面反映出商业银行期望通过资产证券化获取低成本融资，随着利率市场化发展完善将是未来资金拓展的重要来源。

表 4 - 6　　　内外部影响因素与信贷资产证券化的回归结果

VARIABLES	全样本		地方性银行	
	ABS	ABS	ABS	ABS
Compete	- 42. 692	- 59. 926	9. 264	- 1. 326
	(- 3. 96) ***	(- 5. 03) ***	(1. 46)	(- 0. 21)
Power		- 64. 744		- 88. 06
		(- 3. 44) ***		(- 3. 16) ***
Compete × Power		477. 777		730. 673
		(3. 02) ***		(2. 93) ***
Equity _ Ratio	- 26. 108	- 33. 029	- 29. 403	- 32. 835
	(- 2. 00) **	(- 2. 30) **	(- 1. 95) *	(- 2. 02) **
Liquid	- 0. 227	- 0. 391	0. 320	0. 226
	(- 0. 23)	(- 0. 41)	(0. 29)	(0. 22)
Manage	260. 051	255. 488	321. 52	334. 032
	(3. 02) ***	(2. 96) ***	(3. 60) ***	(3. 61) ***
GDP	- 824. 123	- 930. 040	- 1511. 260	- 1742. 790
	(- 2. 79) ***	(- 2. 72) ***	(- 3. 82) ***	(- 4. 86) ***
CPI	- 1103. 020	- 1242. 970	- 1876. 600	- 2142. 900
	(- 2. 85) ***	(- 2. 79) ***	(- 3. 79) ***	(- 4. 78) ***
Direct	- 50. 909	- 57. 622	- 90. 524	- 103. 442
	(- 2. 56) **	(- 2. 53) **	(- 3. 72) ***	(- 4. 60) ***
Deposit _ Ratio	- 3. 431	- 2. 421	- 3. 513	- 2. 340
	(- 2. 29) **	(- 1. 41)	(- 2. 04) **	(- 1. 20)
NIM	- 10. 089	- 8. 480	- 19. 483	- 17. 783
	(- 0. 58)	(- 0. 50)	(- 1. 05)	(- 0. 92)
Size	1. 248	1. 629	1. 324	1. 839
	(8. 13) ***	(6. 88) ***	(7. 06) ***	(6. 79) ***
Resource	6. 599	6. 804	7. 754	8. 005
	(3. 03) ***	(3. 22) ***	(3. 28) ***	(3. 25) ***

续表

VARIABLES	全样本		地方性银行	
	ABS	ABS	ABS	ABS
Constant	123.409	140.760	197.240	227.111
	(2.96) ***	(2.93) ***	(3.71) ***	(4.71) ***
type	Y	Y	—	—
Obs.	850	850	765	765
Model Chi2	128.10	132.40	82.61	204.00
Adj R2	0.449	0.462	0.361	0.390

注：括号内为经过稳健标准误调整后的 Z 值。* 、** 、*** 分别代表在 10% 、5% 和 1% 的水平上统计显著。

四、进一步讨论

由于新型表外业务市场化发行正在起步阶段，发行银行数量有限，本书主要针对传统表外业务分析上市特征和国有产权属性对其发展动因可能带来的影响差异。

1. 针对上市银行与非上市银行的进一步分析

商业银行通过改制上市登陆资本市场有助于补充资本金、扩大综合实力和提升知名度，与此同时面临更为严格的信息披露机制、监管环境和竞争压力（郝国胜、徐洁，2010；候璐璐、刘元春，2016），而上市银行通常又意味着具有更强的经营实力和更高的经营管理水平，相比而言非上市银行生存压力更大。表 4 - 7 提供了上市银行和非上市银行的分组回归结果，在上市银行针对各因素的单独回归中，竞争环境变量不具有统计显著性，但在加入市场力量变量后，系数回归结果与非上市银行分组没有显著差异。综合来看，是否上市对于商业银行开展表外业务的外部环境驱动因素影响较小，竞争加剧是当前各类型商业银行面临的共同外部环境。在内生驱动因素方面，非上市银行相比上市银行具有更低的风险偏好水平和更高的流动性水平，表明相比上市银行，非上市银行具有相对更低的风险承受能力和综合实力，与以往理论文献结论相一致。

表 4 - 7　　　　　　　　上市银行与非上市银行的分组回归结果

VARIABLES	上市银行	非上市银行	上市银行	非上市银行
Compete	-0.081	-0.161	-0.317	-0.207
	(-0.90)	(-3.81)***	(-2.50)**	(-4.05)***
Power			0.258	-0.605
			(0.48)	(-1.20)
Compete × Power			9.450	4.089
			(2.61)**	(1.68)*
Equity _ ratio	0.017	-0.327	0.036	-0.328
	(0.05)	(-3.11)***	(0.10)	(-3.11)***
Liquid	0.023	0.024	0.014	0.024
	(0.96)	(1.78)*	(0.66)	(1.79)*
Manage	10.091	3.850	8.836	3.943
	(4.27)***	(4.18)***	(3.99)***	(4.25)***
GDP	-1.588	-0.634	-2.018	-0.615
	(-3.87)***	(-3.26)***	(-5.29)***	(-2.96)***
CPI	0.683	0.620	0.912	0.659
	(3.67)***	(5.22)***	(4.75)***	(5.22)***
Direct	-0.018	-0.012	0.007	-0.012
	(-0.67)	(-0.87)	(0.28)	(-0.91)
Deposit _ Ratio	-0.086	-0.052	-0.067	-0.052
	(-1.38)	(-1.55)	(-0.95)	(-1.52)
NIM	-2.565	-0.566	-1.892	-0.577
	(-2.68)**	(-2.34)**	(-1.99)*	(-2.37)**
Size	0.010	-0.005	0.001	-0.004
	(0.46)	(-0.55)	(0.06)	(-0.50)
Resource	0.169	0.056	0.108	0.059
	(2.04)**	(1.92)*	(1.40)	(2.01)**
Constant	0.249	0.141	0.243	0.143
	(3.68)***	(5.79)***	(4.09)***	(5.90)***
Obs.	273	911	273	911
Bank	39	155	39	155

续表

VARIABLES	上市银行	非上市银行	上市银行	非上市银行
Model F	17.10	7.89	18.18	7.47
Adj R2	0.634	0.161	0.667	0.161

注：方程均采用固定效应回归方法，括号内为经过稳健标准误调整后的 T 值。＊、＊＊、＊＊＊分别代表在 10%、5% 和 1% 的水平上统计显著。

2. 针对国有银行与非国有银行的进一步分析

尽管针对国有产权属性整体的低效率和创新落后等问题学者们进行了广泛探讨（如张维迎，1999；Zhou 和 Wang，2000；吴延兵，2012 等），但针对银行业的研究结论却提供了相反的证据，朱明星（2013）采用上市银行数据研究发现国有股权性质显著提升了银行表外业务发展水平。如表 4 - 8 所示，竞争环境是国有银行发展表外业务的重要外部驱动因素，而非国有银行这一因素不明显。由此可见，相比非金融企业而言，国有金融机构经过过去三十年的改制和改革深化，推动其经营管理理念逐步深化，市场参与程度逐步深入，积极应对市场环境变化和推动经营转型。另外，非国有银行流动性水平与表外业务发展正相关，说明非国有银行在流动性风险较小的时候更倾向于开展表外业务，也进一步说明其风险承受能力较弱。

表 4 - 8　　　　　　　国有银行与非国有银行的分组回归结果

VARIABLES	国有银行	非国有银行	国有银行	非国有银行
Compete	- 0.147 (- 3.49)＊＊＊	- 0.023 (- 0.26)	- 0.201 (- 4.04)＊＊＊	- 0.028 (- 0.24)
Power			- 0.196 (- 0.66)	0.706 (1.02)
Compete × Power			2.625 (1.79)＊	- 1.545 (- 0.52)
Equity _ ratio	- 0.236 (- 2.06)＊＊	- 0.628 (- 2.92)＊＊＊	- 0.231 (- 1.98)＊＊	- 0.633 (- 2.98)＊＊＊
Liquid	0.013 (0.81)	0.044 (2.05)＊＊	0.014 (0.83)	0.042 (1.98)＊

VARIABLES	国有银行	非国有银行	国有银行	非国有银行
Manage	4.297	6.540	4.322	6.571
	(3.56)***	(5.55)***	(3.65)***	(5.46)***
GDP	−0.911	−1.485	−0.947	−1.533
	(−4.04)***	(−3.93)***	(−4.08)***	(−3.98)***
CPI	0.620	0.683	0.673	0.768
	(5.20)***	(3.06)***	(5.67)***	(2.91)***
Direct	−0.014	−0.006	−0.013	−0.005
	(−0.91)	(−0.28)	(−0.83)	(−0.26)
Deposit _ Ratio	−0.055	−0.093	−0.055	−0.096
	(−1.77)*	(−1.57)	(−1.76)*	(−1.59)
NIM	−1.224	−0.293	−1.203	−0.317
	(−4.10)***	(−1.05)	(−4.00)***	(−1.13)
Size	−0.010	0.018	−0.011	0.021
	(−1.07)	(1.38)	(−1.14)	(1.50)
Resource	0.051	0.109	0.051	0.113
	(1.29)	(2.55)**	(1.29)	(2.68)***
Constant	0.200	0.216	0.206	0.215
	(7.12)***	(4.27)***	(7.37)***	(4.28)***
Obs.	697	357	697	357
Bank	127	77	127	77
Model F	8.03	11.14	7.39	10.15
Adj R2	0.251	0.407	0.251	0.411

注：方程均采用固定效应回归方法，括号内为经过稳健标准误调整后的 T 值。 * 、 ** 、 ***
分别代表在10% 、5%和1%的水平上统计显著。

五、稳健性检验

为保证研究结论的稳健性，本书做了如下几个方面的分析：

1. 替换被解释变量和主要解释变量。采用经规模调整后的表外业务收
入水平作为被解释变量，采用相同的方法进行回归分析。如表 4 - 9 所示，
研究结论与前文基本一致。

表 4 - 9　替换被解释变量后内外部影响因素与表外业务发展水平的回归结果

VARIABLES	全样本	全国性银行	城商行	农商行	全样本	全国性银行	城商行	农商行
Compete	-0.004	-0.214	-0.003	0.010	-0.005	-0.238	-0.004	0.012
	(-3.16)***	(-4.83)***	(-1.81)*	(1.42)	(-3.12)***	(-5.49)***	(-2.04)**	(1.34)
Power					0.009	-0.014	-0.032	-0.007
					(0.96)	(-0.29)	(-2.59)**	(-0.44)
Compete×Power					0.022	0.782	-0.216	0.020
					(0.59)	(4.35)***	(-1.74)*	(0.27)
Equity_ratio	-0.004	0.016	-0.007	-0.001	-0.003	0.004	-0.007	-0.001
	(-1.14)	(1.16)	(-1.82)*	(-0.14)	(-1.03)	(0.27)	(-1.84)*	(-0.15)
Liquid	0.001	-0.002	0.001	0.001	0.001	-0.002	0.001	0.001
	(2.71)***	(-1.36)	(1.45)	(1.89)*	(2.65)***	(-2.01)*	(1.51)	(1.89)*
Manage	0.214	0.982	0.233	0.177	0.213	0.779	0.233	0.179
	(6.64)***	(6.62)***	(4.52)***	(3.67)***	(6.70)***	(4.93)***	(4.43)***	(3.58)***
GDP	-0.03	0.035	-0.015	-0.037	-0.031	0.015	-0.014	-0.036
	(-5.28)***	(1.13)	(-2.27)**	(-3.03)***	(-5.23)***	(0.56)	(-2.20)**	(-3.02)***
CPI	0.021	-0.011	0.018	0.027	0.023	-0.006	0.019	0.029
	(6.54)***	(-0.85)	(3.44)***	(3.12)***	(6.53)***	(-0.49)	(3.60)***	(3.04)***
Direct	-0.001	-0.005	-0.001	-0.001	-0.001	-0.003	-0.001	-0.001
	(-1.82)*	(-2.45)**	(-1.07)	(-1.11)	(-1.68)*	(-2.04)*	(-1.03)	(-0.98)
Deposit_Ratio	-0.001	-0.006	-0.001	0.000	-0.001	-0.005	-0.001	0.000
	(-1.22)	(-3.29)***	(-1.12)	(-0.06)	(-1.25)	(-2.85)**	(-0.54)	(0.15)
NIM	-0.012	-0.057	-0.012	-0.003	-0.012	-0.042	-0.012	-0.004
	(-1.67)*	(-1.52)	(-1.23)	(-0.25)	(-1.61)	(-1.47)	(-1.26)	(-0.27)
Size	0.000	0.004	0.000	0.000	0.000	-0.001	0.000	0.001
	(-0.60)	(3.48)***	(-0.71)	(-0.77)	(-0.56)	(-0.78)	(-0.01)	(0.94)
Resource	0.004	0.020	0.004	0.004	0.004	0.017	0.004	0.004
	(4.20)***	(5.83)***	(3.06)***	(3.66)***	(4.22)***	(5.40)***	(3.13)***	(3.60)***
Constant	0.003	0.029	0.002	0.000	0.003	0.029	0.002	0.000
	(4.67)***	(6.82)***	(3.40)***	(0.35)	(4.70)***	(5.72)***	(3.18)***	(0.02)
Observations	1184	135	703	346	1184	135	703	346
Bank	194	17	109	68	194	17	109	68
Model F	11.71	160.10	8.49	4.23	11.03	332.90	18.98	4.32
Adj R2	0.243	0.816	0.207	0.227	0.245	0.863	0.213	0.224

注：方程均采用固定效应回归方法，括号内为经过稳健标准误调整后的 T 值。*、**、*** 分别代表在 10%、5% 和 1% 的水平上统计显著。

采用贷款规模的赫芬达尔指数（Compete ＿ Loan）替换原存款规模计算的赫芬达尔指数（Compete），用于衡量市场竞争程度；采用贷款规模所占比重（Power ＿ Loan）替换原存款规模计算的市场力量（Power）；采用总资产收益率（Manage ＿ T）替换原均值调整后的经营管理水平变量（Manage）；采用资本充足率（CAR）替换原风险偏好水平衡量变量（Equity ＿ Ratio）；采用存贷比（Lid）替换原流动性衡量变量（Liquid）；采用资产结构（Loan ＿Ratio）替换负债结构（Deposit ＿ Ratio）。

表 4 – 10 提供了替换解释变量后内外部影响因素对表外业务发展水平影响的回归结果，与前文研究结论基本一致。

表 4 – 10　替换解释变量后内外部影响因素与表外业务发展水平的回归结果

VARIABLES	全样本	全国性银行	城商行	农商行	全样本	全国性银行	城商行	农商行
Compete ＿ Loan	− 0.036	− 0.692	− 0.057	− 0.012	− 0.033	− 1.331	− 0.055	0.055
	(− 4.65)***	(− 2.16)**	(− 6.76)***	(− 0.15)	(− 3.48)***	(− 3.95)***	(− 6.46)***	(0.51)
Power ＿ Loan					− 0.005	0.013	− 1.347	0.048
					(− 0.03)	(0.04)	(− 5.54)***	(0.18)
Compete ＿ Loan ×Power ＿ Loan					− 0.151	3.185	− 0.798	− 0.582
					(− 0.88)	(3.91)***	(− 5.16)***	(− 0.94)
CAR	− 0.117	− 0.516	− 0.190	− 0.075	− 0.122	− 0.156	− 0.199	− 0.074
	(− 2.32)**	(− 0.70)	(− 2.87)***	(− 1.60)	(− 2.44)**	(− 0.24)	(− 3.18)***	(− 1.55)
Lid	− 0.006	− 0.071	− 0.010	0.002	− 0.006	− 0.064	0.000	0.006
	(− 0.55)	(− 1.75)*	(− 0.71)	(0.14)	(− 0.54)	(− 1.88)*	(− 0.02)	(0.36)
Manage ＿ T	5.582	15.111	4.373	2.964	5.564	3.181	4.235	2.774
	(5.55)***	(2.31)**	(3.47)***	(2.12)**	(5.52)***	(0.54)	(3.25)***	(1.93)*
GDP	− 0.793	0.047	− 0.457	− 0.879	− 0.769	0.296	− 0.311	− 0.900
	(− 5.14)***	(0.03)	(− 2.28)**	(− 2.62)**	(− 4.51)***	(0.25)	(− 1.64)	(− 2.47)**
CPI	0.537	− 0.055	0.758	0.317	0.519	− 0.277	0.743	0.343
	(5.68)***	(− 0.08)	(5.49)***	(1.40)	(5.09)***	(− 0.51)	(5.47)***	(1.46)
Direct	0.026	− 0.033	0.025	0.010	0.025	− 0.058	0.021	0.011
	(2.57)**	(− 0.44)	(1.60)	(0.80)	(2.43)**	(− 0.95)	(1.40)	(0.85)
Loan ＿ ratio	− 0.201	− 0.144	− 0.203	− 0.122	− 0.203	0.006	− 0.155	− 0.114
	(− 4.32)***	(− 1.73)	(− 2.81)***	(− 2.21)**	(− 4.30)***	(0.08)	(− 2.12)**	(− 2.10)**

VARIABLES	全样本	全国性银行	城商行	农商行	全样本	全国性银行	城商行	农商行
NIM	-0.824	-3.010	-0.648	-0.271	-0.823	-1.525	-0.638	-0.243
	(-3.11)***	(-1.40)	(-1.89)*	(-0.80)	(-3.10)***	(-0.90)	(-1.85)*	(-0.69)
Size	-0.017	0.138	-0.022	-0.017	-0.017	0.075	-0.005	-0.012
	(-2.45)**	(3.55)***	(-1.45)	(-1.47)	(-2.41)**	(2.72)**	(-0.33)	(-0.89)
Resource	0.101	0.256	0.067	0.085	0.101	0.029	0.068	0.083
	(3.16)***	(1.78)*	(1.60)	(2.30)**	(3.15)***	(0.29)	(1.63)	(2.11)**
Constant	0.140	0.401	0.157	0.105	0.139	0.598	0.135	0.088
	(4.22)***	(2.08)*	(3.57)***	(2.34)**	(4.20)***	(4.09)***	(3.10)***	(1.50)
Obs.	1224	135	724	365	1224	135	724	365
Bank	198	17	110	71	198	17	110	71
Model F	13.33	283.60	9.34	4.45	11.63	444.60	20.56	4.35
Adj R2	0.278	0.803	0.215	0.15	0.277	0.852	0.244	0.157

注：方程均采用固定效应回归方法，括号内为经过稳健标准误调整后的 T 值。*、**、*** 分别代表在10%、5%和1%的水平上统计显著。

表4-11 提供了替换解释变量后内外部影响因素对信贷资产证券化发展的回归结果。经营管理水平（Manage_T）和风险偏好水平（CAR）回归结果与变量替换前的研究结论一致；竞争环境（Compete_Loan）以及市场力量（Power_Loan）的回归系数显著性降低或不再显著；流动性水平（Lid）系数为负且在5%及以上水平统计显著，即流动性较低时资产证券化发行动机增强。综上分析可见，在目前资产证券化发展初期阶段，市场化融资成本优势尚未显现，获取资金来源、改善流动性和较高的经营管理水平等内部因素是影响其发展的主要动因，外部竞争加剧逐步成为全国性大行发行资产支持证券的驱动因素。

表4-11 替换解释变量后内外部影响因素与信贷资产证券化的回归结果

VARIABLES	全样本		地方性银行	
	ABS	ABS	ABS	ABS
Compete_Loan	-3.293	-7.682	-7.735	30.632
	(-2.09)**	(-1.89)*	(-0.49)	(1.40)

续表

VARIABLES	全样本		地方性银行	
	ABS	ABS	ABS	ABS
Power _ Loan		− 10. 991		43. 66
		(− 0. 82)		(1. 16)
Compete _ Loan × Power _ Loan		51. 046		− 867. 74
		(1. 32)		(− 1. 83) *
CAR	− 30. 202	− 30. 524	− 26. 693	− 26. 794
	(− 2. 14) **	(− 2. 15) **	(− 1. 97) **	(− 1. 92) *
Lid	− 1. 859	− 1. 712	− 1. 914	− 1. 566
	(− 2. 84) ***	(− 2. 52) **	(− 2. 93) ***	(− 2. 10) **
Manage _ T	277. 366	269. 51	268. 882	277. 297
	(2. 93) ***	(2. 86) ***	(2. 83) ***	(2. 86) ***
GDP	− 20. 122	− 21. 046	− 21. 376	− 35. 325
	(− 0. 30)	(− 0. 30)	(− 0. 32)	(− 0. 50)
CPI	− 71. 614	− 61. 581	− 50. 591	− 68. 399
	(− 1. 27)	(− 1. 09)	(− 0. 86)	(− 1. 19)
Direct	− 0. 315	− 0. 371	− 0. 198	0. 03
	(− 1. 95) *	(− 1. 98) **	(− 0. 97)	(0. 13)
Loan _ Ratio	− 4. 214	− 3. 524	− 4. 293	− 3. 515
	(− 1. 54)	(− 1. 16)	(− 1. 54)	(− 1. 13)
NIM	0. 377	− 1. 18	− 2. 122	− 2. 462
	(0. 02)	(− 0. 06)	(− 0. 11)	(− 0. 13)
Size	1. 509	1. 659	1. 479	1. 951
	(6. 86) ***	(5. 00) ***	(6. 16) ***	(4. 07) ***
Resource	5. 579	5. 152	5. 425	5. 786
	(2. 07) **	(1. 93) *	(1. 99) **	(2. 03) **
Constant	− 15. 477	− 16. 992	− 15. 068	− 22. 786
	(− 2. 75) ***	(− 2. 92) ***	(− 2. 53) **	(− 2. 86) ***
Type	Y	Y	—	—
Obs.	726	726	708	708
Model Chi2	91. 95	92. 77	74. 41	87. 67
Pseudo R2	0. 331	0. 337	0. 290	0. 306

注：括号内为经过稳健标准误调整后的 Z 值。 * 、 ** 、 *** 分别代表在 10% 、 5% 和 1% 的水平上统计显著。

2. 采用不同的回归分析方法。本书在主回归分析过程中均采用固定效应模型。表4-12提供了内外部影响因素对表外业务发展水平影响的随机效应回归结果，除流动性水平在全国性银行分组回归中与固定效应模型存在差异外，其余主要解释变量回归结论基本保持一致。可能的原因是将表外业务视为一种流动性管理手段，在一定程度上是一种监管套利行为，因而其对全国性银行表外业务发展的影响并不稳健。加入市场力量交乘项后，除城商行分组回归中竞争环境（Compete）和市场力量（Power）的交乘项系数不显著外，其余主要解释变量的回归结论基本一致。对于城商行而言，其经营规模、客户资源以及技术力量、管理水平等均介于全国性银行和农商行之间，甚至部分城商行的经营管理水平在大型商业银行之上，因而在应对外部竞争环境加剧的情况，较强的市场力量一方面意味着其有动力巩固已占据的存贷款市场进行深耕细作，另一方面也意味着其具有主动经营转型，拓展表外业务以开辟新的利润增长点。

表4-12　　内外部影响因素与表外业务发展的随机效应回归结果

VARIABLES	全样本	全国性银行	城商行	农商行	全样本	全国性银行	城商行	农商行
Compete	0.043	-5.999	-0.206	0.203	0.004	-7.152	-0.230	0.225
	(1.21)	(-4.21) ***	(-3.89) ***	(1.60)	(0.10)	(-5.20) ***	(-4.15) ***	(1.35)
Power					0.551	-4.422	-0.454	0.342
					(2.34) **	(-5.59) ***	(-3.17) ***	(1.29)
Compete×Power					0.562	33.153	-0.170	-2.280
					(0.38)	(5.79) ***	(-0.13)	(-1.13)
Equity _ ratio	-0.353	-1.065	-0.259	-0.103	-0.353	-0.570	-0.247	-0.087
	(-3.71) ***	(-1.83) *	(-2.44) **	(-0.94)	(-3.60) ***	(-1.16)	(-2.36) **	(-0.81)
Liquid	0.021	0.002	0.028	0.019	0.021	-0.009	0.027	0.019
	(1.94) *	(0.05)	(1.88) *	(1.64)	(1.90) *	(-0.30)	(1.82) *	(1.63)
Manage	5.045	22.220	4.051	3.562	4.505	18.989	4.187	3.404
	(5.63) ***	(3.83) ***	(2.95) ***	(3.81) ***	(5.18) ***	(3.39) ***	(3.01) ***	(3.51) ***
GDP	-0.712	1.304	-0.458	-0.808	-0.791	0.487	-0.492	-0.873
	(-4.31) ***	(1.35)	(-2.22) **	(-2.49) **	(-4.57) ***	(0.56)	(-2.36) **	(-2.46) **
CPI	0.375	-0.216	0.696	0.624	0.434	-0.039	0.726	0.565
	(4.15) ***	(-0.60)	(4.41) ***	(3.36) ***	(4.78) ***	(-0.12)	(4.57) ***	(3.02) ***

续表

VARIABLES	全样本	全国性银行	城商行	农商行	全样本	全国性银行	城商行	农商行
Direct	−0.009	−0.175	0.002	−0.005	−0.007	−0.118	0.004	−0.008
	(−0.74)	(−3.93) ***	(0.13)	(−0.34)	(−0.54)	(−2.98) ***	(0.20)	(−0.55)
Deposit _ Ratio	−0.093	−0.210	−0.086	−0.022	−0.115	−0.135	−0.069	−0.027
	(−3.68) ***	(−2.68) ***	(−2.86) ***	(−0.87)	(−4.49) ***	(−1.72) *	(−2.22) **	(−1.09)
NIM	−0.845	−3.922	−0.708	−0.230	−0.744	−3.761	−0.758	−0.228
	(−3.47) ***	(−2.08) **	(−2.07) **	(−0.78)	(−3.05) ***	(−2.12) **	(−2.19) **	(−0.78)
Size	0.009	0.010	0.018	0.013	0.001	0.006	0.024	0.009
	(2.68) ***	(1.93) *	(5.30) ***	(4.83) ***	(0.19)	(0.74)	(5.65) ***	(2.52) **
Resource	0.094	0.402	0.070	0.102	0.082	0.335	0.080	0.099
	(3.26) ***	(3.34) ***	(1.68) *	(3.66) ***	(2.84) ***	(2.81) ***	(1.93) *	(3.31) ***
Constant	0.165	1.028	0.147	0.043	0.188	1.186	0.138	0.053
	(6.82) ***	(6.41) ***	(6.47) ***	(2.12) **	(7.72) ***	(7.65) ***	(6.28) ***	(2.23) **
Observations	1184	135	703	346	1184	135	703	346
Bank	194	17	109	68	194	17	109	68
Model Chi2	146.10	3521	156.90	102.20	167.80	4783	188.80	124.30
Adj R2	0.229	0.773	0.199	0.202	0.229	0.847	0.202	0.203

注：方程均采用随机效应回归方法，括号内为经过稳健标准误调整后的 Z 值。 * 、 ** 、 *** 分别代表在10% 、5%和1%的水平上统计显著。

3. 考虑内生性问题。由于内部影响因素经营管理"三性"原则与表外业务发展程度均采用财务报表数据计算衡量，可能存在内生性。本书在采取固定效应模型减少内生性的基础上，进一步通过解释变量滞后一期进行回归分析，研究结论保持基本一致。

如表 4 - 13 所示，竞争环境因素对全国性大行表外业务发展的影响最为显著，自身资源禀赋和经营管理能力比地方性城商行和农商行的影响更为直接，竞争环境（Compete）在城商行分组回归中系数符号为正，但在考虑市场力量（Power）因素后不具有统计显著性。风险偏好（Equity _ ratio）越高表外业务发展动力越足，与前文分析保持一致。全国性银行流动性水平（Liquid）越低，越倾向于发展表外业务，调整流动性结构不足；而城商行流动性水平较高时，为避免资源浪费追逐高利润更愿意拓展表外业务。

经营管理能力是制约表外业务发展水平的重要因素，主要体现在地方性城商行和农商行分组回归中，这一结论依然稳定。

表 4 – 13 　　　　内外部影响因素与表外业务发展的回归结果

（解释变量和控制变量滞后一期）

VARIABLES	全样本	全国性银行	城商行	农商行	全样本	全国性银行	城商行	农商行
Compete	−0.076	−5.614	0.121	−0.114	−0.140	−8.199	0.084	0.026
	(−1.91) *	(−3.88) ***	(2.46) **	(−0.84)	(−2.92) ***	(−6.21) ***	(1.61)	(0.15)
Power					−0.338	−3.500	−2.176	−0.646
					(−1.44)	(−2.24) **	(−5.69) ***	(−1.52)
Compete × Power					3.467	40.260	−11.509	1.955
					(2.72) ***	(5.98) ***	(−2.61) **	(0.98)
Equity _ ratio	−0.351	0.240	−0.404	−0.154	−0.346	−0.309	−0.366	−0.151
	(−2.78) ***	(0.57)	(−2.91) ***	(−0.93)	(−2.75) ***	(−0.73)	(−2.84) ***	(−0.92)
Liquid	0.028	−0.045	0.034	0.016	0.028	−0.059	0.037	0.015
	(2.24) **	(−1.05)	(2.14) **	(1.11)	(2.21) **	(−1.99) *	(2.34) **	(1.04)
Manage	2.559	15.209	1.949	2.370	2.622	3.547	2.017	2.392
	(3.54) ***	(3.47) ***	(1.82) *	(1.91) *	(3.64) ***	(0.67)	(1.79) *	(1.87) *
GDP	−1.272	0.657	−0.877	−1.009	−1.295	0.661	−0.756	−0.81
	(−6.04) ***	(0.70)	(−3.35) ***	(−2.08) **	(−6.02) ***	(0.78)	(−3.01) ***	(−1.89) *
CPI	0.577	−0.299	0.142	0.314	0.638	−0.435	0.148	0.406
	(5.81) ***	(−0.55)	(0.89)	(1.38)	(5.71) ***	(−0.98)	(0.93)	(1.59)
Direct	0.040	−0.076	0.053	0.024	0.041	−0.026	0.053	0.034
	(3.42) ***	(−1.50)	(2.90) ***	(1.60)	(3.46) ***	(−0.52)	(2.93) ***	(2.09) **
Deposit _ Ratio	−0.055	−0.155	−0.064	0.061	−0.055	−0.132	−0.029	0.082
	(−1.79) *	(−1.58)	(−1.41)	(1.30)	(−1.79) *	(−1.96) *	(−0.64)	(1.67) *
NIM	−0.532	−0.100	−0.433	−0.332	−0.532	1.632	−0.422	−0.274
	(−2.34) **	(−0.05)	(−1.57)	(−0.79)	(−2.33) **	(1.25)	(−1.54)	(−0.67)
Size	−0.017	0.145	−0.015	−0.013	−0.017	−0.013	0.007	−0.001
	(−2.13) **	(4.26) ***	(−1.02)	(−0.94)	(−2.20) **	(−0.40)	(0.45)	(−0.07)
Resource	0.003	0.212	−0.018	0.037	0.002	0.065	−0.013	0.044
	(0.12)	(1.43)	(−0.61)	(1.22)	(0.11)	(0.48)	(−0.42)	(1.32)

VARIABLES	全样本	全国性银行	城商行	农商行	全样本	全国性银行	城商行	农商行
Constant	0.215	0.933	0.17	0.051	0.221	1.209	0.156	0.002
	(7.64)***	(5.32)***	(5.93)***	(1.16)	(8.02)***	(7.25)***	(5.69)***	(0.04)
Observations	987	118	595	274	987	118	595	274
Bank	190	17	108	65	190	17	108	65
Model Chi2	11.16	101.90	9.95	2.76	11.86	72.20	15.56	3.08
Adj R2	0.262	0.743	0.249	0.168	0.266	0.843	0.277	0.178

注：各方程均采用固定效应回归方法，括号内为经过聚类稳健标准误调整后的 T 值。*、**、***分别表示在10%、5%和1%的水平上统计显著。

如表 4 - 14 所示，内外部影响因素与信贷资产证券化发行的回归分析中，竞争环境（Compete）越激烈，自身市场势力（Power）越大时，越倾向于通过发行资产支持证券盘活存量资产，获取更多信贷额度；风险偏好水平（Equity_ratio）越高时发行动机越强；经营管理能力（Manage）系数显著为正，证券化对银行产品研发设计、人才配备、资金管理等均提出更高要求；流动性水平（Liquid）依然不显著，与前文回归结论一致，可能的原因同上，此处不再赘述。

表 4 - 14　　　　内外部影响因素与信贷资产证券化的回归结果

（解释变量和控制变量滞后一期）

VARIABLES	ABS	ABS
Compete	-44.537	-61.198
	(-4.49)***	(-5.40)***
Power		-63.053
		(-2.79)***
Compete × Power		444.64
		(2.44)**
Equity_ratio	-24.125	-30.653
	(-1.99)**	(-2.30)**
Liquid	0.099	-0.011
	(0.11)	(-0.01)

VARIABLES	ABS	ABS
Manage	180.134	185.222
	(2.25)**	(2.29)**
GDP	-13829.70	-14848.44
	(-2.89)***	(-2.83)***
CPI	17568.54	18853.60
	(2.54)**	(2.50)**
Direct	246.014	263.778
	(2.16)**	(2.14)**
Deposit _ Ratio	-6.564	-5.747
	(-3.51)***	(-2.91)***
NIM	19.058	24.011
	(1.05)	(1.36)
Size	1.196	1.630
	(6.82)***	(6.37)***
Resource	4.063	4.672
	(2.06)**	(2.38)**
Constant	533.209	574.609
	(3.60)***	(3.50)***
TYPE	Y	Y
Obs.	650	650
Model Chi2	109.10	102.40
Adj R2	0.430	0.445

注：括号内为经过稳健标准误调整后的 Z 值。* 、** 、*** 分别代表在10% 、5% 和1% 的水平上统计显著。

如表 4-15 所示，考虑上市因素对银行开展表外业务动机的影响，与前文分析一致，外部竞争环境加剧是当前全国各类型银行面临的现实驱动因素，在上市银行与非上市银行的分组回归中并无显著差异；非上市银行通常规模更小，风险承受能力更弱，因而风险偏好因素（Equity _ ratio）和流动性因素（Liquid）呈现出更为显著的统计回归结果。

表 4 – 15　上市银行与非上市银行回归结果（解释变量和控制变量滞后一期）

VARIABLES	上市银行	非上市银行	上市银行	非上市银行
Compete	– 0. 017	– 0. 076	– 0. 305	– 0. 112
	(– 0. 23)	(– 1. 57)	(– 2. 76) ***	(– 1. 99) **
Power			0. 339	– 0. 806
			(0. 78)	(– 1. 64)
Compete × Power			12. 244	4. 31
			(3. 47) ***	(2. 06) **
Equity _ ratio	– 0. 393	– 0. 319	– 0. 400	– 0. 325
	(– 1. 05)	(– 2. 40) **	(– 1. 06)	(– 2. 45) **
Liquid	0. 020	0. 021	0. 001	0. 022
	(0. 64)	(1. 66) *	(0. 05)	(1. 68) *
Manage	9. 066	1. 852	6. 977	1. 961
	(3. 29) ***	(2. 47) **	(2. 60) **	(2. 66) ***
GDP	– 2. 224	– 0. 778	– 2. 754	– 0. 741
	(– 4. 93) ***	(– 3. 66) ***	(– 6. 51) ***	(– 3. 33) ***
CPI	0. 854	0. 466	1. 142	0. 479
	(4. 22) ***	(3. 89) ***	(5. 02) ***	(3. 54) ***
Direct	0. 043	0. 036	0. 079	0. 035
	(1. 45)	(2. 68) ***	(2. 90) ***	(2. 59) **
Deposit _ Ratio	– 0. 081	– 0. 048	– 0. 052	– 0. 047
	(– 1. 11)	(– 1. 34)	(– 0. 66)	(– 1. 32)
NIM	– 1. 938	– 0. 341	– 1. 03	– 0. 358
	(– 2. 07) **	(– 1. 54)	(– 1. 28)	(– 1. 63)
Size	0. 012	– 0. 01	0. 003	– 0. 01
	(0. 55)	(– 1. 11)	(0. 15)	(– 1. 13)
Resource	0. 104	– 0. 003	0. 012	0. 002
	(1. 39)	(– 0. 15)	(0. 17)	(0. 10)
Constant	0. 323	0. 152	0. 315	0. 154
	(4. 83) ***	(4. 68) ***	(5. 35) ***	(4. 68) ***
Obs.	235	752	235	752
Bank	39	151	39	151
Model F	16. 62	5. 55	22. 76	5. 67
Adj R2	0. 616	0. 152	0. 677	0. 153

注：方程均采用固定效应回归方法，括号内为经过稳健标准误调整后的 T 值。 * 、 ** 、 ***
分别代表在10% 、5% 和1% 的水平上统计显著。

資产证券化：银行表外业务转型新视角

　　如表 4-16 所示，考虑国有股权性质对银行开展表外业务动机的影响，与前文分析基本一致，金融行业国有股权经营管理相比非国有银行更为完善，在面对竞争（Compete）加剧时更为积极地推动经营转型；流动性水平（Liquid）回归结果与前文存在差异，在进一步分析讨论中，该项因素在非国有银行分组回归中具有 10% 水平的统计显著性，而在表 4-16 中国有银行分组回归具有 5% 水平的统计显著性，可能的原因在于，流动性整体充足与结构不足是两类银行面临的共同因素，且随着监管政策环境不断变化，并非常态化显著差异。风险偏好水平（Equity_ratio）因素在非国有银行分组回归中具有 1% 水平的统计显著性，在国有银行分组回归中具有 10% 水平的统计显著性，表明非国有银行在表外业务开展过程中具有更低的风险偏好水平，与前文的分析保持一致。

表 4-16　国有银行与非国有银行回归结果（解释变量和控制变量滞后一期）

VARIABLES	国有银行	非国有银行	国有银行	非国有银行
Compete	-0.11	-0.078	-0.21	-0.071
	(-2.18)**	(-0.88)	(-3.42)***	(-0.60)
Power			-0.339	0.216
			(-1.10)	(0.40)
Compete × Power			4.663	-0.72
			(2.67)***	(-0.29)
Equity_ratio	-0.254	-0.832	-0.256	-0.838
	(-1.91)*	(-3.69)***	(-1.96)*	(-3.73)***
Liquid	0.032	0.015	0.034	0.014
	(2.12)**	(0.59)	(2.19)**	(0.55)
Manage	2.123	3.831	2.146	3.848
	(2.42)**	(3.66)***	(2.49)**	(3.53)***
GDP	-1.11	-1.72	-1.173	-1.735
	(-4.41)***	(-4.45)***	(-4.61)***	(-4.26)***
CPI	0.569	0.699	0.678	0.72
	(4.58)***	(2.76)***	(5.02)***	(2.31)**
Direct	0.036	0.027	0.037	0.027
	(2.59)**	(1.05)	(2.64)***	(1.04)

续表

VARIABLES	国有银行	非国有银行	国有银行	非国有银行
Deposit _ Ratio	−0. 07	−0. 09	−0. 072	−0. 092
	(−2. 49)**	(−1. 38)	(−2. 46)**	(−1. 39)
NIM	−0. 609	−0. 55	−0. 589	−0. 565
	(−2. 19)**	(−1. 23)	(−2. 11)**	(−1. 19)
Size	−0. 011	−0. 007	−0. 012	−0. 007
	(−1. 13)	(−0. 48)	(−1. 28)	(−0. 42)
Resource	0. 015	0. 01	0. 009	0. 011
	(0. 52)	(0. 26)	(0. 34)	(0. 29)
Constant	0. 206	0. 323	0. 218	0. 324
	(5. 92)***	(5. 25)***	(6. 46)***	(5. 25)***
Obs.	587	300	587	300
Bank	125	75	125	75
Model F	7. 06	7. 51	7. 50	6. 28
Adj R2	0. 268	0. 364	0. 278	0. 361

注：方程均采用固定效应回归方法，括号内为经过稳健标准误调整后的 T 值。*、**、***
分别代表在 10%、5% 和 1% 的水平上统计显著。

本章小结

本章基于金融创新理论、TRICK 理论、金融抑制理论，结合我国现阶段商业银行发展实际，从内外部两个角度，宏观、中观和微观三个层面建立了表外业务发展影响因素的完整分析框架。具体而言，宏观层面包含经济增速和通货膨胀水平；中观层面包含银行同业竞争和金融同业竞争环境；微观层面包含银行经营核心要求和个体特征。在此基础上，重点分析当前外部开放、内部改革背景下银行业面临的首要外部环境冲击——竞争加剧因素，以及商业银行立行之本"安全性、流动性、效益性"三原则要求，对表外业务发展水平的直接影响。研究结论归纳如下：

1. 内外部因素共同驱动商业银行传统表外业务发展，目前市场发展初期阶段内部因素是影响信贷资产证券化发展的主导原因。竞争加剧驱动商业银行开拓新业务、新利润增长来源，竞争越激烈，传统表外业务发展水平越高。经营管理水平越高，越有助于促进表外业务发展。表外业务属于金融创新，伴随较高的不确定性和风险性，因而风险偏好越低的银行，表外业务发展动力越小。流动性是银行开拓新业务承受高风险的基础保障，较高的流动性意味着风险承受能力更强和更充裕的闲置资金，因而越有利于拓展传统表外业务；资产证券化流动性管理动机逐步显现。

2. 不同类型银行表外业务发展的影响因素存在较大差异。对于全国性银行而言，外部竞争越激烈，自身市场力量越大，其经营转型的动力越强，传统表外业务发展水平越高。对于农商行而言，由于地域环境限制，经营范围和品种较少，外部竞争对其的直接影响较小，内部经营管理水平是制约其拓展新业务的首要因素。城商行在规模和经营实力上介于全国性银行和农商行之间，外部竞争是推动其发展表外业务，调整收入结构和经营转型的主要驱动因素，但同时由于资源禀赋不及全国性大行，在精耕传统信贷业务和拓展新业务上与大型银行存在显著差异，即较强市场力量的城商行更倾向于发展信贷业务以及发行信贷资产支持证券，提升信贷资产循环利用。由于城商行和农商行相比全国性银行的风险承受能力更小，因而风险偏好和流动性水平对地方银行的影响更为明显，较高的风险偏好水平和流动性水平更有助于促进其表外业务发展；全国性银行经营范围和规模更大，面临的结构性流动不足问题更为突出，其在一定程度上存在将表外业务视作流动性管理手段进行监管套利的动机，流动性水平较低时，表外业务发展动力更足。

3. 上市特征和国有产权属性的影响。外部环境方面，上市特征在外部竞争环境与表外业务发展的关系中影响不明显，表明竞争加剧是当前我国银行业面临的共同外部环境；国有属性具有显著影响，主要是由于我国金融体系中国有控股或参股占据主导，经过改革深化其经营管理理念和实力均有质的提升，相比非金融企业中国有产权结构的效率常受诟病，国有银行改革实践更加积极，市场参与程度更高，因而其对市场竞争环境变化更为敏感，也更为积极地推动经营转型。在内部因素方面，非国有银行和非上市银行具有相对较低的风险承受能力，因而其表外业务发展水平与更低的风险偏好水平相关。

第五章　传统表外业务经济后果的实证分析

表外业务会给商业银行带来两个方面影响：对商业银行表内信贷业务产生影响，以及影响商业银行整体的盈利和风险（程茂勇、赵红，2012），前者主要探讨表外业务对净利差的影响。本章将基于前文监管套利理论、交叉销售理论以及多元化理论，具体探讨表外业务对净利差的影响，进而分析表外业务发展对银行盈利和风险产生的综合效应。同样，鉴于各类型银行在自身特征、监管环境等方面存在的较大差异，在分析过程中进行分组讨论。

第一节　研究假设提出

长期以来由于利率管制，国内研究鲜少关注表外业务对净利差的影响。近年来，随着利率市场化改革逐步完成，少数学者针对我国商业银行样本进行了有益探索，赵旭（2009）将表外业务纳入银行净利差决定模型分析，认为两者不具有相关关系；程茂勇、赵红（2012）首次运用交叉销售策略研究得出非利息收入与净利差负相关，周鸿卫、胥荷香（2015）得出类似的结论；刘莉亚等（2014）区分不同类型银行研究非利息收入对净利差的影响，认为地方银行由于资源不足，存在资源利用上的替代效应，非利息业务与净利差负相关，而全国性银行非利息业务种类丰富，互补类和替代类业务均广泛开展，因而非利息收入与净利差的关系并不显著。已有的研究成果主要从非利息收入整体着手，未能针对表外业务展开细化研究；同时未结合商业银行资源禀赋实际探讨交叉销售策略运用差异，本书将基于此进行拓展研究，丰富表外业务与净利差关系的理论文献。在此基础上，进一步探讨表外业务对盈利和风险的综合效应，有助于揭示两者间的内在逻辑关系。

　　如前文研究，表外业务发展是内外部因素驱动的必然选择，竞争加剧是商业银行拓展表外业务、扩大收入增长来源和调整收入结构的直接诱因。与此同时，利率市场化改革背景下净利差收窄已是大势所趋，表外业务创新丰富了商业银行产品和服务，也成为商业银行参与直接融资方式应对金融脱媒的便捷途径；在我国分业经营、分业监管的金融监管体制下，商业银行通过表内业务表外化获取监管套利①，弥补信贷业务利息收入损失的行为更加普遍。与国际主要针对资本充足率监管的体制相比，我国从货币供应量、存款准备金、存贷比例、信贷额度、利率限制等各个方面进行监管，由于监管层对不同交易手段的合规性规定不同，金融机构可以利用表外业务达到规避监管、扩大业务量等套利目的（张晓朴等，2014）。同业业务和银行理财是目前我国商业银行最主要的两种监管套利模式。在第一种模式中，商业银行通过与信托等通道合作，将对企业贷款转变为对于金融机构的贷款，从而将资产从贷款科目转为同业科目；在第二种模式中，商业银行用理财资金对接贷款项目，从而将资产从贷款科目直接移出资产负债表使其成为了表外业务（高善文，2014）。第一种模式通常用于规避信贷规模限制或针对特定行业的投放限制，而同业投资收益相比信贷利息收入更高。第二种模式下，我国的银行理财将刚性兑付、非标准债权与资金池等元素进行组合，使银行理财具有了与定期存款高度相似的特征（陈国绪，2016），而在资金投放上则可以规避对于信贷业务的种种监管限制。因此，表外业务与直接融资方式的密切关系以及监管套利特征，推动其对表内信贷业务形成明显的替代效应。

　　与此同时，学者们从战略转型和主动调整收入结构的角度进一步深入探讨了传统表外业务与信贷业务净利差之间的关系。Stiroh（2004）指出银行在激烈的市场竞争中会采取交叉销售策略，通过降低表内信贷业务定价水平来发展表外业务。交叉销售在美国金融业领域得到广泛运用（汪涛、崔楠，2005）。Paas 等（2001）研究认为金融业客户以一种高度相似的顺序来购买金融产品，具有可被识别的顾客特质和产品获取模式，因而通过对

---

　　① 根据《中国银监会办公厅关于开展银行业"监管套利、空转套利、关联套利"专项整治的通知》（银监办发〔2017〕46 号），监管套利是指银行业金融机构通过违反监管制度或监管指标要求来获取收益的套利行为。

传统信贷业务优惠，有助于留住客户尤其是高净值客户、增加客户黏性，最终达到提高银行获利能力和收入水平的目的。客户关系管理建立在技术进步的基础上，依托对客户信息的深度挖掘和市场细分、产品设计。银行业具有得天独厚的信息优势，国际领先银行纷纷建立自己的客户关系网络，如德意志银行建立客户细分、客户生命周期、客户经济利润与终生价值三大模型，针对不同客户不同时期采取差异化交叉销售策略（杨飞，2016）；富国银行运用交叉销售战略使其存款成本低于美国银行业同期均值约2.22%，资产收益率高于均值水平1.03%（姚宏伟，2017）。我国商业银行受制于理念认识束缚和信息技术约束交叉销售策略运用较为滞后，近年来大中型商业银行逐渐取得突破，五大商业银行纷纷推进后台数据大集中，建立企业级数据仓库，实施数据挖掘；股份制银行步伐更快，如招商银行自2010年开始实施"一体两翼"轻型银行战略转型，着重推进交叉销售战略应用①。对于区域性的小银行而言，由于经营范围的限制，以及可供开发的优质客户资源较少，使其难以建立完善的服务网络，其发展表外业务的难度较大（王欢、郭建强，2014）。因此，现阶段全国性银行具备运用交叉销售策略推动经营战略转型的条件，而地方性银行，限于自身资源禀赋交叉销售应用条件仍不成熟。基于此，提出研究假设5-1。

假设5-1：商业银行传统表外业务发展程度与净利差之间存在明显的替代效应。对于全国性银行而言，在信用违约风险既定的情况下，更易于降低净利差以提升传统表外业务发展程度；对于地方性银行而言，这一关系不显著。

综上可见，表外业务一方面有助于商业银行应对外部竞争加剧和金融脱媒，扩大收入增长来源，而与此同时形成对传统信贷业务的替代效应，因此对银行整体盈利水平的影响更为综合和复杂（赵胜民、申创，2015）。邓伟、付雯雯（2014）利用超越对数模型分析上市银行表外业务对信贷业务的影响，发现尽管表外业务对存贷款业务均形成了明显的挤占效应，但也通过资源共享利用发挥着促进存贷款业务增长的积极作用。王欢、郭建

---

① 据官方网站信息显示，五大商业银行均在20世纪90年代启动全行数据大集中，建立全行统一的核心系统；股份制银行起步更早。

强（2014）同样认为表外业务与存贷款业务能够相互促进，银行在存贷款增长的同时带动表外业务收入增长；而较高的表外业务收入水平又反映了银行具有较高水平的服务能力和质量，为吸引更多的存贷款客户起到积极作用。刘亚干（2014）进一步从宏观经济环境视角进行分析认为，居民财富增加和理财投资热情增强，表外资产管理业务为银行提供了充足的资金；表内融资门槛高、中小企业融资难，以及信贷调控环境下导致的信贷资源配置不均衡问题，使得手续相对简单、成本更低、更加灵活的表外融资方式更受偏好，而短期融资券、中期票据等直接融资方式直接增加了商业银行表外承销收入①。因而综合分析，表外业务对银行主动调整收入结构仍发挥积极作用。基于此，提出研究假设 5 - 2。

假设 5 - 2：传统表外业务发展程度越高，商业银行盈利水平越高。

已有文献从正反两个方面对表外业务与风险的关系均提供了大量证据，即表外业务有助于降低盈利波动（Rosie 等，2003；薛鸿健，2006），以及表外业务转换成本低、与表内信贷业务密切相关从而导致更大的收入波动（DeYoung 和 Roland，2001；Lepetit 等，2008；周开国、李琳，2011）。就我国现阶段而言，在宏观环境持续向好、直接融资市场日渐完善的情况下，无论商业银行出于监管套利，抑或是采取交叉销售策略参与直接融资扩大收入来源，均有助于平滑盈利波动，降低资产组合风险。与此同时，表外业务较少受到资本金监管要求的限制，无疑会提高财务杠杆，增加杠杆风险。DeYoung 和 Torna（2013）运用 2008 年金融危机期间美国商业银行的样本分析了非传统业务与银行破产的关系，发现非传统业务收入可降低银行破产概率，但非传统资产运用却可能提高银行破产概率。King 等（2013）研究发现无论在金融危机前还是金融危机后，美国大型银行控股公司的交易性资产占比和交易性收入占比均与银行风险呈正相关。目前我国银行业快速拓展的资产管理类表外业务主要是非传统资产运用业务。基于此，提出研究假设 5 - 3。

---

① 2005 年，中国人民银行发布《短期融资券管理办法》，短期融资券是指在银行间债券市场发行，募集短期资金并以企业信誉为还款保证，约定在一定期限内还本付息的短期债券，最长期限不超过一年，利率完全市场化。2008 年，中国人民银行推出中期票据，中期票据是指由非金融企业在银行间市场发行的一种债务工具，无担保，期限通常在 3~5 年，可以一次注册额度、分期发行；募集资金可用于满足发行人多种资金需求，具有期限结构合理、发行便利和资金用途灵活等优点。

假设 5 - 3：传统表外业务发展程度越高，商业银行资产组合风险越小，杠杆风险越大。

第二节　变量选择与模型设计

一、变量选择

1. 被解释变量

（1）净利差（NIM）：参照现有文献（Ho 和 Saunders，1981；Lepetit 等，2008；周开国等，2008；刘莉亚等，2014），采用净利息收入与平均生息资产的比值衡量。

银行盈利水平（ROA/ROE）：国外研究主要采用会计价值资产收益率（ROA）和资本收益率（ROE）衡量银行的短期绩效，市场价值 Tobin Q 衡量银行的长期绩效。考虑到我国资本市场尚不完善，股价波动大，且上市商业银行占比较低，国内研究主要采用会计价值进行衡量。因为表外业务降低了资本占用，采用净资产收益率（ROE）可能会放大其对银行盈利的影响，缩小其对风险的影响，因而在分析中分别采用总资产收益率（ROA）和净资产收益率（ROE）衡量，探讨其对银行整体和股东价值的影响。

（2）银行风险（Z＿S）：鉴于表外业务与银行资本金监管的直接关系，因而本研究侧重考察其对破产风险的影响。Z＿S 是最为常用的衡量方法（Laeven 和 Levine，2009；赵胜民、申创，2016），同上，本研究以总资产收益率和净资产收益率两个角度分别衡量其对银行整体和股东风险的影响。计算方法如下：

$$Z\_S_{it} = \frac{ROA_{it}/ROE_{it} + CAR_{it}}{Sd\_ROA_{it}/Sd\_ROE_{it}}$$

式中，ROA（ROE）为当期总资产收益率（净资产收益率），Sd_ROA（Sd_ROE）是样本期间的总资产收益率标准差（净资产收益率标准差），CAR 是当期资本充足率。Z_S 值越大，表明银行破产风险越小；反之，表明银行破产风险越大。

在此基础上，为考察表外业务对银行资产组合风险和杠杆风险的单独影响，本研究参考 Lepetit 等（2008）和李明辉等（2014）的方法，将整体破产风险 Z_S 分解为资产组合风险（Z_P）和杠杆风险（Z_L），计算方法如下：

$$Z\_S_{it} = \frac{ROA_{it}/ROE_{it} + CAR_{it}}{Sd\_ROA_{it}/Sd\_ROE_{it}} = \frac{ROA_{it}/ROE_{it}}{Sd\_ROA_{it}/Sd\_ROE_{it}}$$

$$+ \frac{CAR_{it}}{Sd\_ROA_{it}/Sd\_ROE_{it}} = Z\_P_{it} + Z\_L_{it}$$

式中，Z_P 反映银行经盈利波动调整后的收益水平，其值越大表明银行资产组合风险越小，也即经风险调整后的收益越大；反之，表明银行资产组合风险越大，或经风险调整后的收益越小。Z_L 值越大表明银行资本金应对盈利波动的能力越强，银行杠杆风险越小；反之，表明银行杠杆风险越高，面临的破产风险越大。

2. 解释变量

（1）传统表外业务发展水平（OBS）：借鉴现有文献（Lepetit 等，2008；Demirguc-Kunt 和 Huizinga，2010；程茂勇、赵红，2012）方法，采用表外业务收入占营业总收入的比重衡量；同时采用传统表外业务收入占总资产的比重进行稳健性检验。

（2）信用违约风险（Credit_Risk）：为考察商业银行交叉销售策略运用差异，参考 Nguyen（2012）；程茂勇、赵红（2012）、刘莉亚等（2014）和周鸿卫等（2015）的方法，采用贷款损失准备金与年末贷款余额的比值衡量贷款违约风险；比值越高意味着更高的信用违约风险，从而要求更高的风险溢价（Angbazo，1997；Claeys 和 Van der Vennet，2008）。

3. 控制变量

在净利差影响的分析中，现有研究主要围绕 H－S 做市商模型研究净利差决定因素，本研究参考已有文献（Nguyen，2012；Maudos 和 Solis，2009；周鸿卫等，2008；赵旭，2009；刘莉亚等，2014）将相关变量作为控制变量纳入其中，包括银行市场力量（Power）、风险偏好（Equity_Ratio）、利率风险（Intr_Risk）、贷款总规模（Loan）和隐性利息支付（Intangible）以及其他非利息业务的影响（Other）。此外，考虑到宏观经济环境对商业银行经营至关重要，本研究将国内生产总值（GDP）增速、通货膨胀水平

（CPI）纳入控制变量；同时，近年来直接融资市场对商业银行信贷业务冲击明显，且与银行表外业务发展密切相连，本研究一并纳入其中，采用上市公司股票市值占国内生产总值的比值衡量（Direct）。

在银行盈利和风险影响的分析中，借鉴现有文献，从宏观环境、行业竞争和银行自身特征因素三方面选取控制变量。宏观因素主要包括宏观经济增速（GDP）、通货膨胀水平（CPI），经济持续稳定增长和温和的通货膨胀环境有利于银行提升经营绩效。行业竞争反映银行业竞争激烈程度，采用存款规模的赫芬达尔指数衡量（Compete）。直接融资水平（Direct）采用股票市场市值占国内生产总值的比值衡量；占比越高，直接融资水平越高，对银行盈利的冲击越大，反之对银行盈利的冲击越小。银行自身特征因素主要包括：资产负债结构、资产质量、风险偏好、银行规模和成本水平。鉴于存贷款业务占比高度相关，将贷款规模占总资产的比重（Loan _ Ratio）和净利差（NIM）纳入控制变量，同时考虑其他非利息业务的影响（Other）；风险偏好（Equity _ Ratio）采用资本占总资产的比重衡量，比值越高，表明银行风险偏好越低；流动性水平（Liquid）采用流动资产与流动负债的比值衡量；资产规模（Size）采用总资产取自然对数衡量；成本水平（Cost）采用营业支出占总资产的比重衡量。

变量定义如表 5 - 1 所示：

表 5 - 1　　　　　　　　　　　主要变量定义

变量类型	变量名称	变量符号	变量定义
被解释变量	净利差	NIM	净利息收入与平均生息资产的比值
	盈利水平	ROA/ROE	净利润与平均总资产/平均净资产的比值
	破产风险	Z _ S	计算公式见上文
	资产组合风险	Z _ P	计算公式见上文
	杠杆风险	Z _ L	计算公式见上文
解释变量	传统表外业务发展水平	OBS	传统表外业务收入占营业总收入的比值
	信用违约风险	Credit	贷款损失准备金占总贷款的比值
控制变量	市场力量	Power	年末存款占市场存款总规模的比重
	贷款规模	Loan	期末总贷款的自然对数
	风险偏好	Equity _ Ratio	年末净资产占总资产的比重
	利率风险	Intr _ Risk	一年期存贷款基准利率的差值
	隐性利息支付	Intangible	其他业务净支出与总资产的比重

变量类型	变量名称	变量符号	变量定义
控制变量	其他非利息业务发展水平	Other	其他非利息业务收入占营业总收入的比值
	宏观经济增速	GDP	GDP 年均增速
	通货膨胀水平	CPI	CPI 年均波动幅度
	直接融资水平	Direct	上市公司股票市值总额占 GDP 的比值
	同业竞争程度	Compete	存款规模占比计算赫芬达尔指数
	资产负债结构	Loan _ Ratio	贷款及垫款占总资产的比重
	流动性水平	Liquid	流动资产与流动负债的比值
	资产规模	Size	资产余额取自然对数
	成本水平	Cost	营业支出占总资产的比值
	地区固定效应	Province	除西藏外30个省（直辖市、自治区）
	银行固定效应	Bank	193 家商业银行

二、模型设计

为了验证传统表外业务对净利差的影响，本研究借鉴 Lepetit 等（2008）和程茂勇、赵红（2012）的方法，建立如下回归方程（5－1）和方程（5－2）：

$$NIM = \alpha_0 + \alpha_1 \times OBS + Control + \varepsilon \qquad (5-1)$$

$$NIM = \alpha_0 + \alpha_1 \times OBS + \alpha_2 \times Credit + \alpha_3 \times OBS \times Credit + Control + \varepsilon$$
$$(5-2)$$

式（5－1）中若表外业务发展水平（OBS）变量系数显著为负，表明表外业务与净利差负相关；式（5－2）中信用违约风险变量（Credit）与表外业务发展水平变量（OBS）的交乘项系数若显著为负，表明表外业务发展程度降低了信用违约风险溢价，即商业银行采取销售策略降低信贷利率提升表外业务发展水平。

为了分析表外业务对银行盈利和风险的影响，建立如下回归方程（5－3）和方程（5－4）：

$$ROA/ROE = \alpha_0 + \alpha_1 \times OBS + Control + \varepsilon \qquad (5-3)$$

$$Z\_S/Z\_P/Z\_L = \alpha_0 + \alpha_1 \times OBS + Control + \varepsilon \qquad (5-4)$$

式（5－3）中，表外业务发展水平（OBS）的回归系数若显著为正，则证实表外业务发展有助于提升银行经营绩效。式（5－4）中，表外业务发展水平（OBS）的回归系数若显著为正，则表明表外业务发展降低了风险，反之则增大了风险；具体而言，在针对资产组合风险（Z_P）的回归中，若表外业务发展水平（OBS）回归系数显著为正，则证明表外业务发展显著降低了资产组合风险，获得了较高的风险调整后盈利水平；在针对杠杆风险（Z_L）的回归中，若表外业务发展水平（OBS）的回归系数显著为负，则证明表外业务发展显著增大了杠杆风险。

第三节　回归结果与分析讨论

一、样本数据

本研究数据来自 Bankscope 数据库、Wind 数据库、CSMAR 数据库以及商业银行网站披露的年报信息，共计搜集了全国 30 个省（自治区、直辖市）193 家商业银行样本数据，包括工行、农行、中行、建行、交行 5 家大型商业银行，12 家全国性股份制商业银行以及部分城商行和农商行①，这也是目前为止能够搜集到的最全研究数据。考虑到国际金融危机对商业银行经营可能造成的外部冲击，样本期间为 2009—2016 年，剔除缺失值后，得到样本观测值 1089 个。为避免异常值影响，对所有连续变量进行 1% 水平的缩尾处理。数据处理均采用 Stata13.0 版本。

二、变量描述性统计分析

表 5 - 2 提供了主要变量的描述性统计分析。

净利差水平（NIM）全国性银行最低，均值为 2%；城商行和农商行均值为 3%。盈利和风险方面，总资产收益率（ROA）各银行均值相当，且各类别银行分组均值亦差异较小。破产风险方面，相比资产组合风险，杠杆风险在破产风险中占主导，也即资产组合风险的降低不足以抵补杠杆风险

---

① 5 大商业银行均包含在内；12 家股份制银行 2009—2016 年样本分布分别为 10 家、12 家、10 家、11 家、7 家、11 家、11 家、11 家；城商行 2009—2016 年样本分布分别为 50 家、58 家、70 家、78 家、76 家、97 家、101 家、89 家；农商行 2009—2016 年样本分布分别为 11 家、24 家、35 家、47 家、54 家、59 家、60 家、57 家。

增大；全国性银行相比地方银行面临的风险更小，主要原因在于，全国性银行资产规模大，抵御风险的能力更强，城商行次之，农商行面临的破产风险最高，近年来地方银行快速扩大规模，争相补充资本金也即是为了保障经营安全。

表外业务发展水平（OBS）在不同类型银行间差异很大，全国性银行均值为 18%，而城商行仅为 6%，农商行最低（3%）；而其他非利息业务（Other）全国性银行占比为 4%，城商行和农商行占比达到 15%，也即表外业务占据全国性银行非利息业务的绝大部分比重，而其他非利息业务（主要是投资收益）占据城商行和农商行的主要部分，在收入结构上两类银行存在较大差异。主要原因在于，为了应对净利差收窄和金融脱媒对信贷业务利息收入的冲击，各家银行均急于开拓新业务，表外业务不仅准入门槛较高（例如，支付结算业务需要搭建高效率的支付清算平台，和人民银行二代支付清算平台对接，大多数中小银行均采取代理行模式，由具备条件的商业银行代为清算），而且面临较为严格的监管要求（银监会要求商业银行开展新型表外业务需区分业务类型进行备案或审批），相比而言投资类业务准入限制少，因而迅速成为中小银行争夺的目标。信用违约风险（Credit）方面，农商行准备金占比最高，与净资产占比相一致，表明农商行的风险承受能力最小，城商行次之，全国性银行最强。

控制变量上，市场力量（Power）方面城商行和农商行面临的生存压力更大；利率风险（Intr＿Risk）整体较小，利率市场化改革虽已基本完成，利率管制带来的历史因素使得存贷利差仍有一定空间；贷款规模（Loan）上，农商行可与城商行匹敌，全国性银行规模最大；隐性利息支付（Intangible）上，各类银行均值相当，但城商行和农商行最大值高于全国性银行。此外，宏观环境（GDP）持续向好，通货膨胀水平（CPI）温和增长；直接融资占比（Direct）接近 60%，同业竞争（Compete）激烈，商业银行面临较大经营压力；资产结构方面，农商行贷款资产占比最高，全国性银行次之，城商行再次之，反映出城商行投资类业务扩张最为明显；城商行和农商行净利差水平较全国性银行更高，农商行不良贷款率更高，体现出高收益和高风险的特点，也反映出全国性银行经营更为谨慎，信贷管理相对规范。流动性水平，全国性银行贷款占存款的比重更大，表明其面临更大的流动性管理压力。

表 5 - 2　主要变量描述性统计分析

	variable	N	NIM	ROA	Z_S	Z_P	Z_L	OBS	Credit	Intr_R	Loan	Intan	GDP	CPI	Direct	Compete	Power	Equity	Other	Liquid	loan_R	Size	Cost
全样本	N	1089	1089	1089	1089	1089	1089	1089	1089	1089	1089	1089	1089	1089	1089	1089	1089	1089	1089	1089	1089	1089	1089
	mean	0.03	0.01	0.77	0.06	0.71	0.06	0.02	0.03	14.86	0.01	0.08	0.02	0.58	0.09	0.01	0.07	0.14	0.62	0.45	11.57	0.02
	sd	0.01	0.00	0.48	0.04	0.45	0.06	0.01	0.00	1.61	0.00	0.01	0.01	0.14	0.05	0.03	0.02	0.17	0.11	0.10	1.68	0.01
	min	0.01	0.00	0.18	0.00	0.17	0.00	0.00	0.03	12.24	0.00	0.07	-0.01	0.40	0.03	0.00	0.04	0.00	0.30	0.21	8.59	0.01
	p50	0.03	0.01	0.61	0.05	0.57	0.04	0.02	0.03	14.57	0.01	0.08	0.02	0.58	0.10	0.00	0.07	0.06	0.64	0.47	11.25	0.02
	max	0.06	0.02	2.86	0.19	2.69	0.28	0.05	0.03	20.43	0.03	0.11	0.05	0.77	0.15	0.18	0.15	0.80	0.87	0.63	16.64	0.04
全国性银行	N	123	123	123	123	123	123	123	123	123	123	123	123	123	123	123	123	123	123	123	123	123
	mean	0.02	0.01	1.17	0.09	1.08	0.18	0.02	0.03	18.82	0.01	0.08	0.02	0.59	0.13	0.06	0.06	0.04	0.70	0.48	14.97	0.02
	sd	0.00	0.00	0.59	0.05	0.55	0.06	0.01	0.00	1.21	0.00	0.01	0.02	0.13	0.01	0.06	0.01	0.04	0.07	0.07	1.18	0.00
	min	0.02	0.00	0.41	0.00	0.39	0.06	0.00	0.03	15.75	0.00	0.07	-0.01	0.40	0.13	0.00	0.04	0.00	0.49	0.27	11.68	0.01
	p50	0.02	0.01	1.00	0.08	0.93	0.18	0.02	0.03	18.86	0.01	0.08	0.02	0.64	0.13	0.03	0.06	0.03	0.72	0.49	14.99	0.01
	max	0.03	0.01	2.86	0.19	2.69	0.28	0.04	0.03	20.43	0.02	0.11	0.05	0.77	0.15	0.18	0.08	0.27	0.87	0.61	16.64	0.03
城商行	N	619	619	619	619	619	619	619	619	619	619	619	619	619	619	619	619	619	619	619	619	619
	mean	0.03	0.01	0.74	0.05	0.69	0.06	0.02	0.03	14.87	0.01	0.08	0.02	0.58	0.12	0.01	0.07	0.15	0.58	0.42	11.34	0.02
	sd	0.01	0.00	0.45	0.03	0.42	0.05	0.01	0.00	1.10	0.00	0.01	0.01	0.13	0.03	0.02	0.02	0.19	0.11	0.10	1.10	0.01
	min	0.01	0.00	0.18	0.00	0.17	0.00	0.00	0.03	12.24	0.00	0.07	-0.01	0.40	0.03	0.00	0.04	0.00	0.30	0.21	8.59	0.01
	p50	0.03	0.01	0.59	0.04	0.55	0.05	0.02	0.03	14.84	0.01	0.08	0.02	0.58	0.12	0.00	0.07	0.07	0.59	0.41	11.27	0.02
	max	0.06	0.02	2.86	0.19	2.69	0.28	0.05	0.03	19.30	0.03	0.11	0.05	0.77	0.15	0.18	0.15	0.80	0.87	0.63	15.93	0.04
农商行	N	347	347	347	347	347	347	347	347	347	347	347	347	347	347	347	347	347	347	347	347	347
	mean	0.03	0.01	0.68	0.05	0.63	0.03	0.03	0.03	14.17	0.01	0.08	0.02	0.57	0.04	0.01	0.08	0.15	0.65	0.51	10.77	0.02
	sd	0.01	0.00	0.42	0.03	0.39	0.04	0.01	0.00	1.05	0.00	0.01	0.01	0.14	0.02	0.02	0.02	0.16	0.08	0.08	1.16	0.01
	min	0.01	0.00	0.18	0.00	0.17	0.00	0.00	0.03	12.24	0.00	0.07	-0.01	0.40	0.03	0.00	0.04	0.00	0.34	0.23	8.59	0.01
	p50	0.03	0.01	0.57	0.04	0.53	0.02	0.03	0.03	14.03	0.01	0.07	0.02	0.58	0.03	0.00	0.08	0.09	0.66	0.52	10.68	0.02
	max	0.06	0.02	2.86	0.19	2.69	0.20	0.05	0.03	17.31	0.03	0.11	0.05	0.77	0.13	0.18	0.15	0.80	0.87	0.63	13.60	0.04

三、实证回归结果

1. 传统表外业务与净利差关系的回归结果

表 5 - 3 和表 5 - 4 提供了全样本及各类型银行分组回归结果，证实了研究假设 5 - 1。为减少内生性均采用固定效应回归方法。表 5 - 3 中各方程表外业务（OBS）均与净利差（NIM）显著负相关，即表外业务与表内信贷业务净利差间存在明显的替代效应。

表 5 - 3　　　　　　传统表外业务与净利差关系的回归结果

VARIABLES	全样本	全国性银行	城商行	农商行
OBS	−0.035	−0.029	−0.032	−0.026
	(−5.84)***	(−2.62)**	(−4.05)***	(−1.93)*
Credit	0.059	−0.088	0.083	−0.018
	(1.69)*	(−1.06)	(1.76)*	(−0.34)
Other	−0.033	−0.019	−0.030	−0.037
	(−22.47)***	(−2.73)**	(−15.66)***	(−16.23)***
Power	−0.026	0.089	0.081	−0.033
	(−0.83)	(0.70)	(1.42)	(−0.70)
Equity _ Ratio	0.057	0.070	0.033	0.092
	(4.46)***	(2.19)**	(2.06)**	(4.83)***
Intr _ Risk	−2.290	−0.048	−2.502	−2.340
	(−6.06)***	(−0.10)	(−3.72)***	(−4.87)***
Loan	0.001	0.001	0.001	0.004
	(1.01)	(0.35)	(1.20)	(1.92)*
Intangible	0.702	0.356	0.761	0.624
	(12.01)***	(1.13)	(8.61)***	(8.75)***
GDP	0.195	0.008	0.213	0.094
	(5.48)***	(0.15)	(4.30)***	(1.50)
CPI	−0.041	0.031	−0.050	0.008
	(−2.42)**	(1.76)*	(−2.18)**	(0.23)
Direct	−0.021	−0.007	−0.022	−0.016
	(−10.96)***	(−2.27)**	(−7.32)***	(−6.64)***
Constant	0.074	0.036	0.073	0.147
	(3.38)***	−0.84	(2.28)**	(4.41)***
Obs.	1089	123	619	347

续表

VARIABLES	全样本	全国性银行	城商行	农商行
Bank	193	17	108	68
Model F	104.30	51.93	45.44	101.40
Adj R2	0.625	0.554	0.582	0.708

注：各方程均采用固定效应回归方法，括号中为经过聚类稳健标准误调整后的 T 值。＊、＊＊、＊＊＊分别表示在 10%、5% 和 1% 水平上统计显著。

　　以上针对全体样本的研究结论与程茂勇、赵红（2012）一致，而刘莉亚等（2014）针对全国性银行的研究认为两者之间关系不显著。表 5 - 4 进一步考察交叉销售策略在各类银行中的运用差异，及其带来的对两者关系的影响。加入信用违约风险（Credit）和表外业务（OBS）的交乘项后，在全国性银行样本的分组回归中表外业务发展水平（OBS）与信用违约风险（Credit）的交乘项系数显著为负，而表外业务（OBS）变量本身的系数不再显著，即对于相同的信用违约风险，表外业务收入占比越高，银行会降低信贷业务定价水平；在城商行和农商行的分组回归中，表外业务发展水平（OBS）与信用违约风险（Credit）的交乘项系数不显著，交叉销售策略在地方银行应用的条件仍不成熟。由此可见，全国性银行应对激烈的外部竞争环境主动采取交叉销售策略，以达到调整收入结构和推动经营转型的目的；与此同时，从另一个侧面间接反映出地方性银行主要通过表外业务实现监管套利，从而形成表外业务对表内信贷业务净利差的替代效应。这一结论有助于为已有相关研究争议提供合理解释。

　　此外，在城商行和农商行各回归方程中其他非利息业务（Other）也即投资收益变量系数均显著为负，体现出相比全国性大行，城商行和农商行由于传统业务客户基础薄弱，其受到外部竞争环境的冲击更为剧烈；地方银行受到的监管政策限制更多，由于业务开展地域范围、品种范围均有诸多限制，因而近年来随着商业银行直接融资业务发展，其通过投资业务扩大经营规模，提升投资收益，弥补表内信贷业务利息收入下滑。信用违约风险（Credit）系数仅在全样本及城商行子样本中与净利差（NIM）表现出较弱的显著性相关，周鸿卫、胥荷香（2015）认为尽管在利率市场化过程中，中国银行业自主定价能力在不断增强（周鸿卫等，2008），但贷款利率市场化改革在样本期间还没有完全放开，存贷款利率定价在一定程度上受到央行管制的影响，使得信用风险与利差关系不显著，赵旭（2009）和程茂勇、赵红（2010）也得出了一致的结论。

控制变量方面，市场力量（Power）、风险偏好（Equity _ Ratio）、利率风险（Intr _ Risk）、贷款规模（Loan）、隐性利息支付（Intangible）与净利差（NIM）的关系与以往研究结论一致（刘莉亚等，2014）。宏观环境（GDP）与净利差正相关，表明较好的外部经济环境有助于信贷业务开展，这一结论进一步印证了本书第四章的分析，宏观经济环境与表外业务发展存在负向关系，表明现阶段我国商业银行仍以信贷业务为核心主题，经济环境向好时更倾向于扩大信贷业务规模；直接融资水平（Direct）与净利差显著负相关，印证了前文的分析，直接融资市场的发展对传统信贷业务形成较强冲击，且提升了银行既有客户的信贷利率议价能力，挤占银行传统信贷利息收入。

表5-4　传统表外业务、信用违约风险与净利差关系的回归结果

VARIABLES	全样本	全国性银行	城商行	农商行
OBS	-0.032	0.007	-0.037	0.023
	(-3.01)***	(0.42)	(-2.93)***	(0.53)
Credit	0.084	0.297	0.102	0.012
	(1.83)*	(2.35)**	(1.53)	(0.17)
OBS × Credit	-0.124	-1.843	0.200	-1.636
	(-0.30)	(-3.36)***	(0.36)	(-1.36)
Other	-0.030	0.009	-0.025	-0.041
	(-10.07)***	(0.69)	(-7.91)***	(-6.67)***
Power	-0.028	0.071	0.087	-0.033
	(-0.86)	(0.58)	(1.52)	(-0.72)
Equity _ Ratio	0.056	0.078	0.032	0.090
	(4.28)***	(2.43)**	(1.93)*	(4.78)***
Intr _ Risk	-2.228	0.043	-2.364	-2.333
	(-5.92)***	(0.09)	(-3.49)***	(-4.92)***
Loan	0.001	0.001	0.002	0.003
	(1.07)	(0.59)	(1.33)	(1.90)*

VARIABLES	全样本	全国性银行	城商行	农商行
Intangible	0.704	0.388	0.767	0.634
	(11.94)***	(1.27)	(8.69)***	(9.35)***
GDP	0.196	0.001	0.215	0.097
	(5.49)***	(0.02)	(4.33)***	(1.58)
CPI	−0.041	0.032	−0.049	0.004
	(−2.42)**	(1.70)	(−2.15)**	(0.11)
Direct	−0.020	−0.006	−0.021	−0.016
	(−10.93)***	(−1.84)*	(−7.26)***	(−6.94)***
Constant	0.071	0.036	0.066	0.144
	(3.23)***	(0.80)	(2.05)**	(4.45)***
Obs.	1089	123	619	347
Bank	193	17	108	68
Model F	91.19	108.30	41.31	90.90
Adj R2	0.625	0.584	0.583	0.710

注：各方程均采用固定效应回归方法，括号中为经过聚类稳健标准误调整后的 T 值。＊、＊＊、＊＊＊分别表示在10%、5%和1%水平上统计显著。

2. 传统表外业务与银行盈利和风险关系的回归结果

表5-5提供了表外业务对银行盈利影响的回归结果，为减少内生性，均采用固定效应回归方法。在控制银行类型影响的情况下，表外业务发展水平（OBS）显著提升了银行经营盈利（ROA），在不同类型银行的分组回归中，表外业务的回归系数均显著，在农商行分组中系数显著水平略低，证实研究假设5-2。

控制变量方面，直接融资水平（Direct）明显挤占了银行盈利水平，回归系数为负且均具有1%的显著性水平，印证了前文的理论分析，金融脱媒对银行经营盈利形成较大冲击。宏观环境（GDP）有助于提升银行绩效，但全国性银行对宏观环境变量更敏感。银行同业竞争（Compete）对盈利的影响在各类型银行中存在差异，竞争是双刃剑，促使银行开拓创新提升业绩，体现在全国性银行中；同时竞争挤占市场占有，降低盈利，体现在地方银行中。净利差与盈利水平均呈现显著的正相关性，传统信贷业务仍是银行盈利的中流砥柱；其他非利息业务在城商行和农商行分组中对于盈利水平有显著提升，与前文一致，体现出投资收益正逐渐成为其一项重要的盈利来源。

表 5－5 传统表外业务与银行盈利水平的回归结果

VARIABLES	全样本	全国性银行	城商行	农商行
OBS	0.020	0.014	0.017	0.024
	(6.25)***	(4.85)***	(4.17)***	(2.58)**
Direct	−0.005	−0.004	−0.005	−0.004
	(−6.83)***	(−4.32)***	(−4.24)***	(−3.53)***
GDP	−0.009	0.039	−0.002	−0.021
	(−0.46)	(1.71)*	(−0.10)	(−0.55)
CPI	−0.003	−0.020	−0.020	−0.001
	(−0.31)	(−1.81)*	(−1.41)	(−0.07)
Compete	0.010	−0.181	0.020	−0.004
	(3.01)***	(−4.31)***	(3.85)***	(−0.31)
Equity _ Ratio	0.039	−0.002	0.027	0.063
	(4.48)***	(−0.20)	(2.58)**	(5.39)***
NIM	0.246	0.381	0.220	0.286
	(9.23)***	(9.40)***	(6.56)***	(7.80)***
Other	0.004	0.000	0.002	0.008
	(3.33)***	(0.11)	(1.79)*	(4.73)***
Credit	0.019	0.027	0.020	0.028
	(1.01)	(1.09)	(0.84)	(0.94)
Liquid	−0.006	−0.004	−0.007	−0.001
	(−2.85)***	(−2.23)**	(−2.48)**	(−0.18)
Loan _ Ratio	0.011	0.005	0.010	0.011
	(3.58)***	(1.65)	(2.65)***	(1.61)
Size	−0.001	−0.001	−0.001	−0.003
	(−1.00)	(−1.33)	(−0.84)	(−1.44)
Cost	−0.312	−0.266	−0.294	−0.397
	(−7.24)***	(−5.92)***	(−5.50)***	(−6.07)***
Constant	0.013	0.041	0.014	0.031
	(1.47)	(2.85)***	(1.39)	(1.28)

VARIABLES	全样本	全国性银行	城商行	农商行
Obs.	1089	123	619	347
Bank	193	17	108	68
Model F	38.41	34.63	18.55	36.68
Adj R2	0.519	0.775	0.473	0.636

注：各方程均采用固定效应回归方法，括号内为经过聚类稳健标准误调整后的 T 值。﹡、﹡﹡、﹡﹡﹡ 分别表示在 10%、5% 和 1% 的水平上统计显著。

表 5－6 提供了表外业务对银行风险影响的回归结果。在控制银行类型因素的情况下，全样本回归显示，表外业务显著降低了银行的资产组合风险，对杠杆风险和整体破产风险的影响不明显，即盈利波动调整后商业银行仍然通过发展表外业务获得了正向的收益，一定程度上反映出净利差收窄趋势下，商业银行拓展表外业务具有必然性。在全国性银行分组回归中，表外业务发展对资产组合风险（Z_P）具有显著的降低作用，显著性水平 1%，与此同时表外业务对资本金要求减少，规模扩大缺少资本保障，增大了杠杆风险；在城商行分组回归中，表外业务同样降低了资产组合风险，但对杠杆风险的影响不明显，主要原因在于表外资产运用类项目（主要是表外理财）仍然以全国性银行占主导，城商行整体规模较小；在农商行分组中，表外业务对风险的影响均不明显。上述结论基本证实了研究假设 5－3，即传统表外业务有助于降低资产组合风险，但同时可能带来较高的杠杆风险。值得注意的是，其他非利息业务（Other）在城商行和农商行分组中均显著降低了资产组合风险，地方银行通过投资业务参与直接融资市场，扩大了收入来源，地方银行的其他非利息业务与净利差呈现明显的负向关系，在应对金融脱媒的形势下减小了整体盈利波动。

综上分析，全国性银行主动采用交叉销售策略调整收入结构，表外业务发展并未形成对表内信贷业务利息收入的明显替代效应；城商行主要通过表内信贷业务表外化获取监管套利，表外业务发展显著挤占了信贷利息收入，但尽管商业银行基于自身资源禀赋采取了差异化发展策略，均弥补了利率市场化背景下净利差收窄带来的利息收入下滑，并显著平滑了盈利波动，降低了资产组合风险。

表 5-6 传统表外业务与银行风险的回归结果

VARIABLES	全样本			全国性银行			城商行			农商行		
	Z_S	Z_P	Z_L	Z_S	Z_P	Z_L	Z_S	Z_P	Z_L	Z_S	Z_P	Z_L
OBS	0.103	0.039	0.044	-0.833	0.078	-0.936	0.166	0.032	0.107	-0.384	0.030	-0.413
	(0.39)	(3.71)***	(0.18)	(-2.43)**	(4.45)***	(-2.62)**	(0.44)	(2.48)**	(0.30)	(-1.00)	(1.34)	(-1.07)
Direct	0.080	-0.024	0.101	0.197	-0.039	0.236	0.114	-0.021	0.129	-0.074	-0.020	-0.054
	(1.14)	(-9.68)***	(1.50)	(2.84)**	(-5.53)***	(3.31)***	(1.25)	(-5.28)***	(1.48)	(-1.13)	(-4.79)***	(-0.81)
GDP	-2.084	-0.068	-1.888	-6.763	0.343	-7.212	-2.680	-0.041	-2.481	3.436	0.018	3.399
	(-0.97)	(-1.00)	(-0.92)	(-4.14)***	(2.94)***	(-4.27)***	(-1.03)	(-0.44)	(-0.99)	(1.49)	(0.13)	(1.47)
CPI	1.647	0.020	1.569	3.616	-0.151	3.830	2.070	-0.106	2.075	-0.735	-0.023	-0.702
	(1.69)*	(0.62)	(1.69)*	(3.98)***	(-2.41)**	(4.07)***	(1.49)	(-2.35)**	(1.57)	(-0.74)	(-0.36)	(-0.71)
Compete	-0.081	0.025	-0.112	5.326	-1.753	7.540	-0.205	0.083	-0.279	0.000	-0.058	0.065
	(-0.50)	(1.84)*	(-0.70)	(1.10)	(-8.46)***	(1.47)	(-0.72)	(4.64)***	(-1.01)	(0.00)	(-1.09)	(0.09)
Equity_Ratio	5.570	0.097	5.462	5.496	-0.159	5.790	5.337	0.072	5.236	6.330	0.136	6.208
	(7.45)***	(4.03)***	(7.30)***	(2.36)**	(-1.52)	(2.35)**	(5.76)***	(2.67)**	(5.69)***	(4.75)***	(3.88)***	(4.66)***
NIM	0.586	0.652	-0.105	-0.640	2.129	-3.049	1.718	0.618	1.049	-1.714	0.648	-2.351
	(0.58)	(8.81)***	(-0.11)	(-0.19)	(6.83)***	(-0.90)	(1.45)	(6.36)***	(0.89)	(-0.79)	(5.75)***	(-1.08)
Other	-0.013	0.010	-0.027	-0.139	-0.003	-0.155	0.040	0.009	0.027	-0.129	0.016	-0.144
	(-0.21)	(3.11)***	(-0.45)	(-0.61)	(-0.22)	(-0.68)	(0.58)	(2.21)**	(0.40)	(-1.15)	(3.08)***	(-1.28)

续表

VARIABLES	全样本			全国性银行			城商行			农商行		
	Z_S	Z_P	Z_L	Z_S	Z_P	Z_L	Z_S	Z_P	Z_L	Z_S	Z_P	Z_L
Credit	2.581	0.019	2.389	-1.438	0.023	-1.534	2.997	0.006	2.776	-0.282	0.014	-0.295
	(1.10)	(0.36)	(1.09)	(-0.39)	(0.18)	(-0.40)	(1.06)	(0.09)	(1.05)	(-0.21)	(0.16)	(-0.22)
Liquid	0.087	-0.020**	0.110	-0.183	-0.007	-0.164	0.150	-0.031***	0.183	0.009	0.007	0.002
	(0.59)	(-2.54)	(0.74)	(-1.06)	(-0.48)	(-0.92)	(0.75)	(-2.79)	(0.92)	(0.03)	(0.51)	(0.01)
Loan_Ratio	-0.879***	0.047***	-0.911***	-0.146	0.015	-0.161	-0.976**	0.047***	-1.003***	-0.818**	0.042**	-0.863**
	(-3.02)	(4.30)	(-3.22)	(-0.86)	(0.54)	(-0.94)	(-2.55)	(3.30)	(-2.68)	(-2.04)	(2.09)	(-2.13)
Size	-0.188*	-0.001	-0.179*	0.012	-0.014*	0.033	-0.219*	-0.001	-0.209*	-0.007	-0.006	-0.001
	(-1.73)	(-0.40)	(-1.75)	(0.13)	(-1.85)	(0.30)	(-1.74)	(-0.24)	(-1.76)	(-0.10)	(-0.98)	(-0.01)
Cost	-0.352	-0.922***	0.513	3.867	-1.283***	5.079	0.103	-0.947***	0.949	-0.936	-1.004***	0.034
	(-0.25)	(-8.12)	(0.37)	(0.99)	(-3.73)	(1.25)	(0.05)	(-6.19)	(0.43)	(-0.42)	(-5.89)	(0.02)
Constant	2.881**	0.059**	2.727**	0.636	0.496***	-0.013	3.148**	0.054	2.982**	0.526	0.088	0.443
	(2.10)	(1.98)	(2.10)	(0.38)	(3.56)	(-0.01)	(2.02)	(1.54)	(2.03)	(0.61)	(1.10)	(0.51)
Obs.	1089	1089	1089	123	123	123	619	619	619	347	347	347
Bank	193	193	193	17	17	17	108	108	108	68	68	68
Model F	8.91	81.74	7.35	24.77	512.60	22.26	6.64	54.87	5.73	2.77	28.11	2.30
Adj R2	0.383	0.476	0.374	0.527	0.831	0.508	0.401	0.432	0.397	0.377	0.581	0.358

注：各方程均采用固定效应回归方法，括号内为经过聚类稳健标准误调整后的T值。*，**，***分别表示在10%，5%和1%的水平上统计显著。

四、进一步讨论

1. 针对上市银行与非上市银行的进一步讨论

本书第四章研究得出外部竞争加剧是上市银行与非上市银行面临的共同外部环境因素，因而积极拓展表外业务扩大收入来源均有可能形成对表内信贷业务的替代效应。相比较而言，上市银行具有更强的综合实力和知名度（候璐璐、刘元春，2016），因而具有发展表外业务的资源优势，表外业务开设品种更丰富，规模更大（刘莉亚等，2014）。

（1）上市特征对传统表外业务与净利差关系的影响分析

由于 A 股上市审批制较为严格，中小城商行和农商行通过海外市场实现公开上市。如表 5 - 7 所示，上市特征对于表外业务与净利差的关系并不具有显著影响，在考虑中小上市银行后交叉销售策略交乘项系数亦不显著。如前述分析，各类型银行在竞争加剧的环境下均积极拓展表外业务形成对信贷业务的替代效应，而上市银行虽然具备开设更多业务品种的资源优势，但中小上市银行通过上市并未能直接提升其交叉销售应用的客户、技术等基础资源禀赋。

表 5 - 7　　　上市特征对传统表外业务与净利差关系的影响分析

VARIABLES	上市银行	非上市银行	上市银行	非上市银行
OBS	- 0.025	- 0.026	- 0.006	- 0.018
	(- 2.57) **	(- 2.68) ***	(- 0.39)	(- 1.01)
Credit	0.022	0.075	0.104	0.093
	(0.30)	(1.62)	(0.85)	(1.49)
OBS × Credit			- 0.733	- 0.316
			(- 1.17)	(- 0.45)
Other	- 0.038	- 0.032	- 0.037	- 0.032
	(- 3.18) ***	(- 15.31) ***	(- 3.04) ***	(- 15.12) ***
Power	- 0.040	- 0.025	- 0.041	- 0.026
	(- 0.74)	(- 0.60)	(- 0.73)	(- 0.61)
Equity _ Ratio	0.076	0.077	0.077	0.078
	(3.62) ***	(3.79) ***	(3.53) ***	(3.88) ***

续表

VARIABLES	上市银行	非上市银行	上市银行	非上市银行
Intr _ Risk	- 0. 536	- 2. 170	- 0. 487	- 2. 160
	(- 0. 94)	(- 3. 80) ***	(- 0. 81)	(- 3. 81) ***
Loan	0. 003	0. 001	0. 004	0. 001
	(1. 57)	(0. 56)	(1. 73) *	(0. 57)
Intangible	0. 000	0. 000	0. 000	0. 000
	(3. 66) ***	(9. 51) ***	(3. 58) ***	(9. 49) ***
GDP	0. 041	0. 155	0. 033	0. 156
	(0. 89)	(2. 79) ***	(0. 69)	(2. 81) ***
CPI	- 0. 004	- 0. 008	0. 000	- 0. 009
	(- 0. 18)	(- 0. 33)	(0. 00)	(- 0. 38)
Direct	- 0. 011	- 0. 018	- 0. 010	- 0. 018
	(- 3. 64) ***	(- 6. 25) ***	(- 3. 29) ***	(- 6. 25) ***
Constant	0. 096	0. 074	0. 101	0. 073
	(2. 25) **	(2. 47) **	(2. 31) **	(2. 47) **
Obs.	250	839	250	839
Bank	39	154	39	154
Model F	14. 76	59. 80	15. 12	55. 71
Adj R2	0. 463	0. 606	0. 469	0. 606

注：各方程均采用固定效应回归方法，括号内为经过聚类稳健标准误调整后的 T 值。＊、＊＊、＊＊＊ 分别表示在10%、5%和1%的水平上统计显著。

（2）上市特征对传统表外业务与盈利和风险关系的影响分析

如表5-8所示，上市特征显著影响了表外业务发展水平带来的破产风险程度，在针对破产风险（Z_S）和杠杆风险（Z_L）的回归方程中，上市银行相比非上市银行杠杆风险和整体破产风险水平更高。根据上述分析可知，主要原因在于上市银行表外资产规模更大，杠杆风险暴露更充分。

表5-8　上市特征对传统表外业务与盈利和风险关系的影响分析

VARIABLES	上市银行				非上市银行			
	ROA	Z _ S	Z _ P	Z _ L	ROA	Z _ S	Z _ P	Z _ L
OBS	0. 016	- 0. 528	0. 051	- 0. 591	0. 019	0. 187	0. 036	0. 129
	(5. 28) ***	(- 2. 33) **	(2. 31) **	(- 1. 87) *	(4. 57) ***	(1. 12)	(2. 72) ***	(0. 40)

续表

VARIABLES	上市银行				非上市银行			
	ROA	Z_S	Z_P	Z_L	ROA	Z_S	Z_P	Z_L
Direct	-0.003 (-3.49)***	0.017 (0.26)	-0.026 (-5.59)***	0.041 (0.56)	-0.006 (-6.43)***	0.074 (1.54)	-0.024 (-8.15)***	0.093 (1.21)
GDP	-0.019 (-1.04)	-2.588 (-1.86)*	-0.192 (-1.75)*	-2.358 (-1.59)	-0.005 (-0.19)	-0.960 (-0.91)	0.001 (0.01)	-0.797 (-0.31)
CPI	0.003 (0.40)	1.256 (1.78)*	0.061 (1.38)	1.197 (1.76)*	-0.007 (-0.58)	1.305 (2.20)**	-0.029 (-0.69)	1.250 (1.09)
Compete	0.006 (1.49)	-0.133 (-0.45)	0.011 (0.46)	-0.152 (-0.31)	0.013 (2.95)***	-0.104 (-0.45)	0.042 (2.53)**	-0.146 (-0.84)
Equity_Ratio	0.036 (3.94)***	6.031 (7.66)***	0.172 (2.33)**	5.892 (4.65)***	0.038 (3.94)***	5.579 (16.21)***	0.088 (3.49)***	5.473 (6.64)***
NIM	0.339 (7.66)***	1.522 (0.70)	1.155 (4.49)***	0.328 (0.15)	0.241 (8.48)***	0.607 (0.60)	0.624 (8.51)***	-0.045 (-0.04)
Other	0.005 (2.02)*	0.287 (1.76)*	0.024 (1.61)	0.260 (1.72)*	0.004 (3.41)***	-0.021 (-0.45)	0.010 (3.02)***	-0.034 (-0.62)
Credit	0.013 (0.74)	-2.711 (-2.22)**	0.103 (0.82)	-2.840 (-2.24)**	0.020 (0.96)	3.497 (4.31)***	0.001 (0.01)	3.294 (1.34)
Liquid	-0.009 (-5.08)***	0.066 (0.46)	-0.044 (-3.29)***	0.118 (0.80)	-0.005 (-1.89)*	0.120 (1.08)	-0.013 (-1.43)	0.133 (0.72)
Loan_Ratio	0.013 (3.34)***	-0.416 (-1.70)*	0.060 (2.37)**	-0.483 (-2.09)**	0.011 (3.11)***	-0.971 (-6.36)***	0.041 (3.37)***	-0.994 (-3.04)***
Size	0.001 (0.61)	-0.021 (-0.43)	-0.002 (-0.34)	-0.018 (-0.32)	-0.001 (-0.99)	-0.183 (-6.82)***	0.000 (-0.05)	-0.174 (-1.51)
Cost	-0.394 (-10.21)***	-1.584 (-0.53)	-1.392 (-5.52)***	-0.236 (-0.06)	-0.312 (-6.56)***	-0.143 (-0.09)	-0.875 (-7.38)***	0.673 (0.45)
Constant	-0.002 (-0.15)	1.384 (1.72)*	0.103 (1.25)	1.256 (1.40)	0.014 (1.33)	2.529 (6.86)***	0.037 (1.09)	2.387 (1.71)*
Obs.	250	250	250	250	839	839	839	839
Bank	39	39	39	39	154	154	154	154
Model F	58.67	11.65	33.79	9.94	29.55	35.29	70.59	5.37
Adj R2	0.723	0.288	0.612	0.388	0.506	0.259	0.456	0.388

注：各方程均采用固定效应回归方法，括号内为经过聚类稳健标准误调整后的 T 值。 * 、 ** 、 *** 分别表示在 10%、5% 和 1% 的水平上统计显著。

2. 针对国有银行和非国有银行的进一步讨论

相比非金融企业国有产权通常具有的低效率，金融机构中国有产权属性对创新和经营绩效的作用更为积极（黄佳妮，2007；朱明星，2013）。银行国有股权具有资源垄断性和政策支持优势，因而通常对绩效产生积极影响；与此同时，相比全国性银行，地方性银行容易受到地方政府出于地方利益和官位升迁而干预经营，而这一影响主要体现在信贷业务集中度和信贷流向方面（赵尚梅等，2012；祝继高等，2012）。

（1）国有产权属性对传统表外业务与净利差关系的影响分析

如表5-9所示，国有产权属性对于传统表外业务与净利差关系具有一定程度的影响，传统表外业务（OBS）回归系数在国有银行分组中具有更高的显著性水平，这进一步印证了第四章的研究结论，国有银行具有更高的积极性拓展表外业务以应对竞争。在交叉销售策略上，国有产权属性并未产生积极影响，综上分析，交叉销售策略应用在我国仍处于起步阶段，对商业银行技术基础和人力、管理等软硬实力要求均较高。

表5-9　国有产权属性对传统表外业务与净利差关系的影响分析

VARIABLES	国有银行	非国有银行	国有银行	非国有银行
OBS	-0.035	-0.024	-0.022	-0.002
	(-4.24)***	(-1.86)*	(-1.49)	(-0.09)
Credit	0.050	0.066	0.082	0.120
	(1.01)	(0.80)	(1.27)	(0.98)
OBS × Credit			-0.485	-0.795
			(-0.75)	(-0.98)
Other	-0.028	-0.036	-0.029	-0.036
	(-10.53)***	(-9.44)***	(-10.21)***	(-9.40)***
Power	-0.034	-0.034	-0.034	-0.033
	(-0.89)	(-0.61)	(-0.88)	(-0.63)
Equity _ Ratio	0.101	0.045	0.103	0.046
	(3.96)***	(1.57)	(4.00)***	(1.64)
Intr _ Risk	-1.427	-0.877	-1.427	-0.838
	(-2.20)**	(-1.10)	(-2.19)**	(-1.06)
Loan	0.001	0.005	0.001	0.004
	(0.70)	(1.62)	(0.65)	(1.59)

续表

VARIABLES	国有银行	非国有银行	国有银行	非国有银行
Intangible	0.000	0.000	0.000	0.000
	(8.66)***	(3.36)***	(8.63)***	(3.67)***
GDP	0.141	0.191	0.139	0.192
	(2.42)**	(1.98)*	(2.37)**	(2.05)**
CPI	-0.021	-0.025	-0.021	-0.029
	(-0.91)	(-0.55)	(-0.91)	(-0.67)
Direct	-0.017	-0.013	-0.017	-0.013
	(-5.93)***	(-3.16)***	(-5.92)***	(-3.18)***
Constant	0.046	-0.022	0.047	-0.023
	(1.44)	(-0.39)	(1.45)	(-0.41)
Obs.	630	334	630	334
Bank	123	77	123	77
Model F	33.43	17.86	31.45	16.2
Adj R2	0.569	0.568	0.569	0.57

注：各方程均采用固定效应回归方法，括号内为经过聚类稳健标准误调整后的 T 值。*、**、***分别表示在 10%、5%和 1%的水平上统计显著。

（2）国有产权属性对传统表外业务与盈利和风险关系的影响分析

如上文献分析，银行业国有产权属性通常意味着资源优势和较高的经营管理水平，而地方政府干预主要体现在信贷业务上。如表 5-10 所示，表外业务对盈利水平和资产组合风险的影响在国有和非国有银行间并无显著差异，而在杠杆风险和破产风险上，非国有银行分组回归中，表外业务发展水平（OBS）系数值为负。

表 5-10 国有产权属性对传统表外业务与盈利和风险关系的影响分析

VARIABLES	国有银行				非国有银行			
	ROA	Z_S	Z_P	Z_L	ROA	Z_S	Z_P	Z_L
OBS	0.017	0.372	0.025	0.317	0.029	-0.101	0.075	-0.185
	(4.30)***	(0.96)	(2.03)**	(0.87)	(5.43)***	(-0.34)	(3.98)***	(-0.63)
Direct	-0.006	0.114	-0.028	0.138	-0.002	0.040	-0.016	0.055
	(-6.70)***	(1.35)	(-9.04)***	(1.69)*	(-1.97)*	(0.50)	(-3.28)***	(0.67)
GDP	-0.002	-3.682	-0.069	-3.455	-0.036	-1.371	-0.231	-1.123
	(-0.11)	(-1.51)	(-0.84)	(-1.47)	(-1.43)	(-0.57)	(-2.01)**	(-0.46)

续表

VARIABLES	国有银行				非国有银行			
	ROA	Z_S	Z_P	Z_L	ROA	Z_S	Z_P	Z_L
CPI	-0.014	2.551	0.007	2.464	0.029	0.741	0.141	0.622
	(-1.11)	(2.25)**	(0.15)	(2.28)**	(2.46)**	(0.77)	(2.52)**	(0.63)
Compete	0.013	-0.072	0.021	-0.095	0.003	-0.041	0.009	-0.062
	(2.61)**	(-0.36)	(1.13)	(-0.49)	(0.50)	(-0.08)	(0.39)	(-0.12)
Equity_Ratio	0.047	5.008	0.107	4.882	0.025	6.548	0.088	6.463
	(4.71)***	(6.04)***	(3.33)***	(5.94)***	(2.52)**	(4.79)***	(1.81)*	(4.74)***
NIM	0.225	0.080	0.606	-0.582	0.248	2.478	0.713	1.740
	(7.84)***	(0.06)	(8.34)***	(-0.43)	(5.30)***	(1.19)	(5.00)***	(0.82)
Other	0.003	-0.075	0.008	-0.085	0.007	-0.018	0.021	-0.041
	(2.18)**	(-1.12)	(1.80)*	(-1.27)	(3.95)***	(-0.23)	(3.84)***	(-0.52)
Credit	0.028	4.639	0.035	4.340	0.006	-0.452	-0.026	-0.439
	(1.05)	(1.46)	(0.47)	(1.45)	(0.17)	(-0.27)	(-0.20)	(-0.26)
Liquid	-0.004	0.057	-0.015	0.068	-0.009	0.193	-0.035	0.233
	(-1.45)	(0.32)	(-1.52)	(0.39)	(-2.71)***	(0.80)	(-2.43)**	(0.97)
Loan_Ratio	0.010	-0.970	0.037	-0.978	0.014	-1.049	0.075	-1.132
	(2.40)**	(-2.47)**	(2.74)***	(-2.64)***	(2.67)***	(-2.81)***	(3.53)***	(-2.96)***
Size	-0.001	-0.268	-0.001	-0.256	-0.002	-0.171	-0.005	-0.166
	(-0.68)	(-1.99)**	(-0.36)	(-2.02)**	(-1.92)*	(-1.88)*	(-1.15)	(-1.79)*
Cost	-0.309	0.725	-0.899	1.523	-0.242	-0.219	-0.841	0.661
	(-4.96)***	-0.38	(-5.23)***	(0.83)	(-4.20)***	(-0.10)	(-4.45)***	(0.30)
Constant	0.012	4.008	0.064	3.805	0.026	2.650	0.110	2.534
	(1.02)	(2.34)**	(1.70)*	(2.36)**	(2.24)**	(2.45)**	(1.90)*	(2.30)**
Obs.	630	630	630	630	334	334	334	334
Bank	123	123	123	123	77	77	77	77
Model F	25.92	7.13	50.71	6.82	19.03	6.572	24.80	5.91
Adj R2	0.531	0.421	0.481	0.413	0.519	0.419	0.487	0.408

注：各方程均采用固定效应回归方法，括号内为经过聚类稳健标准误调整后的 T 值。＊、＊＊、＊＊＊分别表示在10％、5％和1％的水平上统计显著。

表5-11 提供了城商行国有股权性质分组回归的结果，表外业务降低了资产组合风险（Z_P），且均具有统计显著性；而在破产风险（Z_S）和杠

杆风险（Z_L）的回归分析中，非国有银行系数为负，国有银行系数为正，表外业务更可能增加非国有城商行的破产风险和杠杆风险。

表 5－11　　　　　　　城商行国有产权属性的分组回归结果

VARIABLES	国有城商行				非国有城商行			
	ROA	Z_S	Z_P	Z_L	ROA	Z_S	Z_P	Z_L
OBS	0.017	0.503	0.026	0.435	0.022	−0.229	0.071	−0.303
	(3.47)***	(0.91)	(1.87)*	(0.84)	(3.44)***	(−0.47)	(2.46)**	(−0.62)
Direct	−0.006	0.164	−0.024	0.182	0.001	0.000	−0.012	0.010
	(−4.42)***	(1.46)	(−5.04)***	(1.70)*	(0.40)	(0.00)	(−1.61)	(0.08)
GDP	0.024	−3.845	0.088	−3.730	−0.080	−3.286	−0.308	−2.965
	(0.89)	(−1.37)	(0.81)	(−1.40)	(−2.82)***	(−1.14)	(−2.36)**	(−1.01)
CPI	−0.048	2.851	−0.220	2.952	0.029	0.368	0.070	0.286
	(−2.51)**	(1.87)*	(−3.67)***	(2.05)**	(1.61)	(0.27)	(0.80)	(0.21)
HHI	0.029	−0.071	0.126	−0.190	0.012	−0.161	0.041	−0.203
	(4.85)***	(−0.17)	(6.03)***	(−0.46)	(1.30)	(−0.25)	(1.08)	(−0.31)
Equity_Ratio	0.037	4.427	0.059	4.318	0.022	6.277	0.133	6.136
	(2.84)***	(5.50)***	(1.83)*	(5.62)***	(1.84)*	(3.31)***	(1.98)*	(3.25)***
NIM	0.206	1.534	0.579	0.856	0.188	6.535	0.646	5.842
	(5.97)***	(0.84)	(6.18)***	(0.49)	(3.48)***	(2.04)**	(3.01)***	(1.82)*
Other	0.002	−0.027	0.005	−0.034	0.005	0.075	0.022	0.051
	(1.06)	(−0.45)	(1.12)	(−0.58)	(2.63)**	(0.97)	(3.05)***	(0.69)
Credit	0.046	5.392	0.072	5.026	−0.048	−2.375	−0.165	−2.223
	(1.37)	(1.55)	(0.76)	(1.54)	(−1.12)	(−1.11)	(−0.80)	(−1.05)
Liquid	−0.005	0.167	−0.024	0.181	−0.012	0.175	−0.052	0.226
	(−1.00)	(0.59)	(−1.51)	(0.69)	(−3.06)***	(0.67)	(−2.95)***	(0.87)
Loan_Ratio	0.010	−1.103	0.046	−1.104	0.021	−1.205	0.095	−1.305
	(1.66)	(−1.98)*	(2.37)**	(−2.12)**	(3.86)***	(−2.56)**	(3.26)***	(−2.69)**
Size	−0.001	−0.296	0.000	−0.283	−0.001	−0.204	−0.003	−0.202
	(−0.53)	(−1.93)*	(0.13)	(−1.97)*	(−1.29)	(−1.98)*	(−0.53)	(−1.93)*
Cost	−0.344	1.969	−1.014	2.842	−0.237	−3.517	−0.795	−2.556
	(−5.11)***	(0.67)	(−4.99)***	(1.02)	(−3.06)***	(−1.13)	(−2.87)***	(−0.79)
Constant	0.009	4.051	0.029	3.865	0.020	3.383	0.089	3.296
	(0.77)	(2.21)**	(0.69)	(2.24)**	(1.86)*	(2.83)***	(1.42)	(2.70)**

VARIABLES	国有城商行				非国有城商行			
	ROA	Z_S	Z_P	Z_L	ROA	Z_S	Z_P	Z_L
Obs.	371	371	371	371	169	169	169	169
Bank	76	76	76	76	39	39	39	39
Model F	20.4	7.16	43.26	6.78	8.65	18.69	9.03	16.78
Adj R2	0.525	0.458	0.498	0.458	0.447	0.494	0.397	0.487

注：各方程均采用固定效应回归方法，括号内为经过聚类稳健标准误调整后的 T 值。*、**、*** 分别表示在 10%、5% 和 1% 的水平上统计显著。

表 5-12 针对农商行的分组回归显示，表外业务显著降低了非国有农商行的资产组合风险（Z_P），显著增大了破产风险（Z_S）和杠杆风险（Z_L）。综上可见，表外业务对非国有银行风险的影响效应在农商行分组中体现更为明显。值得注意的是，在国有农商行的分组回归中，表外业务对资产收益率（ROA）的影响系数为正，但并不具有统计显著性。

表 5-12　　　　　　　农商行国有产权属性的分组回归结果

VARIABLES	国有农商行				非国有农商行			
	ROA	Z_S	Z_P	Z_L	ROA	Z_S	Z_P	Z_L
OBS	0.010	0.311	-0.014	0.323	0.075	-1.829	0.126	-1.949
	(0.82)	(0.53)	(-0.41)	-0.54	(4.72)***	(-1.83)*	(2.26)**	(-2.05)**
Direct	-0.004	-0.154	-0.018	-0.137	0.001	-0.036	-0.007	-0.027
	(-2.32)**	(-1.39)	(-3.14)***	(-1.22)	(0.44)	(-0.38)	(-1.30)	(-0.30)
GDP	-0.006	3.606	-0.054	3.670	-0.088	-0.046	-0.165	0.089
	(-0.11)	(0.90)	(-0.25)	(0.91)	(-1.65)	(-0.02)	(-1.05)	(0.04)
CPI	-0.040	-1.392	-0.088	-1.307	0.022	0.695	0.053	0.657
	(-1.48)	(-0.74)	(-1.01)	(-0.69)	(0.79)	(0.73)	(0.56)	(0.70)
HHI	-0.037	-0.559	-0.165	-0.396	-0.032	2.547	-0.146	2.703
	(-1.94)*	(-0.46)	(-2.12)**	(-0.32)	(-1.69)	(2.17)**	(-2.88)***	(2.31)**
Equity_Ratio	0.051	7.702	0.170	7.533	0.056	6.470	0.098	6.387
	(3.41)***	(3.79)***	(3.13)***	(3.67)***	(3.17)***	(4.20)***	(1.32)	(4.17)***
NIM	0.309	-3.874	0.629	-4.519	0.227	1.465	0.533	0.956
	(5.86)***	(-0.96)	(4.66)***	(-1.10)	(4.45)***	(0.43)	(2.78)***	(0.28)

续表

VARIABLES	国有农商行				非国有农商行			
	ROA	Z_S	Z_P	Z_L	ROA	Z_S	Z_P	Z_L
Other	0.008	−0.191	0.016	−0.207	0.010	−0.022	0.017	−0.038
	(3.47)***	(−1.04)	(2.20)**	(−1.11)	(4.33)***	(−0.13)	(2.56)**	(−0.23)
Credit	0.015	−2.113	0.018	−2.135	−0.006	2.075	−0.152	2.243
	(0.43)	(−0.78)	(0.15)	(−0.81)	(−0.12)	(1.38)	(−0.81)	(1.54)
Liquid	0.001	0.025	0.016	0.009	0.001	0.142	0.022	0.114
	(0.14)	(0.08)	(1.06)	(0.03)	(0.17)	(0.23)	(0.64)	(0.19)
Loan_Ratio	0.010	−1.284	0.006	−1.290	−0.012	−0.837	−0.011	−0.827
	(1.48)	(−1.83)*	(0.27)	(−1.82)*	(−1.29)	(−1.25)	(−0.41)	(−1.23)
Size	−0.004	−0.038	−0.014	−0.023	−0.011	−0.039	−0.027	−0.013
	(−1.86)*	(−0.33)	(−1.85)*	(−0.20)	(−4.24)***	(−0.31)	(−5.21)***	(−0.10)
Cost	−0.404	−0.693	−0.993	0.318	−0.360	0.001	−1.035	1.004
	(−4.56)***	(−0.19)	(−3.81)***	(0.09)	(−4.96)***	(0.000)	(−4.33)***	(0.34)
Constant	0.048	1.133	0.199	0.931	0.132	0.722	0.341	0.396
	(1.73)*	(0.73)	(1.96)*	(0.59)	(4.07)***	(0.48)	(5.57)***	(0.26)
Obs.	169	169	169	169	135	135	135	135
Bank	35	35	35	35	34	34	34	34
Model F	14.94	2.30	51.99	1.98	16.09	6.11	28.81	5.26
Adj R2	0.669	0.414	0.590	0.393	0.676	0.398	0.625	0.383

注：各方程均采用固定效应回归方法，括号内为经过聚类稳健标准误调整后的 T 值。*、**、*** 分别表示在 10%、5% 和 1% 的水平上统计显著。

五、稳健性检验

为保证研究结论的稳健性，本部分做了如下几个方面的分析：

1. 考虑传统表外业务与净利差的内生性问题。表外业务发展水平与信贷业务利差均受到相同因素的影响，因而可能存在内生性问题（Stiroh，2006；Laeven 和 Levin，2007；Nguyen，2012；于研、魏文臻杰，2015）。基于上文结论，本研究采用工具变量法进行稳健性检验，设定表外业务（OBS）为内生解释变量，其前两期滞后变量为工具变量，采用两阶段最小二乘法进行分析。

　　表 5 – 13 提供了工具变量法检验结果。全样本回归在控制银行类型因素后，表外业务发展水平（OBS）与净利差呈现显著的负向关系，与前文的结论一致。全国性银行分组回归中，表外业务发展水平回归系数不再显著，进一步印证了交叉销售策略分析，以往研究关于全国性银行表外业务与净利差存在负向关系的结论可能源自于遗漏变量导致的内生性问题；在城商行分组回归中，表外业务发展水平（OBS）与净利差的关系仍然显著为负；而在农商行分组中表外业务发展水平（OBS）的回归系数不再显著，与前文的结论一致。

表 5 – 13　　　　　　　　　工具变量法稳健性检验

VARIABLES	全样本		全国性银行		城商行		农商行	
	2SLS	1 _ Stage	2SLS	1 _ Stage	2SLS	1 _ Stage	2SLS	1 _ Stage
	NIM	OBS	NIM	OBS	NIM	OBS	NIM	OBS
L. OBS		0.645 (7.47) ***		0.861 (4.80) ***		0.587 (5.30) ***		0.582 (3.58) ***
L2. OBS		−0.110 (−1.53)		−0.356 (−2.17) **		−0.147 (−1.76) *		−0.078 (−0.50)
OBS	−0.033 (−2.73) ***		−0.011 (−0.98)		−0.033 (−1.80) *		−0.028 (−0.94)	
Other	−0.028 (−7.64) ***		0.001 (0.06)		−0.026 (−6.46) ***		−0.034 (−4.76) ***	
Credit	0.076 (2.00) **	0.489 (1.98) **	−0.118 (−1.19)	1.010 (0.99)	0.125 (2.58) ***	0.607 (1.92) *	−0.089 (−1.43)	0.019 (0.06)
Compete	−0.134 (−2.32) **	−0.188 (−0.62)	−0.047 (−0.42)	1.486 (1.45)	−0.196 (−1.04)	−2.560 (−1.97) **	−0.109 (−1.29)	−0.103 (−0.29)
Equity _ Ratio	0.037 (2.71) ***	−0.064 (−0.71)	0.054 (0.81)	1.012 (1.57)	0.016 (1.01)	−0.212 (−1.81) *	0.072 (2.75) ***	0.236 (2.19) **
Intr _ Risk	−1.941 (−3.89) ***	6.048 (2.28) **	−0.196 (−0.28)	8.454 (0.91)	−2.088 (−2.56) ***	10.326 (2.40) **	−1.482 (−2.22) **	4.332 (1.31)
Loan	0.004 (3.57) ***	−0.006 (−0.75)	0.002 (0.74)	0.113 (3.59)	0.004 (2.90) ***	−0.009 (−0.84)	0.002 (0.66)	0.013 (0.76)
Intangible	0.790 (10.79) ***	0.384 (1.04)	0.000 (2.28) **	0.000 (−0.23)	0.947 (10.07) ***	0.861 (1.84) *	0.487 (5.56) ***	−0.355 (−0.59)

VARIABLES	全样本		全国性银行		城商行		农商行	
	2SLS	1_Stage	2SLS	1_Stage	2SLS	1_Stage	2SLS	1_Stage
	NIM	OBS	NIM	OBS	NIM	OBS	NIM	OBS
CPI	-0.396	1.356	-0.336	-0.099	-0.426	1.389	-0.259	1.675
	(-6.97)***	(5.38)***	(-4.48)***	(-0.16)	(-5.11)***	(3.35)***	(-2.55)**	(4.79)***
GDP	0.856	-2.424	0.653	1.399	0.900	-2.741	0.647	-2.272
	(7.86)***	(-5.03)***	(4.86)***	(1.36)	(5.47)***	(-3.42)***	(3.35)***	(-3.55)***
Direct	-0.014	0.016	-0.005	-0.012	-0.018	0.027	-0.005	0.025
	(-6.34)***	(1.52)	(-1.89)**	(-0.29)	(-4.95)***	-1.60	(-1.89)*	(1.62)
Obs.	589	589	74	74	331	331	184	184
Banks	139	139	15	15	80	80	44	44
Model F	82.56	21.23	26.16	27.65	44.49	11.38	55.60	5.78
Adj R2	0.710	0.412	0.736	0.865	0.697	0.385	0.775	0.326

注：全样本联合弱工具变量 AR 检验卡方值 29.62，P 值 0.000；识别不足 LM 检验卡方值 40.521，P 值 0.000；过度识别 Hansen_J 检验卡方值 2.108，P 值 0.349。全国性银行分组回归中，联合弱工具变量 AR 检验卡方值 8.81，P 值 0.031；识别不足 LM 检验卡方值 8.812，P 值 0.031；过度识别 Hansen_J 检验卡方值 1.889，P 值 0.388。城商行分组回归中，联合弱工具变量 AR 检验卡方值 21.98，P 值 0.000；识别不足 LM 检验卡方值 30.223，P 值 0.000；过度识别 Hansen_J 检验卡方值 2.612，P 值 0.270。农商行分组回归中，联合弱工具变量 AR 检验卡方值 19.05，P 值 0.000；识别不足 LM 检验卡方值 11.115，P 值 0.011；过度识别 Hansen_J 检验卡方值 3.647，P 值 0.161。

2. 传统表外业务对股东绩效和风险的影响。表外资产相比表内资产对资本金具有更低的要求，因而采用净资产收益率衡量的盈利和风险将与总资产收益率存在一定差异。表 5-14 提供了表外业务发展对净资产收益率的影响，整体而言，显著提升了收益水平；相比而言，影响系数更大，对净资产收益率的提升效果较之总资产收益率更大。

表 5-14　　　　传统表外业务对股东盈利影响的回归结果

VARIABLES	全样本	全国性银行	城商行	农商行
OBS	0.201	0.207	0.159	0.266
	(5.45)***	(3.35)***	(3.49)***	(2.26)**
Direct	-0.077	-0.052	-0.079	-0.049
	(-8.06)***	(-2.10)*	(-5.82)***	(-2.82)***

VARIABLES	全样本	全国性银行	城商行	农商行
GDP	0.178	0.190	0.541	-0.290
	(0.66)	(0.37)	(1.47)	(-0.54)
CPI	-0.120	-0.242	-0.403	0.059
	(-0.95)	(-1.02)	(-2.18)**	(-0.25)
Compete	0.081	-2.342	0.191	-0.108
	(1.53)	(-2.83)**	(2.46)**	(-0.54)
Equity_Ratio	-0.939	-2.023	-1.034	-0.713
	(-9.39)***	(-4.11)***	(-8.07)***	(-4.65)***
NIM	2.982	6.353	2.581	3.576
	(8.93)***	(5.41)***	(6.20)***	(7.24)***
Other	0.046	-0.040	0.028	0.101
	(3.09)***	(-0.55)	(1.62)	(4.37)***
Credit	-0.010	0.566	0.122	0.045
	(-0.05)	(0.60)	(0.41)	(0.12)
Liquid	-0.071	-0.062	-0.072	-0.013
	(-2.42)**	(-1.13)	(-1.81)*	(-0.24)
Loan_Ratio	0.114	-0.025	0.101	0.129
	(2.57)**	(-0.24)	(1.81)*	(1.35)
Size	-0.004	-0.035	0.000	-0.035
	(-0.57)	(-1.52)	(0.02)	(-1.50)
Cost	-4.549	-5.395	-4.189	-5.581
	(-8.46)***	(-4.94)***	(-6.47)***	(-6.40)***
Constant	0.261	1.089	0.191	0.545
	(2.34)**	(3.21)***	(1.44)	(1.85)*
Obs.	1089	123	619	347
Bank	193	17	108	68
Model F	54.43	308.20	27.71	29.00
Adj R2	0.514	0.725	0.513	0.548

注：各方程均采用固定效应回归方法，括号内为经过聚类稳健标准误调整后的 T 值。*、**、***分别表示在10%、5%和1%的水平上统计显著。

表5-15 提供了表外业务对净资产收益率计算衡量的风险影响水平。相比而言，减小了其对风险的负向影响，在全样本回归中，显著降低了整体破产风险；在全国性银行分组回归中，减小了资产组合风险，并且综合降低了破产风险；在农商行分组回归中，显著降低了资产组合风险。采用净资产收益率衡量的风险水平低于总资产收益率衡量的风险水平。

表 5-15 传统表外业务对股东风险影响的回归结果

VARIABLES	全样本			全国性银行			城商行			农商行		
	Z_S	Z_P	Z_L	Z_S	Z_P	Z_L	Z_S	Z_P	Z_L	Z_S	Z_P	Z_L
OBS	0.060	0.037	0.007	0.045	0.075	-0.030	0.062	0.028	0.008	0.045	0.062	-0.015
	(2.14)**	(3.91)***	(0.47)	(2.35)**	(4.09)***	(-2.47)**	(1.50)	(2.32)**	(0.41)	(1.37)	(2.20)**	(-0.57)
Direct	-0.017	-0.025	0.004	-0.018	-0.031	0.012	-0.010	-0.021	0.006	-0.023	-0.019	-0.004
	(-2.46)**	(-9.20)***	(1.01)	(-2.45)**	(-3.67)***	(4.58)***	(-1.17)	(-5.86)***	(1.25)	(-3.34)***	(-3.84)***	(-0.73)
GDP	-0.090	0.068	-0.046	-0.087	0.231	-0.318	-0.180	0.084	-0.116	0.257	-0.073	0.324
	(-0.49)	(0.95)	(-0.41)	(-0.52)	(1.24)	(-6.00)***	(-0.82)	(0.92)	(-0.88)	(1.13)	(-0.46)	(1.97)*
CPI	0.073	-0.043	0.066	0.031	-0.153	0.183	0.073	-0.111	0.107	-0.078	0.002	-0.078
	(0.77)	(-1.25)	(1.26)	(0.41)	(-1.68)	(5.10)***	(0.51)	(-2.25)**	(1.47)	(-0.75)	(0.03)	(-1.13)
Compete	0.027	0.026	0.000	-0.806	-0.961	0.156	0.054	0.068	-0.007	-0.025	-0.012	-0.013
	(1.47)	(1.83)*	(0.03)	(-2.33)**	(-2.73)**	(1.00)	(1.63)	(3.08)***	(-0.41)	(-0.34)	(-0.21)	(-0.22)
Equity_Ratio	0.150	-0.215	0.348	-0.530	-0.706	0.176	0.135	-0.212	0.318	0.246	-0.211	0.450
	(2.98)***	(-8.92)***	(10.39)***	(-5.47)***	(-6.08)***	(2.11)*	(1.81)*	(-7.21)***	(9.06)***	(3.39)***	(-4.86)***	(6.11)***
NIM	0.691	0.602	0.041	1.911	1.968	-0.057	0.614	0.475	0.079	0.696	0.764	-0.065
	(5.99)***	(7.95)***	(0.71)	(4.76)***	(5.05)***	(-0.43)	(4.25)***	(5.17)***	(1.20)	(4.18)***	(6.15)***	(-0.48)
Other	0.012	0.011	-0.002	0.007	0.015	-0.008	0.010	0.006	-0.001	0.015	0.021	-0.006
	(1.92)*	(3.16)***	(-0.67)	(0.39)	(0.86)	(-0.91)	(1.26)	(1.55)	(-0.20)	(1.84)*	(3.49)***	(-1.01)

续表

VARIABLES	全样本 Z_S	Z_P	Z_L	全国性银行 Z_S	Z_P	Z_L	城商行 Z_S	Z_P	Z_L	农商行 Z_S	Z_P	Z_L
Credit	0.322	0.025	0.147	0.057	-0.057	0.114	0.395	0.053	0.161	0.020	0.022	-0.003
	(1.29)	(0.47)	(1.21)	(0.23)	(-0.21)	(0.92)	(1.30)	(0.82)	(1.11)	(0.14)	(0.21)	(-0.03)
Liquid	-0.016	-0.016	0.004	-0.030	-0.027	-0.003	-0.010	-0.015	0.008	-0.007	-0.004	-0.002
	(-1.41)	(-2.18)**	(0.47)	(-1.98)*	(-1.45)	(-0.36)	(-0.63)	(-1.62)	(1.02)	(-0.39)	(-0.27)	(-0.08)
Loan_Ratio	-0.027	0.034	-0.047	0.001	0.002	-0.002	-0.043	0.027	-0.052	-0.007	0.048	-0.056
	(-1.07)	(3.20)***	(-3.48)***	(0.02)	(0.07)	(-0.18)	(-1.36)	(2.10)**	(-3.07)***	(-0.25)	(1.94)*	(-2.54)**
Size	-0.016	0.000	-0.009	-0.013	-0.009	-0.004	-0.020	-0.001	-0.011	-0.007	-0.007	0.000
	(-1.55)	(-0.23)	(-1.63)	(-2.43)**	(-1.26)	(-1.80)*	(-1.73)*	(-0.46)	(-1.72)*	(-0.90)	(-1.07)	(0.05)
Cost	-1.030	-0.996	-0.057	-1.151	-1.255	0.104	-0.846	-0.896	-0.025	-1.358	-1.268	-0.084
	(-7.17)***	(-8.36)***	(-0.68)	(-3.21)***	(-3.39)***	(0.61)	(-4.09)***	(-6.55)***	(-0.20)	(-5.52)***	(-5.91)***	(-0.55)
Constant	0.294	0.068	0.142	0.446	0.349	0.097	0.333	0.069	0.163	0.156	0.135	0.024
	(2.26)**	(2.49)**	(1.99)**	(4.69)***	(3.33)***	(3.31)***	(2.37)**	(2.14)**	(2.04)**	(1.59)	(1.55)	(0.42)
Obs.	1089	1089	1089	123	123	123	619	619	619	347	347	347
Bank	193	193	193	17	17	17	108	108	108	68	68	68
Model F	40.55	75.53	12.76	215.40	232.20	95.97	17.97	38.51	13.26	27.16	29.50	5.11
Adj R2	0.388	0.474	0.412	0.726	0.779	0.626	0.358	0.447	0.436	0.491	0.502	0.410

注：各方程均采用固定效应回归方法，括号内为经过聚类稳健标准误调整后的 T 值。*、**、*** 分别表示在10%、5%和1%的水平上统计显著。

　　与此同时，本研究针对上市与非上市银行以及国有产权和非国有产权属性分别检验传统表外业务对股东绩效和风险的影响。表 5 - 16 提供了上市因素对表外业务净资产收益率衡量的绩效和风险影响差异，在上市银行和非上市银行的分组回归中，表外业务均显著提升了经营绩效（ROE），且具有 1% 的显著性水平；在风险影响上，表外业务显著降低了资产组合风险（Z _ P），分别具有 5% 和 1% 的显著性水平，在杠杆风险（Z _ L）和破产风险（Z _ S）影响上，相比前文表外业务显著增大了上市银行的杠杆风险和破产风险，表 5 - 16 中变量系数均为正，且在非上市银行中破产风险（Z _ S）系数为正，并具有 5% 的显著性水平。由此可见，采用净资产收益率衡量会高估收益、低估风险。

表 5 - 16　　上市银行与非上市银行股东盈利和风险影响的分组回归结果

VARIABLES	上市银行				非上市银行			
	ROE	Z _ S	Z _ P	Z _ L	ROE	Z _ S	Z _ P	Z _ L
OBS	0.187	0.010	0.039	- 0.028	0.189	0.072	0.038	0.013
	(4.34) ***	(0.40)	(2.06) **	(- 1.58)	(3.91) ***	(2.02) **	(3.14) ***	(0.73)
Direct	- 0.034	- 0.016	- 0.020	0.004	- 0.083	- 0.016	- 0.024	0.004
	(- 1.78) *	(- 3.04) ***	(- 3.53) ***	(1.32)	(- 7.47) ***	(- 1.96) *	(- 7.94) ***	(0.77)
GDP	- 0.556	- 0.307	- 0.139	- 0.168	0.278	- 0.053	0.066	0.027
	(- 1.81) *	(- 2.93) ***	(- 1.21)	(- 2.95) ***	(0.80)	(- 0.23)	(0.75)	(0.19)
CPI	0.170	0.103	0.029	0.074	- 0.151	0.081	- 0.039	0.055
	(1.06)	(1.85) *	(0.60)	(2.33) **	(- 0.91)	(0.66)	(- 0.91)	(0.83)
HHI	0.087	0.051	0.039	0.012	0.090	0.018	0.028	- 0.008
	(1.12)	(1.17)	(1.48)	(0.38)	(1.43)	(0.84)	(1.73) *	(- 0.59)
Equity _ Ratio	- 1.457	- 0.204	- 0.492	0.288	- 0.911	0.189	- 0.190	0.356
	(- 6.43) ***	(- 2.72) ***	(- 8.69) ***	(5.10) ***	(- 8.40) ***	(3.35) ***	(- 7.96) ***	(9.73) ***
NIM	4.172	1.062	0.983	0.079	2.926	0.659	0.574	0.044
	(7.01) ***	(5.22) ***	(4.41) ***	(0.71)	(8.33) ***	(5.98) ***	(7.64) ***	(0.74)
Other	0.035	0.027	0.013	0.014	0.051	0.012	0.011	- 0.003
	(0.87)	(1.84) *	(1.22)	(1.77) *	(3.22) ***	(1.98) **	(3.23) ***	(- 0.88)
Credit	0.596	0.023	0.115	- 0.092	- 0.088	0.380	0.018	0.188
	(1.21)	(0.16)	(0.82)	(- 1.79) *	(- 0.36)	(1.35)	(0.33)	(1.37)

VARIABLES	上市银行				非上市银行			
	ROE	Z_S	Z_P	Z_L	ROE	Z_S	Z_P	Z_L
Liquid	-0.170	-0.057	-0.065	0.007	-0.043	-0.002	-0.003	0.003
	(-5.80)***	(-4.73)***	(-7.05)***	(0.95)	(-1.30)	(-0.17)	(-0.36)	(0.34)
Loan_Ratio	0.183	0.040	0.067	-0.027	0.104	-0.039	0.027	-0.050
	(2.45)**	(1.44)	(2.80)***	(-1.85)*	(2.13)**	(-1.41)	(2.38)**	(-3.21)***
Size	-0.015	-0.005	-0.001	-0.003	-0.004	-0.018	-0.002	-0.008
	(-1.01)	(-0.88)	(-0.22)	(-1.48)	(-0.49)	(-1.49)	(-0.73)	(-1.32)
Cost	-5.278	-1.299	-1.187	-0.112	-4.550	-1.003	-0.993	-0.040
	(-7.11)***	(-5.18)***	(-4.52)***	(-0.71)	(-7.82)***	(-6.50)***	(-8.03)***	(-0.43)
Constant	0.468	0.216	0.120	0.096	0.242	0.285	0.071	0.121
	(2.21)**	(2.65)**	(1.55)	(2.55)**	(1.97)*	(2.05)**	(2.41)**	(1.57)
Obs.	250	250	250	250	839	839	839	839
Bank	39	39	39	39	154	154	154	154
Model F	90.74	29.91	45.66	12.94	38.37	29.42	59.47	10.90
Adj R2	0.681	0.568	0.671	0.426	0.498	0.391	0.452	0.426

注：各方程均采用固定效应回归方法，括号内为经过聚类稳健标准误调整后的 T 值。 * 、 ** 、 *** 分别表示在 10% 、5% 和 1% 的水平上统计显著。

表 5-17 提供了国有产权性质对城商行表外业务净资产收益率衡量的绩效和风险影响差异，相比采用总资产收益率衡量而言，国有城商行分组中资产组合风险（Z_P）系数显著性水平更低（1%），破产风险（Z_S）系数为正且具有 10% 的统计显著性；非国有银行分组回归中破产风险（Z_S）系数由负转为正；在两组回归中，经营绩效（ROE）的系数显著性水平与前文保持一致，但系数绝对值均不同程度增大，同样证实存在高估收益、低估风险。

表 5-17　　城商行国有产权属性股东盈利和风险的分组回归结果

VARIABLES	国有城商行				非国有城商行			
	ROE	Z_S	Z_P	Z_L	ROE	Z_S	Z_P	Z_L
OBS	0.178	0.106	0.036	0.032	0.251	0.020	0.041	-0.023
	(3.48)***	(1.71)*	(2.82)***	(1.12)	(3.01)***	(0.53)	(1.39)	(-0.95)

VARIABLES	国有城商行				非国有城商行			
	ROE	Z_S	Z_P	Z_L	ROE	Z_S	Z_P	Z_L
Direct	-0.094	-0.009	-0.024	0.009	-0.028	-0.011	-0.013	0.000
	(-5.63)***	(-0.83)	(-6.00)***	(1.48)	(-1.17)	(-1.37)	(-1.62)	(0.03)
GDP	0.849	-0.112	0.259	-0.168	-0.375	-0.301	-0.225	-0.058
	(1.82)*	(-0.49)	(2.50)**	(-1.16)	(-0.64)	(-1.47)	(-1.54)	(-0.33)
CPI	-0.667	0.042	-0.238	0.176	0.303	-0.001	0.081	-0.069
	(-2.71)***	-0.26	(-3.90)***	(2.22)**	(0.94)	(-0.01)	(0.85)	(-0.81)
HHI	0.270	0.072	0.101	-0.014	0.007	0.051	0.024	0.014
	(2.93)***	(1.69)*	(4.26)***	(-0.55)	(0.05)	(1.00)	(0.49)	(0.31)
Equity_Ratio	-0.985	0.137	-0.201	0.297	-1.049	0.036	-0.281	0.299
	(-4.97)***	(1.26)	(-4.95)***	(7.36)***	(-4.26)***	(0.30)	(-4.11)***	(3.89)***
NIM	2.641	0.753	0.537	0.096	1.800	0.697	0.409	0.282
	(6.14)***	(3.19)***	(5.73)***	(1.04)	(2.19)**	(2.69)**	(1.87)*	(1.49)
Other	0.019	0.007	0.006	-0.002	0.071	0.010	0.014	-0.002
	(0.96)	(0.98)	(1.25)	(-0.70)	(2.82)***	(1.39)	(2.10)**	(-0.45)
Credit	0.215	0.603	0.106	0.243	-0.002	-0.150	0.013	-0.118
	(0.53)	(1.58)	(1.18)	(1.39)	(-0.00)	(-0.65)	(0.09)	(-0.95)
Liquid	-0.094	-0.001	-0.015	0.009	-0.083	-0.011	-0.021	0.012
	(-1.54)	(-0.02)	(-1.15)	(0.62)	(-1.56)	(-0.52)	(-1.39)	(1.10)
Loan_Ratio	0.178	-0.061	0.039	-0.061	0.135	-0.022	0.028	-0.054
	(2.27)**	(-0.98)	(2.21)**	(-2.15)**	(1.56)	(-0.72)	(1.30)	(-3.16)***
Size	0.009	-0.025	0.002	-0.015	-0.026	-0.015	-0.008	-0.007
	-0.99	(-1.70)*	(0.86)	(-1.86)*	(-1.53)	(-1.97)*	(-1.80)*	(-1.44)
Cost	-5.264	-0.833	-1.062	0.109	-2.378	-1.077	-0.651	-0.249
	(-7.14)***	(-2.58)**	(-6.47)***	(0.71)	(-2.03)**	(-4.42)***	(-2.43)**	(-1.10)
Constant	0.061	0.360	0.015	0.200	0.511	0.313	0.187	0.132
	(0.40)	(2.18)**	(0.45)	(2.12)**	(2.25)**	(3.41)***	(3.14)***	(2.20)**
Obs.	371	371	371	371	169	169	169	169
Bank	76	76	76	76	39	39	39	39
Model F	23.87	14.10	42.03	10.23	12.72	16.40	8.07	16.37
Adj R2	0.554	0.426	0.533	0.503	0.445	0.299	0.337	0.422

注：各方程均采用固定效应回归方法，括号内为经过聚类稳健标准误调整后的 T 值。*、**、***分别表示在 10%、5% 和 1% 的水平上统计显著。

表 5 - 18 提供了国有产权性质对农商行表外业务净资产收益率衡量的绩效和风险影响差异，在非国有农商行分组回归中，相比前文采用总资产收益率衡量，表外业务对绩效（ROE）提升的系数绝对值更大；对资产组合风险（Z＿P）的降低作用更明显，系数绝对值更大，统计显著性更高（1%）；整体破产风险（Z＿S）系数由负转为正，同样证实存在高估收益、低估风险。

表 5 - 18　　农商行国有产权属性股东盈利和风险的分组回归结果

VARIABLES	国有农商行				非国有农商行			
	ROE	Z＿S	Z＿P	Z＿L	ROE	Z＿S	Z＿P	Z＿L
OBS	0.091	0.035	0.015	0.019	0.941	0.109	0.205	− 0.087
	(0.62)	(0.71)	(0.37)	(0.50)	(4.23) ***	(0.89)	(4.46) ***	(− 1.06)
Direct	− 0.044	− 0.021	− 0.016	− 0.005	− 0.002	− 0.015	− 0.007	− 0.007
	(− 1.84) *	(− 2.22) **	(− 2.36) **	(− 0.56)	(− 0.10)	(− 1.57)	(− 1.29)	(− 0.99)
GDP	− 0.069	0.362	− 0.039	0.401	− 0.475	0.027	− 0.158	0.153
	(− 0.08)	(0.98)	(− 0.15)	(1.39)	(− 0.75)	(0.09)	(− 0.87)	(0.74)
CPI	− 0.385	− 0.202	− 0.084	− 0.117	0.084	− 0.033	0.018	− 0.038
	(− 0.98)	(− 1.26)	(− 0.76)	(− 0.92)	(0.24)	(− 0.20)	(0.19)	(− 0.41)
HHI	− 0.551	− 0.192	− 0.128	− 0.064	− 0.369	0.002	− 0.113	0.114
	(− 1.79) *	(− 2.03) *	(− 1.50)	(− 0.72)	(− 2.03) *	(0.02)	(− 2.32) **	(1.25)
Equity＿Ratio	− 0.817	0.283	− 0.245	0.529	− 0.895	0.135	− 0.248	0.357
	(− 3.76) ***	(2.65) **	(− 3.69) ***	(5.02) ***	(− 4.42) ***	(1.31)	(− 3.10) ***	(3.90) ***
NIM	3.564	0.778	0.826	− 0.048	2.479	0.411	0.447	− 0.015
	(6.08) ***	(3.37) ***	(5.36) ***	(− 0.21)	(3.35) ***	(1.56)	(2.47) **	(− 0.07)
Other	0.091	0.018	0.021	− 0.004	0.103	0.004	0.015	− 0.011
	(3.09) ***	(1.70) *	(2.54) **	(− 0.35)	(3.64) ***	(0.39)	(1.80) *	(− 1.40)
Credit	0.183	− 0.083	0.069	− 0.153	− 0.836	0.010	− 0.187	0.196
	(0.36)	(− 0.29)	(0.48)	(− 0.77)	(− 1.25)	(0.05)	(− 1.12)	(1.88) *
Liquid	0.021	0.014	0.013	0.001	− 0.038	− 0.055	− 0.016	− 0.024
	(0.30)	(0.61)	(0.62)	(0.05)	(− 0.31)	(− 0.74)	(− 0.41)	(− 0.57)
Loan＿Ratio	0.078	− 0.068	0.018	− 0.086	− 0.072	0.001	0.020	− 0.029
	(0.81)	(− 1.89) *	(0.65)	(− 2.31) **	(− 0.56)	(0.02)	(0.64)	(− 0.64)
Size	− 0.057	− 0.015	− 0.015	0.000	− 0.105	− 0.021	− 0.023	0.001
	(− 1.91) *	(− 1.40)	(− 1.43)	(− 0.06)	(− 3.40) ***	(− 1.75) *	(− 4.20) ***	(0.15)

续表

VARIABLES	国有农商行				非国有农商行			
	ROE	Z_S	Z_P	Z_L	ROE	Z_S	Z_P	Z_L
Cost	−5.262	−1.321	−1.154	−0.167	−4.612	−1.098	−1.120	0.017
	(−4.73)***	(−3.66)***	(−4.21)***	(−0.58)	(−4.72)***	(−3.18)***	(−4.62)***	(0.08)
Constant	0.814	0.264	0.225	0.039	1.419	0.352	0.340	0.026
	(2.14)**	(1.79)*	(1.72)*	(0.33)	(3.86)***	(2.58)**	(5.03)***	(0.28)
Obs.	169	169	169	169	135	135	135	135
Bank	35	35	35	35	34	34	34	34
Model F	13.52	24.39	30.08	5.96	21.34	13.72	19.48	6.72
Adj R2	0.512	0.484	0.445	0.452	0.702	0.483	0.608	0.311

注：各方程均采用固定效应回归方法，括号内为经过聚类稳健标准误调整后的 T 值。*、**、*** 分别表示在 10%、5% 和 1% 的水平上统计显著。

3. 采用不同的回归模型。为减少内生性，在正文中均采用固定效应模型。同第四章采用随机效应模型进行稳健性检验相比，研究结论均保持基本一致。

4. 替换主要变量。除正文中对于盈利和风险衡量采用总资产收益率和净资产收益率以外，表外业务发展水平、流动性、风险偏好、竞争环境和市场力量等分别采用第四章相同的替代变量，采用同样的方法回归分析，两种方法研究结论保持一致。

本章小结

本章基于监管套利理论、交叉销售理论和多元化理论，综合考虑表外业务与传统信贷业务的替代效应和协同效应，实证分析了传统表外业务发展水平对银行整体盈利和风险的影响，及其对股东盈利和风险影响的不同。主要结论归纳如下：

1. 利率市场化改革推动和金融脱媒加速的大环境下，商业银行净利差收窄，根据现阶段我国银行业分业经营、分业监管下监管套利空间较大的特点以及自身资源禀赋不同，商业银行采取了差异化的竞争策略。全国性银行自身经营实力更强，因而基于客户关系管理理论主动推进经营转型的条件更为成熟，即信用违约风险相同的情况下，主动降低信贷业务定价水平以获得表外业务发展的长期盈利。相比而言，中小型地方银行由于资金来源不足、客户基础薄弱，主要通过表内信贷业务表外化获取监管套利，形成对表内信贷利息收入的明显替代效应。

2. 表外业务对银行盈利和风险的影响在不同类型银行中存在显著差异。具体而言，表外业务发展水平显著提升了全国性银行的经营盈利，并降低了资产组合风险，但显著增大了杠杆风险；对城商行而言，表外业务提升了经营盈利并降低了资产组合风险，对杠杆风险和整体破产风险的影响不显著；对农商行而言，表外业务提升了盈利但也增大了盈利波动，表外业务发展并未提升风险调整后的盈利水平。主要原因在于，全国性银行近年来表外资产规模急速扩张，而监管政策要求表内外资产统一授信之前，资本金补充不足，风险暴露更为充分。

3. 表外业务对股东盈利和风险具有积极促进作用，也即发展表外业务将使得股东获益更大。表外业务显著提升了银行净资产收益率，并显著降低其经营风险，银行是高杠杆经营行业，采用净资产收益率衡量盈利和风险将会高估收益、低估风险。

4. 上市特征对于表外业务与盈利的关系影响不明显，但上市银行具有更高的风险，主要原因是上市银行声誉更高、经营规模更大，因而表外资产增速快，资本金不足暴露更充分。非国有产权属性具有更高的杠杆风险，在农商行分组中更为明显，表外业务显著增大了杠杆风险。

第六章　资产证券化经济后果的实证分析

　　资产证券化作为 20 世纪金融市场最重要的创新之一，是全球资本市场上与股权融资、债券融资并列的第三种主流融资工具（王晓、李佳，2010），成为国外研究关注的焦点。学者从流动性管理、监管资本套利、降低融资成本、加强风险管理和增加盈利等多个角度研究了信贷资产证券化有利于银行业发展和金融稳定的经济效应。在我国金融体系改革步入深水区、银行业面临经营战略转型的关键时期，信贷资产证券化被寄予更大的期望。本章基于我国 2012 年信贷资产证券化重启后的市场发行数据，实证检验信贷资产支持证券发行对银行盈利和风险的影响，弥补现有文献针对这一问题实证研究缺乏的不足，并为下一步银行业推进信贷资产支持证券常态化发展提供政策建议。

第一节　研究假设提出

　　虽然在理论上资产证券化有助于降低融资成本、改善盈利水平和提高风险管理能力，但实践效果受到诸多因素影响，因而国外学者有关信贷资产证券化对盈利和风险影响的研究结论不尽一致。国外早期的研究表明，资产证券化从风险资本消耗、信息不对称两个角度可以降低银行融资成本、提高盈利能力（Pennacchi，1988；Boot 和 Thakor，1993）。Franke（2005）在研究美国市场数据的时候也发现，证券化短期内提高了银行的盈利能力。诸多研究表明，在国际金融危机之后，很多 MBS（住房地产资产证券化，美国市场占主导）资产通过调整自持份额的形式逐步回到表内，由此提高了盈利能力（Salah，2012），银行开展证券化可以缓解破产风险、提高资产收益率进而改善盈利能力（Jiangli，2010；Lejard，2015）。对于上述研究也有不同意见，一是银行热衷于将低风险资产作为资产证券化的基础资产，而留存高风险资产，增加了银行风险，降低银行盈利（Dionne 和 Harchaoui，2003）；二是由于很多基础资产风险实际仍由发行人承担，虽然表面上可降低银行抵御非预期风险的能力，短期内提高其偿付能力和盈利能力（Franke，2005），但在金融危机之后则对银行盈利能力造成了巨大的负面影响（Carey，1998；Mian 和 Sufi，2008）；三是银行发行证券化会提高其风险偏好（Krahnen，2006、2007），引导银行以高杠杆的方式，去追求高风险、高收益的资产，从而增加系统性风险，影响盈利持续性（Cebenoyan 和 Strahan，2004）。

资产证券化扩大了资金来源渠道，除吸收存款外，可通过发行资产支持证券获取资金，降低融资成本；盘活存量资产，缓解信贷额度和规模监管带来的表内信贷业务投放压力，提高资产周转效率，进而获得盈利增加，而资产证券化发行后的承销服务通常由发行银行承担，能够直接提升表外业务收入，因此资产证券化有助于银行盈利水平提升。信贷资产证券化在我国的发展仍属于起步阶段，信贷资产支持证券的再证券化等衍生金融业务被监管机构明令禁止，以严防金融系统性风险，因而现阶段其对银行整体破产风险不具有影响，对银行个体风险的影响主要体现在资产质量下降，即不良贷款率上升方面。孙安琴（2011）认为信贷资产证券化会鼓励银行承担更多风险，即持有更多风险资产；刘丽娜（2014）认为发行信贷资产支持证券与新增信贷资产规模存在自我强化的"加速器效应"（Financial Accelerator），信贷加速器效应会推动商业银行风险偏好增加，导致资产质量下降。由此可见，资产证券化在扩大资金来源的同时可能提升商业银行风险偏好，在信贷项目审批和投放过程中放宽准入标准，进而带来较高的不良贷款率。基于此，提出研究假设 6 - 1 和假设 6 - 2。

假设 6 - 1：资产证券化有助于提升银行盈利水平。

假设 6 - 2：资产证券化可能提高银行信贷风险偏好，增大资产质量风险。

第二节　研究方法与模型设计

我国资产证券化自 2014 年底由审批制改为注册制后进入快速发展期，参与银行由全国性银行扩大至地方银行，这为本部分进行实证研究提供了基础。本部分以 2012 年信贷资产证券化重启至 2016 年国内商业银行发行信贷资产证券化数据为基础，探讨信贷资产证券化对我国商业银行盈利水平和资产质量风险的影响。

一、研究方法

通过文献梳理可以发现，因不同的理论逻辑和市场数据，信贷资产证券化对于商业银行在经营上的影响并不一致，且不同类型的信贷资产证券化在不同时期也会对商业银行经营造成不同的影响。国际上有很多研究资产证券化对银行绩效影响的理论模型，比如将发行过资产证券化和未发行过资产证券化的商业银行进行绩效方面的比对，或将两者和一个市场平均基准进行比较。

基于此，本部分一方面采用第五章同样的方法探讨资产证券化对银行盈利和风险的影响，以体现新型表外业务与传统表外业务的不同影响效应；另一方面借鉴 Sarkisyan 等（2013）的方法，采用倾向得分匹配（PSM）和双重差分检验，对比首次发行资产支持证券和未发行银行盈利和风险变化的差异，进一步揭示资产证券化对银行盈利和风险产生的净效应。倾向得分匹配和双重差分检验方法阐述如下：

由于考察商业银行资产证券化是否提升或降低了绩效水平，需要与其未发行证券化的绩效进行比较，而该绩效值不可获得；因此，借鉴 Heckman 和 Smith（1995）的方法，用未发行证券化的商业银行绩效作为代理变量，即将首次发行 ABS 的银行作为实验组（Treatment Group），将未发行 ABS 的银行作为参照组（Control Group）。

为了避免样本自选择的问题，采用 Rosenbaum 和 Rubin（1983）的倾向得分匹配法，也即信贷资产证券化对绩效的影响效应可以体现为，首次发行信贷资产支持证券的商业银行在证券化发行前后绩效变化，与考察期内可能发行而未发行的商业银行绩效变化的差值。

$$\Delta Y_{i,t}^{fs} = Y_{i,t}^{fs} - Y_{i,t-1}^{fs} \qquad (6-1)$$

$$\Delta Y_{i,t}^{us} = Y_{i,t}^{us} - Y_{i,t-1}^{us} \qquad (6-2)$$

$$\Delta Y = \Delta Y_{i,t}^{fs} - \Delta Y_{i,t}^{us} \qquad (6-3)$$

式中，$\Delta Y_{i,t}^{fs}$ 表示首次发行证券化后商业银行绩效（盈利水平和资产质量风险）的变化；$\Delta Y_{i,t}^{us}$ 表示通过倾向得分匹配后未发行证券化的商业银行相同考察期内的绩效（盈利水平和资产质量风险）变化；ΔY 表示资产证券化对于首次发行商业银行绩效产生的净效应。在此基础上，借鉴 Sarkisyan 等（2013）针对美国银行资产证券影响的研究方法，通过对比实验组（首次发行/发行 ABS）和控制组（PSM 配对后未发行 ABS）发行前后盈利和风险变化的差异是否显著来探讨资产证券化对首次发行银行带来的净效应。

二、变量选择

1. 被解释变量

（1）银行盈利水平（ROA/ROE）：国外研究主要采用会计价值资产收益率（ROA）和资本收益率（ROE）衡量银行的短期绩效，市场价值 Tobin Q 衡量银行的长期绩效。考虑到我国资本市场尚不完善，股价波动大，且上市商业银行占比较低，国内研究主要采用会计价值进行衡量，本研究沿用这一方法。

（2）资产质量风险（NPL）：不良贷款率是资产质量的直接体现，现有文献均采用这一指标衡量，即不良贷款余额占贷款余额的比值。

2. 解释变量

资产证券化（ABS/First）：采用虚拟变量衡量，区分发行信贷资产支持证券和首次发行分别探讨。具体而言，当年至少发行一期信贷资产支持证券时，ABS 取值 1，否则取值 0；当年首次发行信贷资产支持证券时，First 取值 1，否则取值 0。在考察首次发行和未发行银行盈利和风险变化差异时，将样本中当年发行但以前年度曾发行过至少一期信贷资产支持证券的观测值剔除。

3. 控制变量

主要控制变量同第五章，从宏观环境、行业竞争和银行自身特征因素三个方面选取控制变量。宏观因素主要包括宏观经济增速（GDP）、通货膨胀水平（CPI），经济持续稳定增长和温和的通货膨胀环境有利于银行提升经营绩效。行业竞争反映银行业竞争激烈程度，采用存款规模的赫芬达尔指数衡量（Compete）。直接融资水平（Direct）采用股票市场市值占国内生产总值的比值衡量。银行自身特征因素参考 Minton 等（2008）和 Sarkisyan 等（2013）的研究，主要包括资产负债结构、风险偏好、银行规模和成本水平。资产负债结构方面，鉴于存贷款业务占比高度相关，将贷款规模占总资产的比重（Loan _ Ratio）和净利差（NIM）纳入控制变量，同时考虑传统表外业务（OBS）和其他非利息业务的影响（Other）。风险方面，风险偏好（Equity _ Ratio）采用资本占总资产的比重衡量，比值越高，表明银行风险偏好越低；信用违约风险（Credit）采用贷款损失准备金占贷款余额的比值衡量，用以衡量银行风险承受能力，比值越高风险承受能力越强；同时将核心监管指标资本充足率（CAR）纳入考虑；流动性水平（Liquid）采用流动资产与流动负债的比值衡量；资产规模（Size）采用总资产取自然对数衡量；成本水平（Cost）采用营业支出占总资产的比重衡量。

表 6 – 1 　　　　　　　　　　　　主要变量定义

变量类型	变量名称	变量符号	变量定义
被解释变量	盈利水平	ROA/ROE	净利润与平均总资产/平均净资产的比值
	资产质量风险	NPL	不良贷款余额占贷款总余额的比值
解释变量	发行资产支持证券	ABS	当年发行至少一期资产支持证券
	首次发行资产支持证券	First	当年发行至少一期资产支持证券，且以前年度未发行过资产
控制变量	宏观经济增速	GDP	GDP 年均增速
	通货膨胀水平	CPI	CPI 年均波动幅度
	直接融资水平	Direct	上市公司股票市值总额占 GDP 的比值
	同业竞争程度	Compete	存款规模占比计算赫芬达尔指数
	资产负债结构	Loan _ Ratio	贷款及垫款占总资产的比重
	净利差水平	NIM	净利息收入与平均生息资产的比值
	表外业务发展水平	OBS	表外业务收入占营业收入的比值

续表

变量类型	变量名称	变量符号	变量定义
控制变量	其他非利息业务发展水平	Other	其他非利息业务收入占营业收入的比值
	风险偏好	Equity _ Ratio	年末净资产占总资产的比重
	资本充足率	CAR	净资产与加权风险资产的比值
	信用违约风险	Credit	贷款损失准备金占贷款规模的比值
	流动性水平	Liquid	流动资产与流动负债的比值
	资产规模	Size	资产余额取自然对数
	成本水平	Cost	营业支出占总资产的比值
	地区固定效应	Province	除西藏外30个省（自治区、直辖市）
	银行固定效应	Bank	195 家商业银行

三、模型设计

为了分析资产证券化业务对银行盈利和资产质量风险的影响，建立回归方程（6-4）和方程（6-5）：

$$ROA/ROE = \alpha_0 + \alpha_1 \times ABS/First + Control + \varepsilon \qquad (6-4)$$

$$NPL = \alpha_0 + \alpha_1 \times ABS/First + Control + \varepsilon \qquad (6-5)$$

式（6-4）中，资产证券化（ABS/First）的回归系数若显著为正，则证实资产证券化业务发展有助于提升银行盈利水平。式（6-5）中，资产证券化（ABS/First）的回归系数若显著为正，则表明资产证券化业务增大资产质量风险，导致不良贷款率升高。

第三节　回归结果与分析讨论

一、样本数据

本部分以 2012 年信贷资产证券化重启至 2016 年末商业银行发行的信贷

资产支持证券为研究样本，数据信息来自中国债券信息网。商业银行其他财务报告数据同前述各章，均来源于 Bankscope 数据库、Wind 数据库、CS-MAR 数据库以及商业银行网站披露的年报信息。剔除变量缺失值后，2012—2016 年间全国商业银行共计发行 113 单信贷资产支持证券，其中全国性银行 45 单，城商行 50 单，农商行 18 单①，在研究首次发行和未发行分组样本时，将当年度未发行而在以前年度已发行过至少一单信贷资产支持证券的商业银行剔除，得到首次发行信贷支持证券 66 家银行，其中全国性银行 15 单，城商行 36 单，农商行 15 单。如表 6 - 2 所示，城商行和农商行主要在 2014 年实行注册制以后开始发行 ABS，城商行的发行力度较之农商行更大，全国性银行保持较平稳的发行速度。

表 6 - 2　　　　2012—2016 年各类型商业银行 ABS 发行情况②　　　单位：单

年份	发行 ABS				首次发行 ABS				未发行 ABS
	全样本	全国性银行	城商行	农商行	全样本	全国性银行	城商行	农商行	
2012	3	3	0	0	3	3	0	0	138
2013	3	2	0	0	3	2	0	0	139
2014	29	10	14	5	25	6	14	5	143
2015	42	15	20	7	24	4	14	6	136
2016	37	15	16	6	12	0	8	4	126

二、变量描述性统计分析

本部分对全部样本按照当期发行 ABS 和当期未发行 ABS 进行描述性统计分析和分组均值差异检验。由于两组样本的宏观环境因素相同，主要针对银行特征因素进行对比分析。如表 6 - 3 所示，两组样本在盈利水平、风险、资产负债结构等方面均存在较大差异，但各类型银行存在不同。整体

---

　　①　由于商业银行通常在年初计划中拟定全年信贷资产证券化发行规模，而在当年分期发行，为便于考虑其对年度盈利变化的影响，将商业银行在同一年发行多期信贷资产支持证券视作当年发行一单。

　　②　由于剔除变量缺失值，实际发行单数略有增加，具体发行情况参见附录。

而言，盈利水平方面发行组具有更低的资产收益率和资本收益率，但具有更高的表外业务收入占比，可能的原因是资产证券化会增加表外业务收入（Minton 等，2008）。不良贷款率方面，全国性银行样本中，发行组具有更高的资产质量风险（Jiangli 和 Pritsker，2008；Minton 等，2008），可能的原因是资产证券化导致银行获得更高的资产周转，因而可能产生高风险的贷款项目（Jiangli 和 Pritsker，2008）。

　　资产负债结构上，全国性银行资产负债占比在组间差异不明显，发行组具有更高的权益资本占比；城商行和农商行中发行 ABS 组具有更低的贷款占比和权益资本占比，反映出其非传统业务拓展积极性更高。风险方面，各类型银行资本充足率均远远超过 8% 的监管水平，但在整体样本以及城商行中，发行 ABS 组具有更低的资本充足率，与 Cebenoyan 和 Strahan（2004）的研究结论一致，但全国性银行发行组具有更高的资本充足率，可能的原因仍然是目前资产证券化尚未完全市场化，规模及数量均较小，尤其对于全国性银行而言，对于其缓解资本金压力等作用尚未能充分发挥，这印证了现阶段资产证券化业务动机兼有监管主导和市场选择因素的影响。流动性水平方面，全国性银行中发行证券化的银行流动性水平更低，表明其除存款资金来源外，增强了获取其他外部资金的能力（Sarkisyan 等，2013），而城商行和农商行则不明显，反映出其流动性管理能力相比大行更弱，对于资产证券化业务常态化发展仍保持谨慎性，也有可能是监管部门对于城商行和农商行的监管更为严格（刘红霞等，2015、2016）。

　　发行 ABS 的银行资产规模更大，大型银行资产证券化的动机更足，反映出重资产经营模式下盘活存量资产的需求更迫切（Bannier 和 Haensel，2007；Uzun 和 Webb，2007；Jiangli 和 Pritsker，2008；Minton 等，2008）。发行组与未发行组在经营成本上的差异在不同类型银行间存在差异，现阶段全国性银行发行规模相比信贷资产总规模仅占有较小比重，成本降低的效果不明显，小型银行尤其是农商行体现最为显著。

表6-3 描述性统计及分组均值检验

VARIABLE	全样本						全国性银行					
	当期发行 ABS		当期未发行 ABS		均值检验		当期发行 ABS		当期未发行 ABS		均值检验	
	N	mean	N	mean	均值差异	T 值	N	mean	N	mean	均值差异	T 值
ROA	114	0.010	682	0.011	0.001	3.88***	45	0.010	31	0.010	0.000	0.81
ROE	114	0.144	682	0.140	-0.004	-0.94	45	0.150	31	0.177	0.027	4.33***
NPL	114	0.014	682	0.014	0.000	0.23	45	0.014	31	0.009	-0.005	(-6.73)***
Loan_Ratio	114	0.428	682	0.444	0.016	(1.79)*	45	0.471	31	0.459	-0.012	-0.67
OBS	114	0.149	682	0.054	-0.095	(-13.01)***	45	0.219	31	0.182	-0.037	(-3.40)***
Other	114	0.081	682	0.165	0.083	6.17***	45	0.05	31	0.024	-0.027	(-4.11)***
NIM	114	0.024	682	0.029	0.004	5.71***	45	0.022	31	0.023	0.001	1.93*
Liquid	114	0.653	682	0.612	-0.041	(-3.67)***	45	0.727	31	0.686	-0.041	(-2.41)**
Equity_Ratio	114	0.067	682	0.078	0.011	7.88***	45	0.066	31	0.058	-0.007	(-3.38)***
Car	114	0.126	682	0.134	0.007	4.81***	45	0.126	31	0.117	-0.009	(-3.04)***
Credit	114	0.026	682	0.025	-0.001	-1.49	45	0.023	31	0.021	-0.002	(-1.79)*
Size	114	13.748	682	11.316	-2.432	(-14.12)***	45	15.555	31	14.831	-0.724	(-3.07)***
Cost	114	0.017	682	0.018	0.001	2.72***	45	0.017	31	0.015	-0.002	(-3.71)***

续表

VARIABLE	城商行						农商行					
	当期发行ABS		当期未发行ABS		均值检验		当期发行ABS		当期未发行ABS		均值检验	
	N	mean	N	mean	均值差异	T值	N	mean	N	mean	均值差异	T值
ROA	51	0.009	390	0.010	0.001	1.59	18	0.009	261	0.012	0.002	4.01***
ROE	51	0.145	390	0.139	-0.006	-0.98	18	0.123	261	0.138	0.014	2.22**
NPL	51	0.013	390	0.012	-0.001	-0.89	18	0.017	261	0.018	0.001	0.96
Loan_Ratio	51	0.381	390	0.403	0.022	1.74*	18	0.452	261	0.503	0.051	3.05***
OBS	51	0.115	390	0.058	-0.057	(-7.71)***	18	0.072	261	0.033	-0.039	(-3.00)**
Other	51	0.073	390	0.182	0.109	5.73***	18	0.182	261	0.155	-0.027	-0.54
NIM	51	0.026	390	0.028	0.001	0.89	18	0.024	261	0.031	0.007	3.7***
Liquid	51	0.589	390	0.580	-0.008	-0.50	18	0.648	261	0.649	0.001	0.08
Equity_Ratio	51	0.065	390	0.075	0.010	4.90***	18	0.077	261	0.086	0.009	2.40**
Car	51	0.124	390	0.132	0.008	3.62***	18	0.135	261	0.139	0.004	1.34
Size	51	12.805	390	11.417	-1.387	(-9.26)***	18	11.905	261	10.747	-1.158	(-5.58)***
Credit	51	0.029	390	0.023	-0.005	(-3.68)***	18	0.03	261	0.029	-0.001	-0.44
Cost	51	0.016	390	0.017	0.001	1.42	18	0.017	261	0.019	0.002	2.23**

注：当期发行ABS包含当期首次发行ABS的样本；*、**、***分别表示在10%、5%和1%水平上统计显著。

三、实证回归结果

1. 信贷资产证券化对银行盈利影响的回归结果

表 6 - 4 和表 6 - 5 分别提供了发行和首次发行信贷资产支持证券对银行盈利水平的影响。在表 6 - 4 中，发行资产支持证券对于商业银行资产收益率（ROA）具有提升作用，这一效应在全国性银行中更为明显；而对于净资产收益率（ROE）的影响不明显，主要原因在于：如前文理论分析，信贷资产证券主要通过盘活存量资产提升资产周转，以及扩大资金来源降低融资成本对盈利产生影响，而现阶段利率市场化改革刚刚完成，商业银行低成本储蓄存款的优势仍然存在，资产证券化资本市场融资的成本优势尚不明显，因此对资产收益率的效应更为直接，对于资本收益率（ROE）的提升作用相对滞后。

表 6 - 4　　　　发行资产支持证券对银行盈利水平影响的回归结果

VARIABLES	ROA				ROE			
	全样本	全国性银行	城商行	农商行	全样本	全国性银行	城商行	农商行
ABS	0.001	0.001	0.000	0.000	0.004	0.005	0.004	- 0.002
	(2.82) ***	(2.24) **	(1.27)	(- 0.49)	(1.58)	(1.50)	(1.05)	(- 0.53)
GDP	0.339	0.030	- 0.038	0.138	4.757	0.272	0.728	2.435
	(4.85) ***	(0.32)	(- 0.30)	(1.22)	(4.93) ***	(0.12)	(0.40)	(1.83) *
CPI	- 0.073	- 0.343	- 0.193	- 0.495	- 1.548	- 3.431	- 3.134	- 5.411
	(- 0.89)	(- 3.28) ***	(- 1.29)	(- 3.40) ***	(- 1.47)	(- 1.65)	(- 1.60)	(- 3.38) ***
Direct	0.002	- 0.014	- 0.005	- 0.017	- 0.006	- 0.178	- 0.096	- 0.178
	(0.56)	(- 3.28) ***	(- 0.75)	(- 2.56) **	(- 0.13)	(- 2.03) *	(- 1.07)	(- 2.43) **
Compete	0.038	0.063	0.117	0.294	0.603	0.651	1.552	3.034
	(2.53) **	(0.71)	(5.08) ***	(4.99) ***	(3.07) ***	(0.44)	(5.32) ***	(3.97) ***
NIM	0.216	0.241	0.205	0.240	2.496	4.291	2.355	2.752
	(7.52) ***	(5.17) ***	(5.70) ***	(6.10) ***	(6.90) ***	(7.40) ***	(5.05) ***	(5.62) ***
OBS	0.019	0.009	0.014	0.030	0.191	0.118	0.154	0.329
	(4.84) ***	(3.71) ***	(2.75) ***	(3.49) ***	(3.90) ***	(2.69) **	(2.36) **	(3.23) ***

续表

VARIABLES	ROA				ROE			
	全样本	全国性银行	城商行	农商行	全样本	全国性银行	城商行	农商行
Other	0.004	0.009	0.002	0.008	0.044	0.141	0.015	0.092
	(3.64) ***	(3.56) ***	(1.27)	(5.29) ***	(3.41) ***	(2.29) **	(0.97)	(5.09) ***
Equity _ Ratio	0.038	0.021	0.027	0.066	-0.761	-0.849	-0.788	-0.698
	(3.39) ***	(1.29)	(2.09) **	(4.53) ***	(-5.59) ***	(-2.36) **	(-4.82) ***	(-3.89) ***
Credit	0.036	0.040	0.034	0.025	0.247	0.980	0.375	-0.110
	(1.81) *	(1.23)	(1.44)	(0.79)	(0.93)	(1.67)	(1.11)	(-0.26)
Liquid	-0.009	-0.006	-0.010	-0.010	-0.088	-0.129	-0.084	-0.098
	(-3.25) ***	(-3.69) ***	(-3.31) ***	(-1.86) *	(-2.63) ***	(-4.44) ***	(-1.94) *	(-1.75) *
Loan _ Ratio	0.017	0.019	0.014	0.019	0.159	0.088	0.120	0.201
	(4.68) ***	(4.80) ***	(3.62) ***	(2.67) ***	(3.21) ***	(0.89)	(2.07) **	(2.26) **
Size	0.001	0.001	0.001	0.002	0.027	0.000	0.028	0.031
	(1.15)	(1.32)	(0.71)	(1.28)	(1.89) *	(-0.00)	(1.46)	(1.52)
Cost	-0.316	-0.193	-0.329	-0.344	-4.094	-2.762	-4.179	-4.341
	(-6.66) ***	(-4.42) ***	(-5.47) ***	(-4.82) ***	(-6.94) ***	(-3.73) ***	(-5.16) ***	(-5.13) ***
Constant	-0.037	-0.018	-0.006	-0.025	-0.520	0.231	-0.256	-0.251
	(-2.32) **	(-0.93)	(-0.29)	(-0.93)	(-1.96) *	(0.54)	(-0.63)	(-0.81)
Obs.	796	76	441	279	796	76	441	279
Bank	195	17	108	70	195	17	108	70
Model F	42.04	316.00	23.26	28.85	45.36	740.60	23.38	34.31
Adj R2	0.611	0.818	0.578	0.73	0.609	0.826	0.593	0.658

注：各方程均采用固定效应回归方法，括号内为经过聚类稳健标准误调整后的 T 值。*、**、*** 分别表示在 10%、5% 和 1% 的水平上统计显著。

如表 6-5 所示，在首次发行的回归分析中，全国性银行 First 的回归系数相比表 6-4 显著性有所降低，这与实际情况相符，目前正处于逐步扩大试点的阶段，整体发行规模占资产存量规模的比重较小，首次发行对盈利影响的效应更低。

表 6 - 5　　首次发行资产支持证券对银行盈利水平影响的回归结果

VARIABLES	ROA				ROE			
	全样本	全国性银行	城商行	农商行	全样本	全国性银行	城商行	农商行
First	0.001	0.001	0.001	0.000	0.005	0.006	0.004	0.002
	(3.10) ***	(2.12) *	(1.57)	(0.77)	(1.53)	(0.96)	(0.81)	(0.31)
GDP	0.400	-0.375	1.075	-0.183	5.671	-4.494	15.142	-0.301
	(5.19) ***	(-2.22) **	(5.14) ***	(-1.26)	(5.01) ***	(-0.93)	(4.75) ***	(-0.17)
CPI	-0.072	-0.575	0.660	-0.975	-1.064	-8.019	8.577	-10.139
	(-0.80)	(-1.92) *	(4.07) ***	(-4.39) ***	(-0.92)	(-0.93)	(3.53) ***	(-3.94) ***
Direct	0.003	-0.028	0.034	-0.042	0.022	-0.408	0.428	-0.422
	(0.70)	(-2.07) *	(4.40) ***	(-3.98) ***	(0.42)	(-1.05)	(3.64) ***	(-3.37) ***
Compete	-0.001	-0.013	-0.035	0.402	-0.009	-0.176	-0.477	4.226
	(-0.32)	(-1.12)	(-5.07) ***	(4.76) ***	(-0.23)	(-0.51)	(-5.29) ***	(3.95) ***
NIM	0.211	0.158	0.189	0.257	2.428	3.709	2.181	2.877
	(7.19) ***	(2.81) **	(5.21) ***	(6.52) ***	(6.47) ***	(2.30) **	(4.51) ***	(5.80) ***
OBS	0.018	0.008	0.013	0.035	0.193	0.197	0.167	0.371
	(3.68) ***	(2.31) **	(2.16) **	(3.35) ***	(3.21) ***	(1.96) *	(2.23) **	(2.90) ***
Other	0.004	-0.010	0.001	0.008	0.043	-0.141	0.012	0.102
	(3.51) ***	(-1.12)	(1.18)	(5.86) ***	(3.08) ***	(-0.57)	(0.74)	(5.53) ***
Equity _ Ratio	0.039	0.012	0.030	0.062	-0.768	-1.521	-0.779	-0.709
	(3.24) ***	(0.72)	(2.11) **	(4.12) ***	(-4.93) ***	(-3.07) **	(-4.23) ***	(-3.85) ***
Credit	0.027	-0.005	0.042	0.025	-0.125	-0.518	0.092	-0.057
	(1.19)	(-0.12)	(1.35)	(0.76)	(-0.44)	(-0.42)	(0.22)	(-0.14)
Liquid	-0.011	-0.015	-0.011	-0.008	-0.103	-0.265	-0.095	-0.075
	(-3.67) ***	(-3.51) ***	(-3.32) ***	(-1.65)	(-2.91) ***	(-2.23) **	(-2.12) **	(-1.41)
Loan _ Ratio	0.015	0.023	0.014	0.016	0.137	0.214	0.120	0.186
	(4.09) ***	(3.17) ***	(3.19) ***	(2.28) **	(2.68) ***	(1.04)	(1.93) *	(2.05) **
Size	0.000	0.000	0.001	0.000	0.018	0.002	0.033	0.020
	(0.11)	(-0.00)	(0.85)	(0.27)	(1.14)	(0.04)	(1.54)	(1.11)
Cost	-0.314	-0.339	-0.298	-0.369	-3.931	-5.436	-3.713	-4.530
	(-6.29) ***	(-5.86) ***	(-4.72) ***	(-5.11) ***	(-6.16) ***	(-3.28) ***	(-4.19) ***	(-5.16) ***

续表

VARIABLES	ROA				ROE			
	全样本	全国性银行	城商行	农商行	全样本	全国性银行	城商行	农商行
Constant	−0.026	0.068	−0.115	0.040	−0.426	1.056	−1.695	0.251
	(−1.52)	(2.29)**	(−3.54)***	(1.51)	(−1.41)	(1.25)	(−3.01)***	(0.76)
Obs.	705	42	400	263	705	42	400	263
Bank	195	17	108	70	195	17	108	70
Model F	38.19	25.29	19.47	28.31	36.93	11.99	20.82	28.53
Adj R2	0.603	0.888	0.575	0.732	0.570	0.771	0.579	0.653

注：各方程均采用固定效应回归方法，括号内为经过聚类稳健标准误调整后的 T 值。﹡、﹡﹡、﹡﹡﹡分别表示在10%、5%和1%的水平上统计显著。

2. 信贷资产证券化对银行资产质量风险影响的回归结果

表6−6提供了发行信贷资产支持证券以及首次发行信贷资产支持证券对银行资产质量风险影响的回归结果。由于商业银行是顺周期行业，宏观经济增速、行业竞争等外部因素对其具有决定性影响，而现阶段资产支持证券规模占银行存量资产规模比重较小，因此为考虑其可能产生的影响，在列1至列8中加入外部因素，而列9至列16中仅包含银行自身特征因素。对比分析可见，资产质量主要受到宏观经济增速、通货膨胀水平、直接融资水平以及行业竞争的影响，且在不同类型银行中具有不同效应。在银行特征因素的单独分析中，首次发行信贷资产支持证券显著增大了城商行的资产质量风险，这一结论也可印证表6−5中首次发行对于城商行盈利水平具有不显著的正向关系，可能的原因是其风险偏好增大带来资产质量下降，更高的不良贷款率制约了盈利水平的提升。综合考察发行情况时信贷资产证券化增大了全国性银行的资产质量风险，原因同对盈利影响的分析，资产证券化规模占全国性银行存量资产比重较小，因此在首次发行的分析中效应不明显。

表6-6 信贷资产证券化对银行资产质量风险影响的回归结果

VARIABLES	发行信贷资产支持证券				首次发行信贷资产支持证券			
	全样本	全国性银行	城商行	农商行	全样本	全国性银行	城商行	农商行
ABS/First	0.000	0.001	0.000	0.000	0.000	0.001	0.000	0.000
	(0.80)	(1.10)	(-0.08)	(0.34)	(0.16)	(0.76)	(0.29)	(-0.06)
GDP	-0.386	0.487	-0.368	-0.198	-0.375	0.517	-1.707	0.151
	(-2.09)**	(1.14)	(-1.52)	(-0.58)	(-1.87)*	(0.50)	(-3.97)***	(0.39)
CPI	0.651	0.985	0.365	1.346	0.642	0.373	-0.814	1.826
	(3.65)***	(2.08)**	(1.77)*	(3.30)***	(3.28)***	(0.20)	(-2.48)**	(3.03)***
Direct	0.024	0.050	0.014	0.053	0.024	0.034	-0.036	0.079
	(2.91)***	(2.56)**	(1.39)	(3.03)***	(2.87)***	(0.40)	(-2.27)**	(2.87)***
Compete	-0.139	-0.451	-0.139	-0.366	-0.014	0.021	0.049	-0.428
	(-3.61)***	(-1.19)	(-3.51)***	(-2.53)**	(-2.21)**	(0.28)	(3.95)***	(-2.16)**
NIM	-0.071	0.142	-0.099	-0.022	-0.07	0.044	-0.098	0.004
	(-1.51)	(0.74)	(-2.44)**	(-0.18)	(-1.47)	(0.13)	(-2.31)**	(0.03)
OBS	-0.018	0.004	-0.006	-0.061	-0.014	0.006	-0.003	-0.067
	(-2.16)**	(0.36)	(-0.75)	(-3.43)***	(-1.40)	(0.30)	(-0.29)	(-3.04)***
Other	0.001	0.010	0.001	0.001	0.001	0.032	0.001	0.002
	(0.52)	(0.61)	(0.48)	(0.27)	(0.48)	(0.60)	(0.37)	(0.35)
Equity_Ratio	-0.031	0.071	-0.003	-0.084	-0.027	0.063	0.002	-0.077
	(-1.52)	(1.13)	(-0.13)	(-1.87)*	(-1.45)	(0.59)	(0.12)	(-1.70)*

续表

VARIABLES	发行信贷资产支持证券				首次发行信贷资产支持证券			
	全样本	全国性银行	城商行	农商行	全样本	全国性银行	城商行	农商行
Credit	0.023	0.055	0.076	-0.136	0.030	-0.064	0.062	-0.119
	(0.67)	(0.49)	(2.16)**	(-1.89)*	(0.75)	(-0.24)	(1.29)	(-1.83)*
Liquid	0.005	0.005	-0.004	0.017	0.003	0.005	-0.006	0.014
	(0.69)	(0.73)	(-0.60)	(0.98)	(0.44)	(0.19)	(-0.69)	(0.88)
Loan_Ratio	0.000	0.019	0.018	-0.033	0.007	0.015	0.020	-0.030
	(0.05)	(1.14)	(2.46)**	(-1.67)*	(0.84)	(0.34)	(2.57)**	(-1.46)
Size	-0.004	0.007	-0.004	-0.008	-0.001	0.009	-0.003	-0.006
	(-2.04)**	(1.69)*	(-1.77)*	(-1.42)	(-0.58)	(0.77)	(-1.54)	(-0.98)
Cost	0.492	-0.258	0.347	0.683	0.463	-0.616	0.330	0.661
	(4.57)***	(-1.55)	(2.85)***	(4.05)***	(4.48)***	(-1.72)	(2.89)***	(4.43)***
Constant	0.069	-0.138	0.072	0.083	0.018	-0.197	0.201	0.006
	(1.79)*	(-1.54)	(1.54)	(0.89)	(0.47)	(-1.08)	(2.98)***	(0.06)
Obs.	796	76	441	279	705	42	400	263
Bank	195	17	108	70	195	17	108	70
Model F	23.51	25.09	19.30	6.89	18.08	3.81	20.23	6.21
Adj R2	0.467	0.811	0.574	0.375	0.429	0.364	0.586	0.387

表6-6

信贷资产证券化对银行资产质量风险影响的回归结果（续）

VARIABLES	发行信贷资产支持证券				首次发行信贷资产支持证券			
	全样本	全国性银行	城商行	农商行	全样本	全国性银行	城商行	农商行
ABS/First	0.001	0.001	0.001	0.000	0.001	0.002	0.002	0.000
	(1.93)*	(2.01)*	(1.49)	(0.18)	(1.55)	(1.39)	(2.87)***	(-0.12)
GDP								
CPI								
Direct								
Compete								
NIM	-0.128	0.126	-0.161	-0.077	-0.117	0.197	-0.173	-0.043
	(-2.76)***	(0.65)	(-3.54)***	(-0.64)	(-2.43)**	(0.72)	(-3.65)***	(-0.35)
OBS	-0.013	-0.007	-0.001	-0.050	-0.017	0.001	-0.003	-0.063
	(-1.68)*	(-0.61)	(-0.11)	(-2.86)***	(-1.86)*	(0.06)	(-0.30)	(-3.39)***
Other	0.002	0.028	0.001	0.001	0.002	0.028	0.001	0.001
	(0.77)	(1.86)*	(0.73)	(0.21)	(0.68)	(0.70)	(0.62)	(0.14)
Equity_ Ratio	-0.014	0.155	0.006	-0.048	-0.022	0.081	0.008	-0.061
	(-0.76)	(2.59)**	(0.31)	(-1.11)	(-1.14)	(0.87)	(0.38)	(-1.47)

续表

VARIABLES	发行信贷资产支持证券				首次发行信贷资产支持证券			
	全样本	全国性银行	城商行	农商行	全样本	全国性银行	城商行	农商行
Credit	0.077	0.060	0.149	-0.178	0.072	-0.037	0.151	-0.137
	(1.97)*	(0.50)	(3.44)***	(-2.20)**	(1.57)	(-0.18)	(2.87)***	(-1.93)*
Liquid	0.014	0.016	0.009	0.013	0.012	0.013	0.009	0.008
	(1.95)*	(2.32)**	(1.37)	(0.59)	(1.46)	(1.01)	(1.23)	(0.37)
Loan_Ratio	0.010	0.011	0.025	-0.024	0.012	0.016	0.026	-0.018
	(1.26)	(0.69)	(3.30)***	(-1.39)	(1.52)	(0.60)	(3.21)***	(-1.12)
Size	0.007	0.011	0.007	0.006	0.007	0.013	0.006	0.007
	(6.53)***	(4.15)***	(6.90)***	(2.23)**	(6.37)***	(3.22)***	(6.33)***	(2.50)**
Cost	0.546	-0.115	0.451	0.773	0.525	-0.436	0.443	0.730
	(5.13)***	(-0.65)	(3.55)***	(4.43)***	(5.17)***	(-1.73)	(3.70)***	(4.94)***
Constant	-0.086	-0.188	-0.086	-0.048	-0.085	-0.197	-0.081	-0.056
	(-7.36)***	(-4.53)***	(-7.76)***	(-1.59)	(-6.70)***	(-3.15)***	(-7.07)***	(-1.75)*
Obs.	796	76	441	279	705	42	400	263
Bank	195	17	108	70	195	17	108	70
Model F	22.06	26.31	17.40	5.90	17.50	5.93	18.89	7.35
Adj R2	0.364	0.760	0.482	0.255	0.348	0.449	0.493	0.276

注：各方程均采用固定效应回归方法，括号内为经过聚类稳健标准误调整后的 T 值。*、**、*** 分别表示 10%、5% 和 1% 的水平上统计显著。

四、倾向得分匹配和双重差分检验

如前所述，由于资产证券化业务在我国处于起步和逐步扩大推广阶段，监管主导占据重要地位，在目前环境下，可能存在盈利能力较强、自身经营管理水平和风险较低的银行更易获得监管层认可，从而获得发行机会；与此同时，资产质量水平也在一定程度上影响银行盈利能力。因此，为减少内生性影响，本部分借鉴 Sarkisyan 等（2013）针对美国市场数据的分析方法，进行倾向得分匹配确定发行组和未发行组，进而比较两组样本发行前后的盈利水平和资产质量风险变化差异，考察资产证券化对银行经营产生的净效应。同样，针对发行和首次发行分别讨论。

1. 发行和未发行银行盈利及风险对比分析

采取如下步骤进行 PSM 样本配对：首先，依据现有文献（Jiangli 和 Pritsker，2008；Bannier 和 Haensel，2007）从资产负债结构、风险、成本和盈利能力方面选取可能影响银行发行 ABS 的自身特征因素作为协变量，同时考虑银行类别因素和年份因素，以确保发行 ABS 组和配对组，即未发行 ABS 组满足平衡性假设。其次，为保证协变量与不受发行 ABS 的影响，将所有协变量均滞后一期。最后，进行配对后平衡性假设和共同支撑假设检验。

表 6 – 7 提供了 PSM 配对前后发行 ABS 组与未发行 ABS 组均值差异检验，配对前两组均值差异除不良贷款率变量外，绝大多数变量均在 1% 水平上显著差异；而配对后两组样本在各变量上均未呈现出显著的统计性差异，满足平衡性假设。

表 6 – 7　PSM 配对前后发行 ABS 组与未发行 ABS 组均值差异检验

VARIABLE	PSM 配对前样本						PSM 配对后样本					
	发行 ABS		未发行 ABS		差异检验		发行 ABS		未发行 ABS		差异检验	
	N	mean	N	mean	均值差异	T 值	N	mean	N	mean	均值差异	T 值
L. ROA	107	0.010	581	0.012	0.001	4.33 ***	67	0.010	64	0.010	0.000	0.57
L. Size	107	13.596	581	11.157	− 2.440	(− 13.24) ***	67	12.705	64	12.800	0.095	0.34
L. Liquid	107	0.646	581	0.613	− 0.033	(− 3.14) ***	67	0.624	64	0.620	− 0.003	− 0.19
L. Loan _ Ratio	107	0.437	581	0.459	0.022	2.33 **	67	0.423	64	0.433	0.010	0.58

续表

VARIABLE	PSM 配对前样本						PSM 配对后样本					
	发行 ABS		未发行 ABS		差异检验		发行 ABS		未发行 ABS		差异检验	
	N	mean	N	mean	均值差异	T 值	N	mean	N	mean	均值差异	T 值
L. Deposit _ Ratio	107	0.675	581	0.747	0.072	7.91 ***	67	0.677	64	0.695	0.018	1.05
L. Equity _ Ratio	107	0.067	581	0.080	0.013	8.46 ***	67	0.069	64	0.069	0.000	0.09
L. CAR	107	0.125	581	0.136	0.011	6.82 ***	67	0.126	64	0.126	0.000	-0.01
L. Cost _ Oper	107	0.016	581	0.018	0.002	4.23 ***	67	0.016	64	0.018	0.001	1.35
L. NPL	107	0.012	581	0.013	0.001	1.33	67	0.012	64	0.013	0.000	0.15

注：当期发行 ABS 包含当期首次发行 ABS 的样本；* 、 ** 、 *** 分别表示在 10%、5% 和 1% 水平上统计显著。

图 6-1 提供了 PSM 配对前后密度函数图，配对前两组样本分布存在较大差异，匹配后样本分布基本一致，满足共同支撑假设。

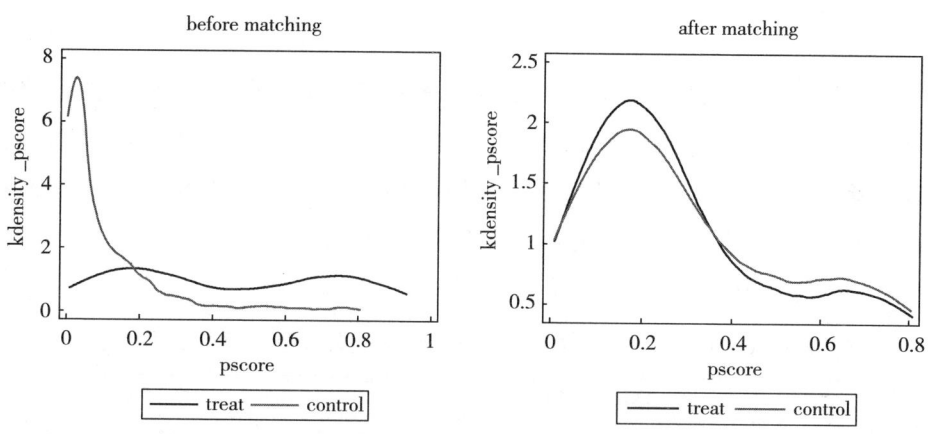

图 6-1　发行 ABS 与未发行样本 PSM 匹配前后密度函数图

表 6-8 提供了 PSM 配对后发行 ABS 组和未发行 ABS 组在盈利水平和资产质量风险方面的变化及差异检验。资产证券化显著增大了发行银行的不良资产率，2012—2016 年间，首次发行 ABS 组相比未发行 ABS 组不良资产率平均提升了 0.2%，且在统计上呈现 1% 的显著性水平；具体而言，主要体现在 2012—2014 年期间全国性银行发行占比较大时，也即在 2012 年资产证券化重启后的初步扩大试点阶段，商业银行通过发行资产支持证券增

大了资产质量风险，随着市场发展完善，在 2015—2016 年间较好控制了信贷项目投放风险，资产证券化对不良贷款率的影响不明显。与此同时，资产证券化显著降低了发行银行的资本收益率，表明在新型业务发展初期，资产质量下降直接降低了股东收益；随着资产质量风险的逐步控制，资产证券化对盈利水平的促进作用逐步显现，但受制于现阶段发行规模和数量限制，提升效果不显著。

表 6−8 发行 ABS 组与未发行组 PSM 配对后盈利和风险变化比较分析

VARIABLE	2012—2016 年				2012—2014 年				2015—2016 年			
	发行	未发行	均值差异	T 值	发行	未发行	均值差异	T 值	发行	未发行	均值差异	T 值
ΔROA	−0.001	−0.000	0.001	0.97	0.000	0.000	0.000	−0.01	−0.001	−0.001	0.000	−0.22
ΔROE	−0.012	−0.005	0.007	1.79 *	−0.003	−0.001	0.002	0.44	−0.015	−0.011	0.004	0.79
ΔNPL	0.002	0.000	−0.002	(−3.47) ***	0.002	−0.000	−0.002	(−2.35) **	0.002	0.000	−0.002	−1.66

注：*、**、*** 分别表示在 10%、5% 和 1% 水平上统计显著。

2. 首次发行和未发行银行盈利及风险对比分析

采用如上同样的方法对首次发行和未发行信贷资产支持证券的商业银行进行 PSM 配对。表 6−9 提供了 PSM 配对前后首次发行 ABS 组与未发行 ABS 组均值差异检验，配对前两组均值差异除流动性变量和资产规模变量外，绝大多数变量均在 1% 水平上显著差异；而配对后两组样本在各变量上均未呈现出显著的统计性差异，满足平衡性假设。

表 6−9　　PSM 配对前后首次发行 ABS 组与未发行 ABS 组均值差异检验

VARIABLE	PSM 配对前样本						PSM 配对后样本					
	首次发行 ABS		未发行 ABS		差异检验		首次发行 ABS		未发行 ABS		差异检验	
	N	mean	N	mean	均值差异	T 值	N	mean	N	mean	均值差异	T 值
L. ROA	58	0.010	429	0.011	0.001	2.62 ***	44	0.010	43	0.010	0.000	−0.02
L. Size	58	12.551	429	11.000	−1.551	(−8.78) ***	44	12.307	43	12.291	−0.037	−0.06
L. Liquid	58	0.623	429	0.612	−0.011	−0.82	44	0.624	43	0.610	−0.013	−0.61
L. Loan _ Ratio	58	0.426	429	0.458	0.032	2.51 **	44	0.433	43	0.421	−0.001	−0.56
L. Deposit _ Ratio	58	0.681	429	0.748	0.067	5.41 ***	44	0.690	43	0.681	−0.014	−0.45
L. Equity _ Ratio	58	0.069	429	0.082	0.013	6.30 ***	44	0.071	43	0.073	0.002	0.46
L. CAR	58	0.125	429	0.136	0.011	4.82 ***	44	0.127	43	0.130	0.003	0.81

续表

VARIABLE	PSM 配对前样本						PSM 配对后样本					
	首次发行 ABS		未发行 ABS		差异检验		首次发行 ABS		未发行 ABS		差异检验	
	N	mean	N	mean	均值差异	T 值	N	mean	N	mean	均值差异	T 值
L. Cost _ Oper	58	0.016	429	0.019	0.002	3.54***	44	0.017	43	0.016	-0.001	-0.29
L. NPL	58	0.012	429	0.014	0.002	2.63***	44	0.012	43	0.011	-0.001	-0.61

注：*、**、*** 分别表示在10%、5%和1%水平上统计显著。

图 6-2 提供了 PSM 配对前后密度函数图，配对前两组样本分布存在较大差异，匹配后样本分布基本一致，满足了共同支撑假设。

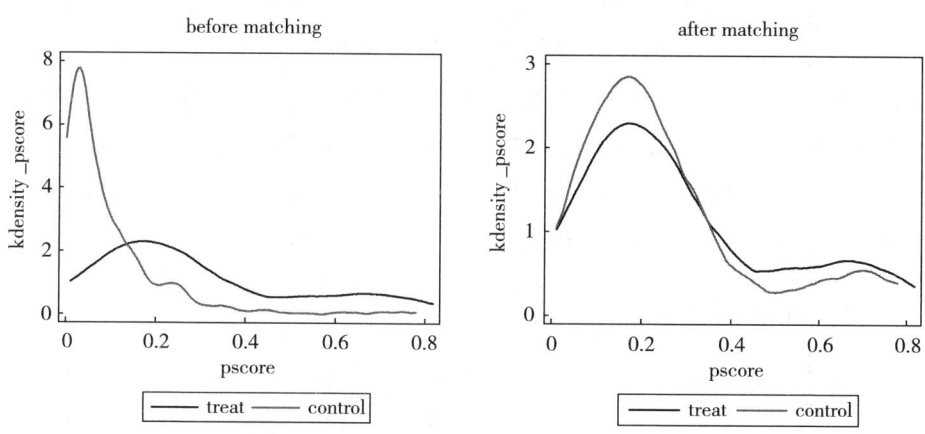

图 6-2 首次发行 ABS 与未发行样本 PSM 匹配前后密度函数图

表 6-10 提供了 PSM 配对后首次发行 ABS 组和未发行 ABS 组在盈利水平和资产质量风险方面的变化及差异检验，未发行组相比发行组在盈利变化上的差异并不显著。但资产证券化显著增大了发行银行的不良资产率，2012—2016 年间，首次发行 ABS 组相比未发行 ABS 组不良资产率平均提升了 0.1%，且在统计上呈现 5% 的显著性水平；具体而言，主要体现在 2015—2016 年间，即在资产证券化由审批制改为注册制以后，市场化发行逐步居于主导的情况下，商业银行通过发行资产支持证券扩大资金来源渠道，导致其更高的风险偏好，这与 Jiangli 和 Pritsker（2008）的研究结论一致。2015—2016 年间首次发行银行以地方性银行，尤其是城商行为主，表明城商行在首次发行后资产质量风险明显增大。

表 6 - 10　首次发行 ABS 组与未发行组 PSM 配对后盈利和风险变化比较分析

VARIABLE	2012—2016 年				2012—2014 年				2015—2016 年			
	首次发行	未发行	均值差异	T 值	首次发行	未发行	均值差异	T 值	首次发行	未发行	均值差异	T 值
ΔROA	-0.001	-0.001	0.000	0.16	0.000	0.000	0.000	0.29	-0.001	-0.002	-0.001	-0.54
ΔROE	-0.010	-0.004	0.006	1.21	-0.003	-0.001	0.002	0.67	-0.014	-0.010	0.004	0.56
ΔNPL	0.002	0.001	-0.001	(-2.03)**	0.002	0.001	-0.001	-0.93	0.003	0.001	-0.002	(-1.86)*

注：*、**、***分别表示在 10%、5% 和 1% 水平上统计显著。

　　综上分析可得，由于资产证券化属于新型表外业务，商业银行在发行初期均存在风险偏好提高，进而导致资产质量风险增大的发展阶段，这也为监管机构加强信贷资产证券化业务准入审核，采取逐步试点和扩大推广提供了支持性证据。由于市场发行规模和数量较小，加之市场处于发展完善阶段和商业银行管理能力限制带来的风险增大，资产证券化对银行资产收益率的提升作用不明显，同时可能带来净资产收益率的显著下降。结合第五章关于传统表外业务对股东盈利和风险的影响分析，一定程度上可以解释商业银行热衷于扩张传统表外资产规模，而对信贷资产证券化一度热情不高。

五、稳健性检验

　　除上文采取两种研究方法之外，本部分还进行了如下稳健性分析：

　　第一，考虑地方性银行发行 ABS 区间集中在 2014—2016 年，针对这一时间区间进行回归分析。如表 6 - 11 所示，首次发行 ABS 银行具有更高的不良贷款率，而且这一影响在城商行分组中更为显著，主要原因是 2014—2016 年新增发行 ABS 的银行中城商行占比更大；与此同时，发行 ABS 银行的资产收益率水平更高，但在城商行和农商行分组回归中不明显，这进一步说明现阶段由于资产证券化直接融资的成本优势未显现，对收益率水平的提升效应有限。

表 6 - 11　2014—2016 年地方性银行首次发行 ABS 与盈利和风险回归分析

VARIABLES	NPL			ROA	
	全样本	城商行	地方性银行	全样本	地方性银行
ABS	0.001	0.002	0.001	0.001	0.001
	(1.98)**	(2.96)***	(1.71)*	(2.21)**	(2.01)**

续表

VARIABLES	NPL			ROA	
	全样本	城商行	地方性银行	全样本	地方性银行
NIM	- 0. 180	- 0. 163	- 0. 182	0. 165	0. 164
	(- 2. 81) ***	(- 2. 58) **	(- 2. 82) ***	(5. 22) ***	(5. 20) ***
OBS	- 0. 023	- 0. 022	- 0. 024	0. 019	0. 019
	(- 2. 40) **	(- 1. 96) *	(- 2. 40) **	(3. 78) ***	(3. 76) ***
Other	- 0. 001	0. 001	- 0. 001	0. 003	0. 003
	(- 0. 41)	(0. 37)	(- 0. 43)	(2. 39) **	(2. 38) **
Equity _ Ratio	- 0. 022	- 0. 006	- 0. 022	0. 037	0. 037
	(- 0. 96)	(- 0. 19)	(- 0. 95)	(2. 75) ***	(2. 77) ***
Credit	0. 024	0. 073	0. 023	0. 041	0. 040
	(0. 55)	(1. 38)	(0. 52)	(1. 60)	(1. 59)
Liquid	- 0. 003	0. 007	- 0. 003	- 0. 011	- 0. 012
	(- 0. 30)	(0. 59)	(- 0. 35)	(- 2. 95) ***	(- 2. 99) ***
Loan _ Ratio	0. 004	0. 015	0. 003	0. 021	0. 021
	(0. 33)	(1. 23)	(0. 29)	(4. 22) ***	(4. 21) ***
Size	0. 008	0. 007	0. 008	- 0. 001	- 0. 001
	(4. 35) ***	(3. 44) ***	(4. 26) ***	(- 0. 73)	(- 0. 77)
Cost	0. 500	0. 373	0. 501	- 0. 295	- 0. 298
	(5. 03) ***	(2. 82) ***	(5. 00) ***	(- 4. 50) ***	(- 4. 49) ***
Constant	- 0. 075	- 0. 077	- 0. 073	- 0. 018	- 0. 017
	(- 3. 37) ***	(- 3. 11) ***	(- 3. 25) ***	(- 0. 76)	(- 0. 73)
Obs.	425	246	408	425	408
Bank	184	105	173	184	173
Model F	10. 13	6. 23	9. 05	21. 11	20. 56
Adj R2	0. 304	0. 319	0. 296	0. 639	0. 638

注：各方程均采用固定效应回归方法，括号内为经过聚类稳健标准误调整后的 T 值。 * 、 ** 、 *** 分别表示在10% 、5% 和1% 的水平上统计显著。ROA 回归方程（列4 和列5）包含宏观经济因素及行业竞争外部控制变量；资产质量风险同上原因不考虑外部变量。

第二，采用随机效应模型进行多元回归分析。同前述第四章和第五章，采用随机效应面板模型针对盈利水平和资产质量风险回归分析发行信贷资产证券化和首次发行信贷资产证券化的影响效应，研究结论基本一致。

第三，替换变量。同前述第四章和第五章，资产负债结构、流动性水平、风险偏好、竞争环境等采用相同的替代变量，分别进行多元回归分析和双重差分分析，研究结论基本一致。

本章小结

本章实证检验了 2012 年重启试点以来发行信贷资产支持证券和首次发行信贷资产支持证券对银行盈利水平和资产质量风险的影响。研究表明，信贷资产证券化对于提升银行盈利水平具有正向作用，但同时增大了银行风险偏好，导致资产质量风险提升，不良贷款率提高。这一效应在不同类型银行，以及发行信贷资产支持证券和首次发行信贷资产支持证券的不同情形下存在差异：

1. 对于全国性银行而言，发行信贷资产支持证券和首次发行信贷资产支持证券银行相比未发行银行具有更高的资产收益率，与此同时发行银行信贷风险偏好提高，资产质量下降。对于地方性银行，尤其是对城商行而言，发行资产支持证券显著降低了资产质量，不良贷款率显著提升，资产收益率并未得到显著改善。

2. 资产证券化业务对银行盈利和风险的影响存在阶段性不同，作为一种新型表外业务，总体而言，在发行初始阶段资产质量风险增大，不良贷款率提高显著，随着市场发展完善和商业银行对新业务的管理能力增强，风险随之下降，对盈利水平的提升作用开始显现。

3. 信贷资产证券化对于银行股东盈利的提升作用将相对滞后。一方面，发行信贷资产支持证券直接作用于银行存量资产占用减少，而资本收益率的提升仍取决于资产盘活以后的资金再运用，以及直接融资市场的低成本优势逐步发挥；另一方面，在资产证券化业务初期阶段，由于资产质量下降和不良贷款率提升，甚至可能导致资本收益率的明显下降。结合第五章针对传统表外业务对股东盈利和风险的影响分析，一定程度上为商业银行热衷于传统表外资产扩张，而对信贷资产证券化一度热情不高提供了解释。

第七章　银行表外业务转型的政策建议

国际金融危机后，受国家经济刺激政策以及利率市场化改革等系列外部政策环境影响，商业银行面临更加激烈的同业竞争，并受到直接融资市场发展的强烈冲击，在这一过程中，伴随着经济持续发展，居民投资需求和中小企业融资需求的迫切愿望，供给双方共同促使传统表外业务呈现爆发式增长态势；与此同时，信贷资产证券化这一新型表外业务被监管机构和市场主体寄予厚望，以期盘活存量资产、释放系统风险，历经试点过程一波三折逐步进入常态化发展。本书基于这一商业银行业务发展实际，在搜集整理近 200 家商业银行研究数据的基础上，对表外业务发展动因及经济后果进行了系统研究，得出了较为客观的研究结论，并为下一步监管政策制定和商业银行规划表外业务发展策略提出针对性建议。

第一节　研究结论

本书基于金融危机后 2009—2016 年商业银行研究样本，分析表外业务发展现状、动因及经济后果，并对传统表外业务和信贷资产证券化这一新型表外业务展开研究，揭示信贷资产证券化在促进商业银行表外业务发展转型过程中的积极作用。主要结论归纳如下。

1. 表外业务发展的阶段性特征

现阶段，我国商业银行表外业务发展具有典型的阶段性特征，突出表现在：表外业务与表内信贷业务密切联系，传统表外业务创新主要体现在表外资产运用，能够弥补表内利息收入下滑和平滑盈利波动；资产证券化通过盘活存量信贷资产，支持表内信贷业务循环发展。表外业务是商业银行参与直接融资市场应对金融脱媒的主要方式，能够增加传统表外业务收入，并通过资产证券化以期获取资本市场低成本直接融资。在我国特殊金融体制和监管背景下，传统表外业务创新成为商业银行规避信贷规模和额度监管的重要手段，资产证券化有助于缓解套利行为，促进表内业务和表外业务协调发展。

2. 表外业务发展的内外部影响因素

在内外部经济政策环境驱动下，商业银行同业竞争加剧是引致表外业务快速发展的直接诱因，外部竞争程度越激烈，表外业务发展水平越高；与此同时，商业银行根据自身市场占有率采取差异化发展策略，具体而言：对于全国性大型银行而言，市场占有率越高，表外业务发展动机越大；对于地方性中小型银行而言，市场占有率越高，越倾向于发展传统信贷业务。商业银行经营管理"三性原则"是其发展表外业务的主要内生驱动因素，经营管理水平越高，越有助于发展表外业务，因为表外业务创新要求更高的人才、技术等资源投入和管理能力。流动性水平对各类型银行发展表外业务的策略影响存在差异，全国性银行面临更大的流动性管理压力，表外业务一定程度上成为其流动性管理的手段，更低的流动性管理水平驱动其发展表外业务，以缓解结构性流动不足的压力；地方性中小型银行具有更低的风险承受能力，因而当流动性水平更高时，为了提高资金利用效率更倾向于发展表外业务。表外业务属于创新业务，通常伴随着更高的不确定性和风险性，因而风险偏好越低，表外业务发展动力越小。目前市场发展初期阶段内部因素是影响信贷资产证券化业务开展的主导原因，资产证券化流动性管理动机在各类型银行中初步显现。

3. 传统表外业务对银行盈利和风险的影响

表外业务对银行盈利和风险的影响应结合其对表内信贷业务的替代和协同效应综合分析，以揭示其内在逻辑关系。利率市场化改革趋势下面临信贷业务利差收窄，商业银行采取不同的策略积极拓展表外业务以弥补信贷利息收入下滑：地方性银行受到监管要求的限制更为严格，资源禀赋优势缺乏，因而通过表内外业务腾挪实现表内信贷业务表外化达到监管套利的目的；全国性银行具有统一的客户信息管理平台和技术，具有更庞大的客户关系群，因而积极运用交叉销售策略主动应对经营转型，降低表内信贷业务定价水平，促进表外业务发展以获取盈利的长期增长。

整体而言，表外业务拓展了商业银行的利润来源，提升了银行盈利水平，并降低了资产组合风险，但表外业务对各类型银行盈利和风险的影响存在显著差异。全国性银行借助于自身优势大力拓展表外资产业务，在监管层要求表内外统一授信前，增大了资本金覆盖的风险暴露水平，因而表外业务发展水平越高，伴随着更高的杠杆风险。表外业务对城商行而言，显著提升了盈利并降低了资产组合风险；对于农商行而言提升了盈利水平，但经风险调整后的盈利不明显，即表外业务增大了农商行盈利波动，再次印证自身经营管理能力是驱动农商行表外业务发展的主要内部驱动因素。

表外业务对股东盈利和风险均具有积极的促进作用，利用净资产收益率衡量表外业务发展的经济后果将会增大收益、低估风险，为监管层加强资本金管理提供了理论支持。

4. 资产证券化对银行盈利和风险的影响

对于全国性银行而言，发行信贷资产支持证券银行相比未发行银行具有更高的资产收益率，与此同时发行银行信贷风险偏好提高，资产质量下降。对于地方性银行而言，发行资产支持证券显著降低了资产质量，不良贷款率显著提升，资产收益率并未得到显著改善，现阶段城商行占据发行银行的较大比重，这一效应在城商行中更为明显。

资产证券化业务对银行盈利和风险的影响存在阶段性不同，发行初始阶段资产质量风险增大，不良贷款率显著提高，随着市场发展完善和商业银行对新业务的管理能力增强，风险随之下降，对盈利水平的提升作用开始显现。

信贷资产证券化对于银行股东盈利的提升作用将相对滞后。一方面，发行信贷资产支持证券直接作用于银行存量资产占用减小，而资本收益率的提升仍取决于资产盘活以后的资金再运用，以及直接融资市场的低成本优势逐步发挥；在资产证券化业务初期阶段，由于资产质量下降和不良贷款率提升，甚至可能导致资本收益率的明显下降。结合传统表外业务对股东盈利和风险的影响分析，一定程度上为商业银行热衷于传统表外资产扩张，而对信贷资产证券化一度热情不高提供了解释。

表 7 – 1 表外业务对银行盈利和风险影响一览表

表外业务	银行类型	盈利水平	资产组合风险	风险调整后盈利水平	杠杆风险	资产质量风险
传统表外业务	全国性银行	↑	↓	↑	↑	—
	城商行	↑	↓	↑	—	—
	农商行	↑	↑	—	—	—
资产证券化	全国性银行	↑	—	—	—	↑
	地方性银行	↑	—	—	—	↑

第二节　政策建议

商业银行在金融体系中具有特殊的地位，尤其是在我国间接融资占主导的情况下，商业银行发展事关金融稳定和经济健康发展。表外业务发展对商业银行经营的影响是一把双刃剑，一方面有助于拓展利润来源、增加盈利；另一方面金融创新又可能导致经营风险，甚至扩展至整个银行业带来系统性风险增大。因此，表外业务的健康发展需要监管层、行业协会以及银行自身的共同努力。

一、监管着力点：信息透明性

从国际经验来看，传统表外业务结构简单、风险影响有限，因而并未给予更高关注，巴塞尔银行监管委员会 1986 年发布《银行表外业务风险管理》后再未更新过，各国监管机构主要针对衍生类高风险表外业务进行特别规定（张晓朴等，2014）。而我国现阶段衍生类表外业务较少，相当部分表外业务主要用于规避监管套利。

在监管过程中要避免过度监管抑制金融创新，需要认识到表外业务发展是商业银行应对内外环境变化的必然选择，同时也要避免监管套利对整体风险的影响，以及规避信贷投向带来经济结构调整政策效果受损。因此，监管层主要着力点应当是信息的公开透明性，加强商业银行表外业务信息披露机制的政策制定和执行，从而引导商业银行在合理的范围内创新业务品种，推动业务结构和收入结构逐步调整。

二、行业着力点：交易规范性

目前商业银行表外业务的典型特点是基于原本简单的交易结构进行复杂的产品设计和银行同业、非银金融机构多方参与，进而创设出诸多非标准化金融工具，使得商业银行和监管部门在风险识别和计量上存在较大困难。

银行业协会和银行间市场交易商协会等行业组织机构具有收集市场交易产品的信息优势，在此基础上开展市场调研分析和产品设计，提升金融创新的层次，提升表外业务投资工具的标准化水平，推动表外业务阳光化发展。例如，银行间市场交易商协会推出的 ABN（资产支持票据），鼓励非金融企业在银行间债券市场发行由基础资产产生的现金流作为还款支持、约定在一定期限内还本付息的债务融资工具，商业银行可以通过表外理财资金直接投资，既能够满足非金融企业融资需求，又丰富银行理财资金投资品种，避免通过其他通道机构投向非标债权，导致信息不透明和加大监管难度。

三、银行着力点：策略差异性

通过本书的研究结论可知，表外业务发展对于不同类型银行的盈利和风险影响存在显著差异，因而商业银行应根据自身资源禀赋和监管定位，制定合理的长期发展战略规划，采取差异化表外业务发展策略，避免在利率市场化改革等外部环境冲击下盲目拓展业务，损害长期利益。具体而言：

全国性银行仍然是未来表外业务发展的主导力量，实现表内信贷业务、传统表外业务以及新型表外业务协调发展，促进业务结构多元化和协同发展。全国性银行具有规模优势和技术、人才优势，应着力提升表外业务创新水平，借助客户关系管理细分产品市场和推出差异化金融服务，丰富居民投资品种；大力拓展短期融资券、中期票据等商业银行直接融资业务，提高承销类投资银行业务收入占比，改善表外业务收入结构。与此同时，金融脱媒和第三方支付正在侵蚀商业银行最为原始的结算类表外业务，而支付结算作为伴随银行业成立即存在的一类表外业务，在未来民营银行放开、村镇银行雨后春笋般成立的背景下，具有广阔的发展空间（如代理清算等），而支付结算，尤其是实时业务的急速拓展对商业银行技术平台等硬件和软件均有很高要求，全国性银行在着眼于表外业务创新的同时，也应关注传统表外业务升级创新。

农商行本应是县域融资的核心中坚力量，近年来脱实向虚，急速扩大债券、非标等投资业务，传统信贷业务占比下滑已基本与全国性银行持平。虽然短期内发展非传统业务能够扩大收益来源，但农商行整体投资管理能力远不能匹配资本市场发展变化速度，未来随着市场交易更加复杂，运用衍生金融产品管理风险将对农商行提出更高挑战，甚至带来巨大风险。因此，农商行应该专注于表内信贷业务，并积极拓展承兑、担保类对表内信贷客户具有增值效应的表外业务，在县域或市域、省域范围内培育自身品牌效应，提升利用表外业务为客户提供增值服务的能力，进而增强客户粘性，获得更高的边际信贷利差收益。

城商行在资源实力、经营管理能力方面均介于全国性银行和农商行之间，尤其是随着近年来的发展，部分城商行通过跨省扩张其发展规模已与全国性银行无异，而另一部分城商行居于一隅，和当地大型农商行基本比肩。因此，本研究认为虽然监管部门仍区分城商行类别，但城商行应根据自身实力分别采取不同的表外业务发展策略：已实现跨省经营，规模较大的城商行应采取多元化发展路径，积极培育更具优势的人力资源和创新能力，与全国性银行在信贷业务和表外创新业务上展开角逐；而经营范围限定在本市、本省范围内的城商行应精耕传统信贷业务，与当地农商行对标发展。

资产证券化能够促进商业银行盘活存量信贷资产，释放信贷规模占用和促进表内业务与表外业务协调发展，提升资产收益率，而商业银行是高杠杆经营企业，相比资本收益率，资产收益率的提升意义更为重大。就目前资产证券化发展状况而言，全国性银行运用不足，资产证券化规模占存量资产的比重过低，抑制其对资产收益的作用发挥，应着力研究结构化产品设计，增强资产支持证券的市场吸引力；地方银行尤其是城商行发展速度较快，且资产规模占比在各类型银行中最高，但资金运用中应注意控制信贷项目风险，避免资产质量下降带来的较高风险；农商行现阶段仍需注重自身管理能力提升，审慎推进信贷资产证券化业务。

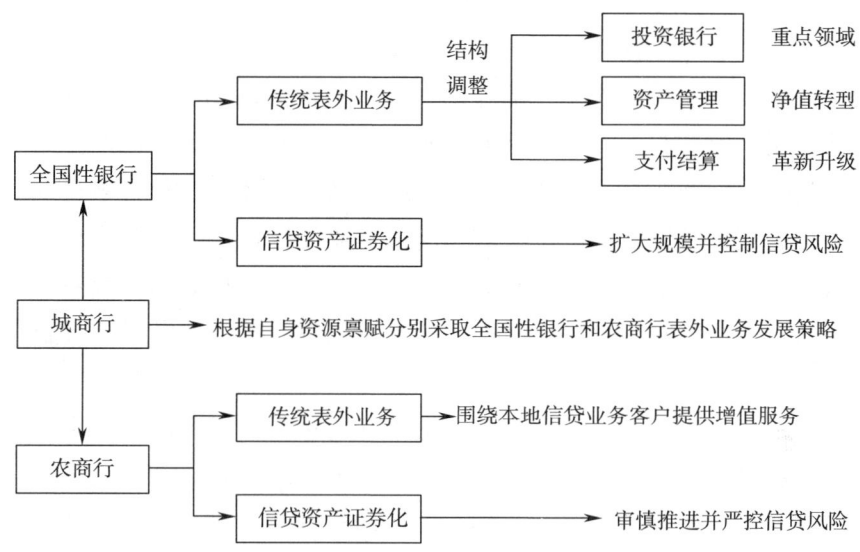

图 7 – 1　商业银行表外业务发展差异化策略建议

第三节　研究局限与未来展望

由于表外业务信息披露透明度低、交易复杂，与信贷业务的关系纷繁交错，加之涉及金融体系监管和宏观政策环境，限于作者学识及时间精力有限，仍存在诸多不足之处。主要在于：

1. 关于传统表外业务的研究不足。由于数据获取难度大，本研究仅从表外业务收入方面衡量其业务发展水平，而未能获取表外资产规模数据；同时不同类型银行表外业务结构数据缺失，未能针对传统表外业务结构展开细致探讨。

2. 关于信贷资产证券化的系统研究。信贷资产证券化在理论上对于解决现阶段我国商业银行面临的存量资产沉淀、资本金限制等具有重要的现实意义，本研究限于市场发展仍处于初期阶段，监管准入仍占据主导地位，市场化发行动机尚未充分体现；在业务规模和发行数量上还较小，相关的经济后果初步显现，未能针对不同类型银行进一步深入探讨。

基于此，未来的研究方向将着力于以下几个方面：

第一，基于本书的研究，全国性银行在表外业务和表内信贷业务间采取交叉销售策略主动推进收入结构调整和经营转型，未来应着力推进业务多元化发展。理论上，依据传统表外业务与信贷业务的关系可区分为互补类和替代类（刘莉亚等，2014），商业银行可能基于不同的表外业务属性采取差异化的交叉销售策略，即降低表内信贷业务定价水平发展表外业务或降低表外业务收入以促进信贷利差收入提升，后续将在数据可获得的基础上进行进一步拓展研究，以拓展相关的理论文献，并为业务发展提供针对性的实践指导。

第二，持续关注信贷资产证券化业务发展及影响研究。信贷资产证券化及其相关研究在国内仍十分缺乏，后续将随着市场化、常态化发展深化研究各类型银行发展动机，以及其对资产结构调整、收入结构变化和资产质量风险方面的影响，丰富相关理论文献，并为促进证券化健康发展和发挥其对商业银行表外业务转型、金融体系稳定的正向促进作用提供理论支持。

本章小结

本章总结归纳了本书的主要研究结论，在此基础上，从监管层、行业协会和银行主体三个层面提出了针对性政策建议。

目前我国表外业务发展具有明显的阶段性特征，与表内信贷业务交错转化，业务创新层出不穷；基于利率市场化背景下主动经营转型以及出于规避监管的信贷规模腾挪等动机相互叠加；信贷资产证券化步入常态化发展，发行范围和发行规模快速增长，促进表外业务发展转型和表内外业务协调发展的作用亟待深入探讨。

现阶段各类型商业银行表外业务呈现快速增长态势，是内外因素共同作用下的必然结果。外部竞争环境加剧推动商业银行开拓新的利润增长来源，盘活存量信贷资产，提高资金周转效率；内部竞争满足商业银行经营管理三性原则要求，在安全性、盈利性和流动性之间达到最优平衡状态。

不同类型商业银行存在资源禀赋和监管环境差异，发展表外业务的具体动机也有不同。

　　表外业务整体上促进了商业银行盈利增加，而表内外业务纳入统一监管的政策变化导致资本金约束增大，全国性银行面临更大的杠杆风险；农商行经营管理水平相对薄弱，表外创新业务带来更大的盈利波动风险。信贷资产证券化发展初期商业银行信贷风险偏好增大，资产质量下降，但随着市场发展完善和商业银行对新业务的管理能力增强，风险随之下降，对盈利水平的提升作用开始显现。

　　商业银行表外业务健康发展和创新转型需要政府、市场和银行自身协同推动。政府层面监管部门应着力于信息透明化，充分揭示和暴露风险，建立健全完善的市场监管制度体系，激发商业银行创新活力，同时树立规范经营意识；市场层面行业协会等中介组织应推动市场交易机制创新和产品设计创新，畅通交易环节和降低交易费用，完善金融基础设施建设，弱化监管套利等风险行为；银行自身应制定差异化发展策略，借助新技术手段，创新金融产品和挖掘客户需求，充分发挥信贷资产证券化盘活存量资产、提高资金周转效率的作用，促进表内外业务协调发展。

附录一：2012—2016 年银行证券化发行概览

年份	全国性银行	城商行	农商行
2012	建设银行	—	—
	交通银行	—	—
	中国银行	—	—
2013	工商银行	—	—
	民生银行	—	—
	邮政储蓄银行	—	—
2014	工商银行	北京银行	广东顺德农商行
	交通银行	渤海银行	吉林九台农商行
	民生银行	汉口银行	江苏江南农商行
	农业银行	杭州银行	江苏无锡农商行
	平安银行	河北银行	山东广饶农商行
	浦发银行	华融湘江银行	温州龙湾农商行
	兴业银行	徽商银行	
	招商银行	江苏银行	
	中国银行	江西银行	
	中信银行	南京银行	
	邮政储蓄银行	宁波银行	
		青岛银行	
		上海银行	
		台州银行	
		天府银行	
		重庆银行	
		包商银行	
2015	渤海银行	北京银行	广东深圳农商行
	工商银行	成都银行	广州农商行

附录一：2012—2016 年银行证券化发行概览

续表

年份	全国性银行	城商行	农商行
2015	广发银行	富滇银行	江苏海安农商行
	华夏银行	广州银行	江苏江南农商行
	建设银行	贵阳银行	江苏江阴农商行
	交通银行	桂林银行	青岛农商行
	民生银行	汉口银行	厦门农商行
	农业银行	华融湘江银行	上海农商行
	平安银行	华商银行	
	浦发银行	江苏银行	
	兴业银行	锦州银行	
	招商银行	晋商银行	
	浙商银行	南京银行	
	中国银行	宁波银行	
	中信银行	青岛银行	
	恒丰银行	盛京银行	
		天津银行	
		威海银行	
		五矿银行	
		烟台银行	
		张家口银行	
		长安银行	
		长治银行	
		珠海华润银行	
2016	渤海银行	东莞银行	东莞农商行
	工商银行	广州银行	广东顺德农商行
	广发银行	贵阳银行	呼和浩特金谷农商行
	恒丰银行	桂林银行	江苏江南农商行
	华夏银行	哈尔滨银行	江苏吴江农商行
	建设银行	杭州银行	江苏张家港农商行
	交通银行	湖北银行	江苏紫金农商行
	民生银行	徽商银行	浙江新昌农商行
	农业银行	江苏银行	

169

续表

年份	全国性银行	城商行	农商行
2016	平安银行	金城银行	
	浦发银行	晋城银行	
	兴业银行	南京银行	
	邮政储蓄银行	宁波银行	
	招商银行	平顶山银行	
	浙商银行	厦门银行	
	中国银行	苏州银行	
	中信银行	泰隆银行	
		天府银行	
		温州银行	
		长沙银行	
		长治银行	
		郑州银行	

附录二：银行证券化主要监管制度

中国人民银行　中国银行业监督管理委员会公告

〔2005〕第7号

为规范信贷资产证券化试点工作，保护投资人及相关当事人的合法权益，提高信贷资产流动性，丰富证券品种，中国人民银行、中国银行业监督管理委员会制定了《信贷资产证券化试点管理办法》，现予公布。

中国人民银行

中国银行业监督管理委员会

二〇〇五年四月二十日

信贷资产证券化试点管理办法

第一章　总　则

第一条　为了规范信贷资产证券化试点工作，保护投资人及相关当事人的合法权益，提高信贷资产流动性，丰富证券品种，根据《中华人民共和国中国人民银行法》、《中华人民共和国银行业监督管理法》、《中华人民共和国信托法》等法律及相关法规，制定本办法。

第二条　在中国境内，银行业金融机构作为发起机构，将信贷资产信托给受托机构，由受托机构以资产支持证券的形式向投资机构发行受益证券，以该财产所产生的现金支付资产支持证券收益的结构性融资活动，适用本办法。

受托机构应当依照本办法和信托合同约定，分别委托贷款服务机构、资金保管机构、证券登记托管机构及其他为证券化交易提供服务的机构履行相应职责。

受托机构以信托财产为限向投资机构承担支付资产支持证券收益的义务。

第三条　资产支持证券由特定目的信托受托机构发行，代表特定目的信托的信托受益权份额。

资产支持证券在全国银行间债券市场上发行和交易。

第四条　信贷资产证券化发起机构、受托机构、贷款服务机构、资金保管机构、证券登记托管机构、其他为证券化交易提供服务的机构和资产支持证券投资机构的权利和义务，依照有关法律法规、本办法的规定和信托合同等合同（以下简称相关法律文件）的约定。

受托机构依照有关法律法规、本办法的规定和相关法律文件约定，履行受托职责。发起机构、贷款服务机构、资金保管机构、证券登记托管机构及其他为证券化交易提供服务的机构依照有关法律法规、本办法的规定和相关法律文件约定，履行相应职责。

资产支持证券投资机构（也称资产支持证券持有人）按照相关法律文件约定享有信托财产利益并承担风险，通过资产支持证券持有人大会对影响其利益的重大事项进行决策。

第五条　从事信贷资产证券化活动，应当遵循自愿、公平、诚实信用的原则，不得损害国家利益和社会公共利益。

第六条　受托机构因承诺信托而取得的信贷资产是信托财产，独立于发起机构、受托机构、贷款服务机构、资金保管机构、证券登记托管机构及其他为证券化交易提供服务的机构的固有财产。

受托机构、贷款服务机构、资金保管机构及其他为证券化交易提供服务的机构因特定目的信托财产的管理、运用或其他情形而取得的财产和收益，归入信托财产。

发起机构、受托机构、贷款服务机构、资金保管机构、证券登记托管机构及其他为证券化交易提供服务的机构因依法解散、被依法撤销或者被依法宣告破产等原因进行清算的，信托财产不属于其清算财产。

第七条　受托机构管理运用、处分信托财产所产生的债权，不得与发起机构、受托机构、贷款服务机构、资金保管机构、证券登记托管机构及其他为证券化交易提供服务机构的固有财产产生的债务相抵销；受托机构管理运用、处分不同信托财产所产生的债权债务，不得相互抵销。

第八条 受托机构、贷款服务机构、资金保管机构、证券登记托管机构及其他为证券化交易提供服务的机构，应当恪尽职守，履行诚实信用、谨慎勤勉的义务。

第九条 中国银行业监督管理委员会（以下简称中国银监会）依法监督管理有关机构的信贷资产证券化业务活动。有关监管规定由中国银监会另行制定。

第十条 中国人民银行依法监督管理资产支持证券在全国银行间债券市场上的发行与交易活动。

第二章　信贷资产证券化发起机构与特定目的信托

第十一条 信贷资产证券化发起机构是指通过设立特定目的信托转让信贷资产的金融机构。

第十二条 发起机构应在全国性媒体上发布公告，将通过设立特定目的信托转让信贷资产的事项，告知相关权利人。

第十三条 发起机构应与受托机构签订信托合同，载明下列事项：

（一）信托目的；

（二）发起机构、受托机构的名称、住所；

（三）受益人范围和确定办法；

（四）信托财产的范围、种类、标准和状况；

（五）本办法第十四条规定的赎回或置换条款；

（六）受益人取得信托利益的形式、方法；

（七）信托期限；

（八）信托财产的管理方法；

（九）发起机构、受托机构的权利与义务；

（十）接受受托机构委托代理信托事务的机构的职责；

（十一）受托机构的报酬；

（十二）资产支持证券持有人大会的组织形式与权力；

（十三）新受托机构的选任方式；

（十四）信托终止事由。

第十四条 在信托合同有效期内，受托机构若发现作为信托财产的信贷资产在入库起算日不符合信托合同约定的范围、种类、标准和状况，应当要求发起机构赎回或置换。

第三章　特定目的信托受托机构

第十五条 特定目的信托受托机构（以下简称受托机构）是因承诺信托而负责管理特定目的信托财产并发行资产支持证券的机构。

第十六条 受托机构由依法设立的信托投资公司或中国银监会批准的其他机构担任。

第十七条 受托机构依照信托合同约定履行下列职责：

（一）发行资产支持证券；

（二）管理信托财产；

（三）持续披露信托财产和资产支持证券信息；

（四）依照信托合同约定分配信托利益；

（五）信托合同约定的其他职责。

第十八条 受托机构必须委托商业银行或其他专业机构担任信托财产资金保管机构，依照信托合同约定分别委托其他有业务资格的机构履行贷款服务、交易管理等其他受托职责。

第十九条 有下列情形之一的，受托机构职责终止：

（一）被依法取消受托机构资格；

（二）被资产支持证券持有人大会解任；

（三）依法解散、被依法撤销或者被依法宣告破产；

（四）受托机构辞任；

（五）法律、行政法规规定的或信托合同约定的其他情形。

第二十条 受托机构被依法取消受托机构资格、依法解散、被依法撤销或者被依法宣告破产的，在新受托机构产生前，由中国银监会指定临时受托机构。

受托机构职责终止的，应当妥善保管资料，及时办理移交手续；新受托机构或者临时受托机构应及时接收。

第四章　贷款服务机构

第二十一条　贷款服务机构是接受受托机构委托，负责管理贷款的机构。

贷款服务机构可以是信贷资产证券化发起机构。

第二十二条　受托机构应与贷款服务机构签订服务合同，载明下列事项：

（一）受托机构、贷款服务机构的名称、住所；

（二）贷款服务机构职责；

（三）贷款管理方法与标准；

（四）受托机构、贷款服务机构的权利与义务；

（五）贷款服务机构的报酬；

（六）违约责任；

（七）其他事项。

第二十三条　贷款服务机构依照服务合同约定管理作为信托财产的信贷资产，履行下列职责：

（一）收取贷款本金和利息；

（二）管理贷款；

（三）保管信托财产法律文件，并使其独立于自身财产的法律文件；

（四）定期向受托机构提供服务报告，报告作为信托财产的信贷资产信息；

（五）服务合同约定的其他职责。

第二十四条　贷款服务机构应有专门的业务部门，对作为信托财产的信贷资产单独设账，单独管理。

第二十五条　贷款服务机构应按照服务合同要求，将作为信托财产的信贷资产回收资金转入资金保管机构，并通知受托机构。

第二十六条　受托机构若发现贷款服务机构不能按照服务合同约定的方式、标准履行职责，经资产支持证券持有人大会决定，可以更换贷款服务机构。

受托机构更换贷款服务机构应及时通知借款人。

第五章　资金保管机构

第二十七条　资金保管机构是接受受托机构委托，负责保管信托财产账户资金的机构。

信贷资产证券化发起机构和贷款服务机构不得担任同一交易的资金保管机构。

第二十八条　受托机构应与资金保管机构签订资金保管合同，载明下列事项：

（一）受托机构、资金保管机构的名称、住所；

（二）资金保管机构职责；

（三）资金管理方法与标准；

（四）受托机构、资金保管机构的权利与义务；

（五）资金保管机构的报酬；

（六）违约责任；

（七）其他事项。

第二十九条　资金保管机构依照资金保管合同管理资金，履行下列职责：

（一）安全保管信托财产资金；

（二）以信贷资产证券化特定目的信托名义开设信托财产的资金账户；

（三）依照资金保管合同约定方式，向资产支持证券持有人支付投资收益；

（四）依照资金保管合同约定方式和受托机构指令，管理特定目的信托账户资金；

（五）按照资金保管合同约定，定期向受托机构提供资金保管报告，报告资金管理情况和资产支持证券收益支付情况；

（六）资金保管合同约定的其他职责。

依照信托合同约定，受托机构也可委托其他服务机构履行上述（三）、（四）、（五）项职责。

第三十条　在向投资机构支付信托财产收益的间隔期内，资金保管机构只能按照合同约定的方式和受托机构指令，将信托财产收益投资于流动性好、变现能力强的国债、政策性金融债及中国人民银行允许投资的其他金融产品。

第三十一条　受托机构若发现资金保管机构不能按照合同约定方式、标准保管资金，经资产支持证券持有人大会决定，可以更换资金保管机构。

第六章　资产支持证券发行与交易

第三十二条　受托机构在全国银行间债券市场发行资产支持证券应当向中国人民银行提交下列文件：

（一）申请报告；

（二）发起机构章程或章程性文件规定的权力机构的书面同意文件；

（三）信托合同、贷款服务合同和资金保管合同及其他相关法律文件草案；

（四）发行说明书草案（格式要求见附件）；

（五）承销协议；

（六）中国银监会的有关批准文件；

（七）执业律师出具的法律意见书；

（八）注册会计师出具的会计意见书；

（九）资信评级机构出具的信用评级报告草案及有关持续跟踪评级的说明；

（十）中国人民银行规定提交的其他文件。

第三十三条　中国人民银行应当自收到资产支持证券发行全部文件之日起 5 个工作日内决定是否受理申请。中国人民银行决定不受理的，应书面通知申请人不受理原因；决定受理的，应当自受理申请之日起 20 个工作日内作出核准或不核准的书面决定。

第三十四条　资产支持证券可通过内部或外部信用增级方式提升信用等级。

第三十五条　资产支持证券在全国银行间债券市场发行与交易应聘请具有评级资质的资信评级机构，对资产支持证券进行持续信用评级。

资信评级机构应保证其信用评级客观公正。

第三十六条　发行资产支持证券时，发行人应组建承销团，承销人可在发行期内向其他投资者分销其所承销的资产支持证券。

第三十七条　资产支持证券名称应与发起机构、受托机构、贷款服务机构和资金保管机构名称有显著区别。

第三十八条　资产支持证券的发行可采取一次性足额发行或限额内分期发行的方式。分期发行资产支持证券的，在每期资产支持证券发行前 5 个工作日，受托机构应将最终的发行说明书、评级报告及所有最终的相关法律文件报中国人民银行备案，并按中国人民银行的要求披露有关信息。

第三十九条　资产支持证券的承销可采用协议承销和招标承销等方式。承销机构应为金融机构，并须具备下列条件：

（一）注册资本不低于 2 亿元人民币；

（二）具有较强的债券分销能力；

（三）具有合格的从事债券市场业务的专业人员和债券分销渠道；

（四）最近两年内没有重大违法、违规行为；

（五）中国人民银行要求的其他条件。

第四十条　资产支持证券在全国银行间债券市场发行结束后 10 个工作日内，受托机构应当向中国人民银行和中国银监会报告资产支持证券发行情况。

第四十一条　资产支持证券可以向投资者定向发行。定向发行资产支持证券可免于信用评级。定向发行的资产支持证券只能在认购人之间转让。

第四十二条　资产支持证券在全国银行间债券市场发行结束之后 2 个月内，受托机构可根据《全国银行间债券市场债券交易流通审核规则》的规定申请在全国银行间债券市场交易资产支持证券。

第四十三条　资产支持证券在全国银行间债券市场登记、托管、交易、结算应按照《全国银行间债券市场债券交易管理办法》等有关规定执行。

第七章　信息披露

第四十四条　受托机构应当在资产支持证券发行前和存续期间依法披露信托财产和资产支持证券信息。信息披露应通过中国人民银行指定媒体进行。

受托机构及相关知情人在信息披露前不得泄露其内容。

第四十五条　受托机构应保证信息披露真实、准确、完整、及时，不得有虚假记载、误导性陈述和重大遗漏。

接受受托机构委托为证券化交易提供服务的机构应按照相关法律文件约定，向受托机构提供有关信息报告，并保证所提供信息真实、准确、完整、及时。

第四十六条 受托机构应当在发行资产支持证券 5 个工作日前发布最终的发行说明书。

第四十七条 受托机构应在发行说明书的显著位置提示投资机构：资产支持证券仅代表特定目的信托受益权的相应份额，不是信贷资产证券化发起机构、特定目的信托受托机构或任何其他机构的负债，投资机构的追索权仅限于信托财产。

第四十八条 在资产支持证券存续期内，受托机构应核对由贷款服务机构和资金保管机构定期提供的贷款服务报告和资金保管报告，定期披露受托机构报告，报告信托财产信息、贷款本息支付情况、证券收益情况和中国人民银行、中国银监会规定的其他信息。

第四十九条 受托机构应及时披露一切对资产支持证券投资价值有实质性影响的信息。

第五十条 受托机构年度报告应经注册会计师审计，并由受托机构披露审计报告。

第五十一条 受托机构应于信息披露前将相关信息披露文件分别报送全国银行间同业拆借中心和中央国债登记结算有限责任公司。

全国银行间同业拆借中心和中央国债登记结算有限责任公司应为资产支持证券信息披露提供服务，及时将违反信息披露规定的行为向中国人民银行报告并公告。

第八章　资产支持证券持有人权利及其行使

第五十二条 资产支持证券持有人依照相关法律文件约定，享有下列权利：

（一）分享信托利益；

（二）参与分配清算后的剩余信托财产；

（三）依法转让其持有的资产支持证券；

（四）按照规定要求召开资产支持证券持有人大会；

（五）对资产支持证券持有人大会审议事项行使表决权；

（六）查阅或者复制公开披露的信托财产和资产支持证券信息资料；

（七）信托合同和发行说明书约定的其他权利。

第五十三条 下列事项应当通过召开资产支持证券持有人大会审议决定，信托合同如已有明确约定，从其约定。

（一）更换特定目的信托受托机构；

（二）信托合同约定的其他事项。

第五十四条 资产支持证券持有人大会由受托机构召集。受托机构不召集的，资产支持证券持有人有权依照信托合同约定自行召集，并报中国人民银行备案。

第五十五条 召开资产支持证券持有人大会，召集人应当至少提前三十日公告资产支持证券持有人大会的召开时间、地点、会议形式、审议事项、议事程序和表决方式等事项。

资产支持证券持有人大会不得就未经公告的事项进行表决。

第五十六条 资产支持证券持有人大会可以采取现场方式召开，也可以采取通讯等方式召开。

资产支持证券持有人依照信托合同约定享有表决权，资产支持证券持有人可以委托代理人出席资产支持证券持有人大会并行使表决权。

第五十七条 资产支持证券持有人大会决定的事项，应当报中国人民银行备案，并予以公告。

第九章　附　则

第五十八条 与信贷资产证券化相关的会计、税收处理规定和房地产抵押登记变更规定，由国务院有关部门另行规定。

第五十九条 购买和持有资产支持证券的投资管理政策由有关监管机构另行规定。

第六十条 本办法自发布之日起实施。

第六十一条 本办法由中国人民银行和中国银行业监督管理委员会负责解释。

中国银行业监督管理委员会令

2005 年第 3 号

《金融机构信贷资产证券化监督管理办法》已经 2005 年 9 月 29 日中国银行业监督管理委员会第 38 次主席会议通过。现予公布，自 2005 年 12 月 1 日起施行。

主席　刘明康

二〇〇五年十一月七日

金融机构信贷资产证券化试点监督管理办法

第一章　总　　则

第一条　为规范信贷资产证券化试点工作，促进金融机构审慎开展信贷资产证券化业务，有效管理和控制信贷资产证券化业务中的相关风险，保护投资人及相关当事人的合法权益，根据《中华人民共和国银行业监督管理法》、《中华人民共和国商业银行法》、《中华人民共和国信托法》等有关法律、行政法规和《信贷资产证券化试点管理办法》，制定本办法。

第二条　本办法所称金融机构，是指在中华人民共和国境内依法设立的商业银行、政策性银行、信托投资公司、财务公司、城市信用社、农村信用社以及中国银行业监督管理委员会（以下简称银监会）依法监督管理的其他金融机构。

第三条　在中华人民共和国境内，银行业金融机构作为发起机构，将信贷资产信托给受托机构，由受托机构以资产支持证券的形式向投资机构发行受益证券，以该财产所产生的现金支付资产支持证券收益的结构性融资活动，适用本办法。

第四条　金融机构作为信贷资产证券化发起机构、受托机构、信用增级机构、贷款服务机构、资金保管机构、资产支持证券投资机构等从事信贷资产证券化业务活动，应当依照有关法律、行政法规、部门规章的规定和信贷资产证券化相关法律文件的约定，履行相应职责，并有效地识别、计量、监测和控制相关风险。

第五条 银监会依法对金融机构的信贷资产证券化业务活动实施监督管理。未经银监会批准，金融机构不得作为信贷资产证券化发起机构或者特定目的信托受托机构从事信贷资产证券化业务活动。

第二章 市场准入管理

第六条 信贷资产证券化发起机构是指通过设立特定目的信托转让信贷资产的金融机构。

第七条 银行业金融机构作为信贷资产证券化发起机构，通过设立特定目的信托转让信贷资产，应当具备以下条件：

（一）具有良好的社会信誉和经营业绩，最近三年内没有重大违法、违规行为；

（二）具有良好的公司治理、风险管理体系和内部控制；

（三）对开办信贷资产证券化业务具有合理的目标定位和明确的战略规划，并且符合其总体经营目标和发展战略；

（四）具有适当的特定目的信托受托机构选任标准和程序；

（五）具有开办信贷资产证券化业务所需要的专业人员、业务处理系统、会计核算系统、管理信息系统以及风险管理和内部控制制度；

（六）最近三年内没有从事信贷资产证券化业务的不良记录；

（七）银监会规定的其他审慎性条件。

第八条 特定目的信托受托机构是指在信贷资产证券化过程中，因承诺信托而负责管理特定目的信托财产并发行资产支持证券的机构。受托机构由依法设立的信托投资公司或者银监会批准的其他机构担任。

第九条 信托投资公司担任特定目的信托受托机构，应当具备以下条件：

（一）根据国家有关规定完成重新登记三年以上；

（二）注册资本不低于五亿元人民币，并且最近三年年末的净资产不低于五亿元人民币；

（三）自营业务资产状况和流动性良好，符合有关监管要求；

（四）原有存款性负债业务全部清理完毕，没有发生新的存款性负债或者以信托等业务名义办理的变相负债业务；

（五）具有良好的社会信誉和经营业绩，到期信托项目全部按合同约定顺利完成，没有挪用信托财产的不良记录，并且最近三年内没有重大违法、违规行为；

（六）具有良好的公司治理、信托业务操作流程、风险管理体系和内部控制；

（七）具有履行特定目的信托受托机构职责所需要的专业人员、业务处理系统、会计核算系统、管理信息系统以及风险管理和内部控制制度；

（八）已按照规定披露公司年度报告；

（九）银监会规定的其他审慎性条件。

第十条 信托投资公司申请特定目的信托受托机构资格，应当向银监会提出申请，并且报送下列文件和资料（一式三份）：

（一）申请报告；

（二）公司营业执照、注册资本证明和重新登记完成三年以上的证明；

（三）管理特定目的信托财产的操作规程、会计核算制度、风险管理和内部控制制度；

（四）管理特定目的信托财产的业务主管人员和主要业务人员的名单和履历；

（五）公司最近三个会计年度经审计的财务报表；

（六）申请人自律承诺书；

（七）银监会要求提交的其他文件和资料。

第十一条 银监会应当自收到信托投资公司的完整申请材料之日起五个工作日内决定是否受理申请。银监会决定不受理的，应当书面通知申请人并说明理由；决定受理的，应当自受理之日起一个月内做出批准或者不批准的书面决定。

第十二条 其他金融机构申请特定目的信托受托机构资格的市场准入条件和程序，由银监会另行制定。

第十三条 银行业金融机构作为发起机构，将信贷资产信托给受托机构，由受托机构以资产支持证券的形式向投资机构发行受益证券，应当由符合本办法第七条规定条件的银行业金融机构与获得特定目的信托受托机构资格的金融机构向银监会联合提出申请，并且报送下列文件和资料（一式三份）：

（一）由发起机构和受托机构联合签署的申请报告；

（二）可行性研究报告；

（三）信贷资产证券化业务计划书；

（四）信托合同、贷款服务合同、资金保管合同及其他相关法律文件草案；

（五）执业律师出具的法律意见书草案、注册会计师出具的会计意见书草案、资信评级机构出具的信用评级报告草案及有关持续跟踪评级安排的说明；

（六）发起机构对特定目的信托受托机构的选任标准及程序；

（七）发起机构信贷资产证券化的业务流程、会计核算制度、风险管理和内部控制制度；

（八）发起机构信贷资产证券化业务主管人员和主要业务人员的名单和履历；

（九）受托机构对贷款服务机构、资金保管机构、信贷资产证券化交易中其他有关机构的选任标准及程序；

（十）受托机构在信贷财产收益支付的间隔期内，对信托财产收益进行投资管理的原则及方式说明；

（十一）银监会要求提交的其他文件和资料。

前款第（三）项所称信贷资产证券化业务计划书应当包括以下内容：

（一）发起机构、受托机构、贷款服务机构、资金保管机构及其他参与证券化交易的机构的名称、住所及其关联关系说明；

（二）发起机构、受托机构、贷款服务机构和资金保管机构在以往证券化交易中的经验及违约记录说明；

（三）设立特定目的信托的信贷资产选择标准、资产池情况说明及相关统计信息；

（四）资产池信贷资产的发放程序、审核标准、担保形式、管理方法、违约贷款处置程序及方法；

（五）交易结构及各参与方的主要权利与义务；

（六）信托财产现金流需要支付的税费清单，各种税费支付来源、支付环节和支付优先顺序；

（七）资产支持证券发行计划，包括资产支持证券的分档情况、各档次的本金数额、信用等级、票面利率、期限和本息偿付优先顺序；

（八）信贷资产证券化交易的内外部信用增级方式及相关合同草案；

（九）清仓回购条款等选择性或强制性的赎回或终止条款；

（十）该信贷资产证券化交易的风险分析及其控制措施；

（十一）拟在发行说明书显著位置对投资机构进行风险提示的内容；

（十二）银监会要求的其他内容。

第十四条 银监会应当自收到发起机构和受托机构联合报送的完整申请材料之日起五个工作日内决定是否受理申请。银监会决定不受理的，应当书面通知申请人并说明理由；决定受理的，应当自受理之日起三个月内做出批准或者不批准的书面决定。

第三章 业务规则与风险管理

第十五条 金融机构应当根据本机构的经营目标、资本实力、风险管理能力和信贷资产证券化业务的风险特征，确定是否从事信贷资产证券化业务以及参与的方式和规模。

第十六条 金融机构在开展信贷资产证券化业务之前，应当充分识别和评估可能面临的信用风险、利率风险、流动性风险、操作风险、法律风险和声誉风险等各类风险，建立相应的内部审批程序、业务处理系统、风险管理和内部控制制度，由信贷管理部门、资金交易部门、风险管理部门、法律部门/合规部门、财务会计部门和结算部门等相关部门对信贷资产证券化的业务处理和风险管理程序进行审核和认可，必要时还需获得董事会或其授权的专门委员会的批准。

第十七条 金融机构应当充分认识其因从事信贷资产证券化业务而承担的义务和责任，并根据其在信贷资产证券化业务中担当的具体角色，针对信贷资产证券化业务的风险特征，制定相应的风险管理政策和程序，以确保持续有效地识别、计量、监测和控制信贷资产证券化业务中的风险，

資产证券化：银行表外业务转型新视角

同时避免因在信贷资产证券化交易中担当多种角色而可能产生的利益冲突。

金融机构应当将对信贷资产证券化业务的风险管理纳入其总体的风险管理体系。

第十八条 金融机构的董事会和高级管理层应当了解信贷资产证券化业务及其所包含的风险，确定开展信贷资产证券化业务的总体战略和政策，确保具备从事信贷资产证券化业务和风险管理所需要的专业人员、管理信息系统和会计核算系统等人力、物力资源。从事信贷资产证券化业务和风险管理的工作人员应当充分了解信贷资产证券化业务的法律关系、交易结构、主要风险及其控制方法和技术。

第一节　发起机构

第十九条 信贷资产证券化发起机构拟证券化的信贷资产应当符合以下条件：

（一）具有较高的同质性；

（二）能够产生可预测的现金流收入；

（三）符合法律、行政法规以及银监会等监督管理机构的有关规定。

第二十条 发起机构应当按照公平的市场交易条件和条款转让信贷资产，并且不得违反法律、行政法规、银监会等监督管理机构的有关规定以及贷款合同的约定。

第二十一条 发起机构应当准确区分和评估通过信贷资产证券化交易转移的风险和仍然保留的风险，并对所保留的风险进行有效的监测和控制。

发起机构应当按照本办法第四章的有关规定，对所保留的风险计提资本。

第二十二条 发起机构应当确保受托机构在资产支持证券发行说明书的显著位置提示投资机构：资产支持证券不代表发起机构的负债，资产支持证券投资机构的追索权仅限于信托财产。发起机构除了承担在信托合同和可能在贷款服务合同等信贷资产证券化相关法律文件中所承诺的义务和责任外，不对信贷资产证券化业务活动中可能产生的其他损失承担义务和责任。

第二节　特定目的信托受托机构

第二十三条 特定目的信托受托机构应当在资产支持证券发行结束后十个工作日内，向银监会报告资产支持证券的发行情况，并向银监会报送与发起机构、信用增级机构、贷款服务机构和其他为信贷资产证券化交易提供服务的机构正式签署的相关法律文件。

在资产支持证券存续期内，受托机构应当向银监会报送所披露的受托机构报告。

第二十四条 受托机构应当将作为信托财产的信贷资产与其固有财产和其他信托财产分别记账，分别管理。不同证券化交易中的信托财产也应当分别记账，分别管理。

第二十五条 受托机构应当在下列事项发生后五个工作日内向银监会报告：

（一）作为信托财产的信贷资产质量发生重大变化，可能无法按时向投资机构支付资产支持证券收益；

（二）受托机构、贷款服务机构、资金保管机构违反有关法律、行政法规、部门规章的规定或者信贷资产证券化相关法律文件约定，可能会影响资产支持证券收益的按时支付；

（三）外部信用增级机构发生变更；

（四）资产支持证券和其他证券化风险暴露的信用评级发生变化；

（五）发生清仓回购；

（六）银监会规定的其他可能导致信贷资产证券化业务活动产生重大损失的事项。

第二十六条 受托机构因辞任、被资产支持证券持有人大会解任或者信托合同约定的其他情形而终止履行职责的，应当在五个工作日内向银监会报告。

新受托机构应当自签署信托合同之日起五个工作日内向银监会报告，并报送新签署的信托合同以及其他相关法律文件。

第二十七条 贷款服务机构更换的，受托机构应当及时通知借款人，并在五个工作日内向银监会报告，报送新签署的贷款服务合同。

资金保管机构更换的，受托机构应当在五个工作日内向银监会报告，并报送新签署的资金保管合同。

第二十八条 受托机构应当在资产支持证券发行说明书的显著位置提示投资机构：资产支持证券仅代表特定目的信托受益权的相应份额，不是受托机构的负债。受托机构以信托财产为限向投资机构承担支付资产支持证券收益的义务，不对信贷资产证券化业务活动中可能产生的其他损失承担义务和责任。

第三节 信用增级机构

第二十九条 本办法所称信用增级是指在信贷资产证券化交易结构中通过合同安排所提供的信用保护。信用增级机构根据在相关法律文件中所承诺的义务和责任，向信贷资产证券化交易的其他参与机构提供一定程度的信用保护，并为此承担信贷资产证券化业务活动中的相应风险。

第三十条 信用增级可以采用内部信用增级和/或外部信用增级的方式提供。内部信用增级包括但不限于超额抵押、资产支持证券分层结构、现金抵押账户和利差账户等方式。外部信用增级包括但不限于备用信用证、担保和保险等方式。

第三十一条 金融机构提供信用增级，应当在信贷资产证券化的相关法律文件中明确规定信用增级的条件、保护程度和期限，并将因提供信用增级而承担的义务和责任与因担当其他角色而承担的义务和责任进行明确的区分。

第三十二条 金融机构应当在法律、行政法规和银监会等监督管理机构有关规定允许的范围内，按照公平的市场交易条件和条款，约定提供信用增级的条件、条款及其所承担的义务和责任。

第三十三条 信用增级机构应当确保受托机构在资产支持证券发行说明书中披露信贷资产证券化交易中的信用增级安排情况，并在其显著位置提示投资机构：信用增级仅限于在信贷资产证券化相关法律文件所承诺的范围内提供，信用增级机构不对信贷资产证券化业务活动中可能产生的其他损失承担义务和责任。

第三十四条 商业银行为信贷资产证券化交易提供信用增级，应当按照本办法第四章的有关规定计提资本。

第四节 贷款服务机构

第三十五条 贷款服务机构是指在信贷资产证券化交易中，接受受托机构委托，负责管理贷款的机构。贷款服务机构应当由在中华人民共和国境内依法设立并具有经营贷款业务资格的金融机构担任。

第三十六条 贷款服务机构可以是信贷资产证券化的发起机构。贷款服务机构为发起机构的，应当与受托机构签署单独的贷款服务合同。

第三十七条 贷款服务机构根据与受托机构签署的贷款服务合同，收取证券化资产的本金、利息和其他收入，并及时、足额转入受托机构在资金保管机构开立的资金账户。

第三十八条 贷款服务机构应当制定管理证券化资产的政策和程序，由专门的业务部门负责履行贷款管理职责。证券化资产应当单独设账，与贷款服务机构自身的信贷资产分开管理。不同信贷资产证券化交易中的证券化资产也应当分别记账，分别管理。

第三十九条 贷款服务机构履行贷款服务职能，应当具备所需要的专业人员以及相应的业务处理系统和管理信息系统。

第四十条 贷款服务费用应当按照公平的市场交易条件和条款确定。

第四十一条 贷款服务机构应当确保受托机构在资产支持证券发行说明书的显著位置提示投资机构：贷款服务机构根据贷款服务合同履行贷款管理职责，并不表明其为信贷资产证券化业务活动中可能产生的损失承担义务和责任。

第四十二条 银监会根据贷款服务机构在信贷资产证券化业务活动中所承担义务和责任的经济实质，判断其是否形成证券化风险暴露。如果形成证券化风险暴露，贷款服务机构应当按照本办法第四章的有关规定计提资本。

第五节　资金保管机构

第四十三条 资金保管机构是指在信贷资产证券化交易中，接受受托机构委托，负责保管信托财产账户资金的机构。

信贷资产证券化发起机构和贷款服务机构不得担任同一交易的资金保管机构。

第四十四条 受托机构应当选择具备下列条件的商业银行担任资金保管机构：

（一）有专门的业务部门负责履行信托资金保管职责；

（二）具有健全的资金保管制度和风险管理、内部控制制度；

（三）具备安全保管信托资金的条件和能力；

（四）具有足够的熟悉信托资金保管业务的专职人员；

（五）具有安全高效的清算、交割系统；

（六）具有符合要求的营业场所、安全防范设施和与保管信托资金有关的其他设施；

（七）最近三年内没有重大违法、违规行为。

第四十五条 资金保管机构应当为每项信贷资产证券化信托资金单独设账，单独管理，并将所保管的信托资金与其自有资产和管理的其他资产严格分开管理。

第四十六条 在向资产支持证券投资机构支付信托财产收益的间隔期内，资金保管机构发现对信托财产收益进行投资管理的投资指令违反法律、行政法规、其他有关规定或者资金保管合同约定的，应当及时向银监会报告。

第六节 资产支持证券投资机构

第四十七条 金融机构按照法律、行政法规和银监会等监督管理机构的有关规定可以买卖政府债券、金融债券的，也可以在法律、行政法规和银监会等监督管理机构有关规定允许的范围内投资资产支持证券。

第四十八条 金融机构投资资产支持证券，应当充分了解可能面临的信用风险、利率风险、流动性风险、法律风险等各类风险，制定相应的投资管理政策和程序，建立投资资产支持证券的业务处理系统、管理信息系统和风险控制系统。

参与资产支持证券投资和风险管理的工作人员应当在充分了解信贷资产证券化的交易结构、资产池资产状况、信用增级情况、信用评级情况等信息的基础上做出投资决策，分析资产支持证券的风险特征并运用相应的风险管理方法和技术控制相关风险。

第四十九条 金融机构投资资产支持证券，将面临资产池资产所包含的信用风险。金融机构应当根据资产池资产的客户、地域和行业特征，将其纳入本机构统一的信用风险管理体系，包括对风险集中度的管理。

第五十条 金融机构投资资产支持证券，应当实行内部限额管理，根据本机构的风险偏好、资本实力、风险管理能力和信贷资产证券化的风险特征，设定并定期审查、更新资产支持证券的投资限额、风险限额、止损限额等，同时对超限额情况制定监控和处理程序。

第五十一条 金融机构负责资产支持证券投资的部门应当与负责风险管理的部门保持相对独立。在负责资产支持证券投资的部门内部，应当将前台与后台严格分离。

第五十二条 信贷资产证券化发起机构不得投资由其发起的资产支持证券，但发起机构持有最低档次资产支持证券的除外。

特定目的信托受托机构不得用所有者权益项下的资金或者信托资金投资由其发行的资产支持证券，但受托机构依据有关规定（或合同）进行提前赎回的除外。

第五十三条 信贷资产证券化的其他参与机构投资在同一证券化交易中发行的资产支持证券，应当建立有效的内部风险隔离机制，由与在证券化交易中履行其他职责（如贷款服务和资金保管职责）相独立的部门负责资产支持证券的投资管理，并且不得利用信息优势进行内幕交易或者操纵市场。

第五十四条 商业银行投资资产支持证券，应当按照本办法第四章的有关规定计提资本。

第五十五条 信托投资公司所有者权益项下依照规定可以运用的资金以及信托项下委托人不为自然人的信托资金，可以投资于资产支持证券。信托投资公司所有者权益项下资产支持证券的投资余额不得超过其净资产的50%，自用固定资产、股权投资和资产支持证券的投资余额总和不得超过其净资产的80%。

第四章　资本要求

第五十六条 从事信贷资产证券化业务的商业银行应当按照《商业银行资本充足率管理办法》和本办法计算资本充足率。

第五十七条 为充分抵御因从事信贷资产证券化业务而承担的风险，商业银行应当基于信贷资产证券化业务的经济实质，而不仅限于法律形式计提资本。

第五十八条 商业银行因从事信贷资产证券化业务而形成的风险暴露称为证券化风险暴露。证券化风险暴露包括但不限于资产支持证券和信用增级。储备账户如果作为发起机构的资产，应当视同于证券化风险暴露。

前款所称储备账户包括但不限于现金抵押账户和利差账户。

第五十九条 商业银行作为信贷资产证券化发起机构、信用增级机构、投资机构或者贷款服务机构等从事信贷资产证券化业务，只要产生了证券化风险暴露，就应当计提相应的资本。

银监会有权根据信贷资产证券化业务的经济实质，判断商业银行是否持有证券化风险暴露，并确定应当如何计提资本。

第六十条 在符合下列所有条件的情况下，发起机构才能在计算风险加权资产时扣减被证券化的信贷资产：

（一）与被转让信贷资产相关的重大信用风险已经转移给了独立的第三方机构。

（二）发起机构对被转让的信贷资产不再拥有实际的或者间接的控制。

发起机构证明对被转让的信贷资产不再拥有实际的或者间接的控制，至少需要由执业律师出具法律意见书，表明发起机构与被转让的信贷资产实现了破产隔离。

发起机构对被转让的信贷资产保留实际的或者间接的控制，包括但不限于下列情形：

1. 发起机构为了获利，可以赎回被转让的信贷资产，但发起机构按照《信贷资产证券化试点管理办法》第十四条规定，因已转让的信贷资产被发现在入库起算日不符合信托合同约定的范围、种类、标准和状况而被要求赎回或置换的除外；

2. 发起机构有义务承担被转让信贷资产的重大信用风险。

（三）发起机构对资产支持证券的投资机构不承担偿付义务和责任。

（四）在信托合同和信贷资产证券化其他相关法律文件中不包括下列条款：

1. 要求发起机构改变资产池中的资产，以提高资产池的加权平均信用质量，但通过以市场价格向独立的第三方机构转让资产除外；

2. 在信贷资产转让之后，仍然允许发起机构追加第一损失责任或者加大信用增级的支持程度；

3. 在资产池信用质量下降的情况下，增加向除发起机构以外的其他参与机构支付的收益。

（五）清仓回购符合本办法第六十八条所规定的条件。

在符合上述（一）至（五）项条件的情况下，发起机构仍然应当为所保留的证券化风险暴露计提资本。

在上述（一）至（五）项条件中任何一项不符合的情况下，发起机构都应当按照资产证券化前的资本要求计提资本。

第六十一条 银监会按照客观性、独立性、国际通用性、信息披露充分性、可信度、资源充足性、对资产支持证券评级的专业能力、评级方法和结果的公开性、市场接受程度等标准，确定资信评级机构对信贷资产证券化交易的评级是否可以作为确定风险权重的依据。

第六十二条 银监会认可资信评级机构对信贷资产证券化交易的信用评级作为确定风险权重依据的，证券化风险暴露的风险权重按照本办法附录所示的对应关系确定。

长期评级在 BB＋（含 BB＋）到 BB－（含 BB－）之间的，非发起机构应当对所持有的证券化风险暴露运用 350% 的风险权重，发起机构应当将证券化风险暴露从资本中扣减。

最高档次的证券化风险暴露未进行评级的，按照被转让信贷资产的平均风险权重确定风险权重。其他未评级的证券化风险暴露，从资本中扣减。

第六十三条 同一证券化风险暴露具有两个不同的评级结果时，商业银行应当运用所对应的较高风险权重。

同一证券化风险暴露具有三个或者三个以上的评级结果时，商业银行应当从所对应的两个较低的风险权重中选用较高的一个风险权重。

本办法采用标准普尔的评级符号仅为示例目的，银监会不指定资信评级机构的选用。

第六十四条 信贷资产证券化交易没有信用评级或者信用评级未被银监会认可作为风险权重依据的，商业银行应当区别以下情形，为证券化风险暴露计提资本：

（一）将第一损失责任从资本中扣减；

（二）对最高档次的证券化风险暴露，按照被转让信贷资产的平均风险权重确定风险权重；

（三）对其他的证券化风险暴露，运用100%的风险权重。

证券化风险暴露由《商业银行资本充足率管理办法》规定的保证主体提供具有风险缓释作用的保证的，按照对保证人直接债权的风险权重确定风险权重。

第六十五条 对表外的证券化风险暴露，运用100%的信用转换系数。

第六十六条 商业银行为信贷资产证券化交易提供保证的，不论资产证券化交易的信用评级是否作为确定风险权重的依据，都应当根据本办法第六十四条的规定确定被保证对象的风险权重，并以此作为该项保证的风险权重。

第六十七条 在将证券化风险暴露从资本中扣减的情况下，应当首先从需要扣减的证券化风险暴露中扣除所计提的专项准备或者减值准备，然后再从核心资本和附属资本中分别扣减扣除专项准备或者减值准备后证券化风险暴露的50%。

第六十八条 如果信贷资产证券化交易合同中含有清仓回购条款，在符合下列条件的情况下，发起机构可以不为其计提资本：

（一）发起机构有权决定是否进行清仓回购，清仓回购的行使无论在形式还是实质上都不是强制性的；

（二）清仓回购安排不会免除信用增级机构或者资产支持证券投资机构理应承担的损失，或者被用来提供信用增级；

（三）只有在资产池或者以该资产池为基础发行的资产支持证券余额降至10%或者10%以下时，才能进行清仓回购。

在上述任何一项条件不符合的情况下，发起机构都应当按照资产证券化前的资本要求计提资本。

第六十九条 商业银行为信贷资产证券化业务所计提的资本，以被转让信贷资产证券化前的资本要求为上限。

第七十条 商业银行以超过合同义务的方式为信贷资产证券化交易提供隐性支持的，银监会有权要求其按照被转让信贷资产证券化前的资本要求计提资本，并要求其公开披露所提供的隐性支持和为此需要增加的资本。

商业银行提供隐性支持的方式包括但不限于以下情形：

（一）以高于市场价格的方式从资产池赎回部分资产，或赎回资产池中信用质量下降的资产，但发起机构按照《信贷资产证券化试点管理办法》第十四条规定，因已转让的信贷资产被发现在入库起算日不符合信托合同约定的范围、种类、标准和状况而被要求赎回或置换的除外；

（二）以打折的方式向资产池再次注入信贷资产；

（三）增加合同约定之外的第一损失责任。

第五章　监督管理

第七十一条　从事信贷资产证券化业务活动的金融机构应当按照规定向银监会报送与信贷资产证券化业务有关的财务会计报表、统计报表和其他报告。有关规定由银监会另行制定。

第七十二条　从事信贷资产证券化业务活动的金融机构在信贷资产证券化业务中出现重大风险和损失时，应当及时向银监会报告，并提交应对措施。

第七十三条　银监会应当根据金融机构在信贷资产证券化业务中担当的具体角色，定期对其信贷资产证券化业务的合规性和风险状况进行现场检查。

第七十四条　金融机构应当按照银监会关于信息披露的有关规定，披露其从事信贷资产证券化业务活动的有关信息，披露的信息应当至少包括以下内容：

（一）从事信贷资产证券化业务活动的目的；

（二）在信贷资产证券化业务活动中担当的角色、提供的服务、所承担的义务、责任及其限度；

（三）当年所开展的信贷资产证券化业务概述；

（四）发起机构的信用风险转移或者保留程度；

（五）因从事信贷资产证券化业务活动而形成的证券化风险暴露及其数额；

（六）信贷资产证券化业务的资本计算方法和资本要求；

（七）对所涉及信贷资产证券化业务的会计核算方式。

金融机构应当在每个会计年度终了后的四个月内披露上述信息。因特殊原因不能按时披露的，应当至少提前十五个工作日向银监会申请延期。

第七十五条 金融机构违反本办法第三章规定的审慎经营规则从事信贷资产证券化业务活动，或者未按照本办法第四章有关规定计提资本的，应当根据银监会提出的整改建议，在规定的时限内向银监会提交整改方案并采取整改措施。

对于在规定的时限内未能采取有效整改措施或者其行为造成重大损失的金融机构，银监会有权采取下列措施：

（一）暂停金融机构开展新的信贷资产证券化业务；

（二）责令调整董事、高级管理人员或者限制其权利；

（三）《中华人民共和国银行业监督管理法》第三十七条规定的其他措施。

第七十六条 特定目的信托受托机构有下列情形之一的，银监会有权取消其担任特定目的信托受托机构的资格：

（一）经营状况发生恶化，连续两年出现亏损；

（二）在担任特定目的信托受托机构期间出现重大失误，未能尽职管理信托财产而被解任；

（三）严重损害信托财产以及信贷资产证券化发起机构、投资机构和其他相关机构的利益；

（四）银监会认为影响其履行受托机构职责的其他重大事项。

第六章　法律责任

第七十七条 未经银监会批准，金融机构作为信贷资产证券化发起机构或者特定目的信托受托机构从事信贷资产证券化业务活动的，由银监会依据《中华人民共和国银行业监督管理法》第四十四条的规定，予以处罚。

第七十八条 金融机构从事信贷资产证券化业务活动，有下列情形之一的，由银监会依据《中华人民共和国银行业监督管理法》第四十五条的规定，予以处罚：

（一）违反本办法规定投资资产支持证券，或者严重违反本办法第三章、第四章规定的其他审慎经营规则的；

（二）提供虚假的或者隐瞒重要事实的报表、报告等文件、资料的；

（三）未按照规定进行风险揭示或者信息披露的；

（四）拒绝执行本办法第七十五条规定的措施的。

第七十九条 金融机构从事信贷资产证券化业务活动，未按照规定向银监会报告或者报送有关文件、资料的，由银监会依据《中华人民共和国银行业监督管理法》第四十六条的规定，予以处罚。

第八十条 金融机构从事信贷资产证券化业务活动的其他违法违规行为，由银监会依据《中华人民共和国银行业监督管理法》、《中华人民共和国商业银行法》、《中华人民共和国信托法》、《金融违法行为处罚办法》等有关法律、行政法规，予以处罚。

第八十一条 金融机构从事信贷资产证券化业务活动，违反有关法律、行政法规和部门规章规定的，银监会除依照本办法第七十七条至第八十条规定处罚外，还可以依据《中华人民共和国银行业监督管理法》第四十七条和《金融违法行为处罚办法》的相关规定，对直接负责的董事、高级管理人员和其他直接责任人员进行处理；构成犯罪的，依法追究刑事责任。

第七章 附 则

第八十二条 商业银行投资境外资产支持证券，参照本办法计提资本。

第八十三条 从事信贷资产证券化业务活动的农村合作银行、城市信用社、农村信用社、财务公司计算证券化风险暴露的资本要求，比照适用本办法。从事信贷资产证券化业务活动的外国银行在华分行参照本办法计算营运资金加准备金等之和中的人民币份额与其风险资产中的人民币份额的比例。

第八十四条 信托投资公司以外的不适用于资本充足率考核的金融机构投资资产支持证券的有关规定，由银监会另行制定。

第八十五条 未设立董事会的金融机构，应当由其经营决策机构履行本办法规定的董事会的有关职责。

第八十六条 本办法下列用语的含义：

（一）"超额抵押"是指在信贷资产证券化交易中，将资产池价值超过资产支持证券票面价值的差额作为信用保护的一种内部信用增级方式，该差额用于弥补信贷资产证券化业务活动中可能会产生的损失。

（二）"资产支持证券分层结构"是指在信贷资产证券化交易中，将资产支持证券按照受偿顺序分为不同档次证券的一种内部信用增级方式。在这一分层结构中，较高档次的证券比较低档次的证券在本息支付上享有优先权，因此具有较高的信用评级；较低档次的证券先于较高档次的证券承担损失，以此为较高档次的证券提供信用保护。

（三）"现金抵押账户"是指信贷资产证券化交易中的一种内部信用增级方式。现金抵押账户资金由发起机构提供或者来源于其他金融机构的贷款，用于弥补信贷资产证券化业务活动中可能产生的损失。

（四）"利差账户"是指信贷资产证券化交易中的一种内部信用增级方式。利差账户资金来源于信贷资产利息收入和其他证券化交易收入减去资产支持证券利息支出和其他证券化交易费用之后所形成的超额利差，用于弥补信贷资产证券化业务活动中可能产生的损失。

（五）"第一损失责任"是指信用增级机构向信贷资产证券化交易中的其他参与机构提供的首要的财务支持或者风险保护。

（六）"清仓回购"是指在全部偿还资产池资产或者资产支持证券之前，赎回证券化风险暴露的一种选择权。清仓回购的通常做法是在资产池或者资产支持证券余额降至一定的水平之后，赎回剩余的证券化风险暴露。

第八十七条　本办法由银监会负责解释。

第八十八条　本办法自 2005 年 12 月 1 日起施行。

中国银监会办公厅关于进一步加强信贷资产证券化业务管理工作的通知

银监办发〔2008〕23 号

国家开发银行，中国工商银行、中国农业银行、中国银行、中国建设银行、交通银行，各股份制商业银行：

自 2005 年信贷资产证券化试点工作启动以来，部分银行相继开办了该项业务，业务规模日益扩大。为保障信贷资产证券化业务的稳健发展，切实加强风险监管，现就有关事项通知如下：

一、强调资产质量，循序渐进推进证券化业务。各行要根据自身业务水平及管理能力等情况循序渐进发展证券化业务。鉴于目前市场情况及投资者风险偏好和承受能力，应强调资产质量，证券化资产以好的和比较好的资产为主；如试点不良资产证券化，由于其风险特征完全不同，各行要切实做好违约风险和信用（经营）风险的分散和信息披露工作。

二、确保"真实出售"，控制信贷风险。一是发起行要切实落实证券化资产的"出表"要求，做到真实出售，降低银行信贷风险；二是发起行要准确区分和评估交易转移的风险和仍然保留的风险，对保留的风险必须进行有效的监测和控制。

三、强调"经济实质"，严格资本计提。参与证券化业务的相关银行要严格遵循资本监管的有关要求，对于风险的衡量应依据交易的"经济实质"，而不仅仅是"法律形式"，准确判断资产证券化是否实现了风险的有效转移，对于因证券发起、信用增级、投资以及贷款服务等形成的证券化风险暴露都要计提资本，确保资本充足和审慎经营。

四、加强风险管理和内部控制，防范操作风险。一是在发起资产支持证券时，发起行应建立针对性较强的证券化业务内部风险管理制度，具体内容应涵盖业务流程与管理、基础资产选调流程、证券化业务会计处理方法等。要确保将信贷资产证券化业务风险管理纳入总体风险管理体系，持续有效地识别、计量、监测和控制各类相关风险。二是在履行贷款服务功能时，贷款服务银行要明确信息提供、资金划付等工作的业务操作流程和内部规章制度，建立严格的内部监督审核机制，动态监控系统运行情况，提高系统功能完备性及稳定性，优化信息系统支持，明确每一个环节的时间截点，确保严格履行相关合同中的义务。

五、科学合理制定贷款服务考核机制，防范道德风险。贷款服务银行应建立健全证券化资产管理服务的内部规章和标准，明确岗位职责，充实人员，规范服务管理行为，建立相应的激励考核机制，将证券化贷款管理尽职情况纳入对相关人员的考核范围，确保管理水平达到交易文件约定标准，切实防范贷款服务道德风险。尤其是对于证券化后出现借款人违约的贷款，要切实加大催收力度，提高催收要求和处置效率，实施动态监控，降低操作风险和声誉风险。

六、规范债权转移相关工作，防范法律风险。一是发起行应聘请具有良好专业能力和丰富经验的律师事务所、承销商、会计顾问、评级机构等专业机构，确保业务各个环节、步骤的规范运作。二是发起行应与相关司法以及监管部门充分沟通，确保交易结构设计以及实际操作依法合规。三是发起行按照相关规定做好与债务人的沟通工作，防止债务人对证券化业务产生误解，为信贷资产证券化业务提供方便，防范证券化业务可能引发的法律风险。

七、严格信息披露，保护投资者利益。参与证券化业务的相关银行要按照有关监管规定做好基础资产池信息披露工作，切实保护投资者利益。在向次级证券投资者披露基础资产信息时，应督促投资者按照相关约定做好重要客户信息的保密工作。

八、加强投资者教育工作。参与证券化业务的相关银行要提高公众对信贷资产支持产品价值的认识，充分揭示风险。同时，做好投资者培养工作，尤其是对中小投资者的培养工作。

中国银监会办公厅

2008 年 2 月 4 日

中国人民银行、中国银行业监督管理委员会、财政部关于进一步扩大信贷资产证券化试点有关事项的通知

银发〔2012〕127 号

国家开发银行，各政策性银行、国有商业银行、股份制商业银行，中国邮政储蓄银行，各金融资产管理公司，各会计师事务所，各信托公司、企业集团财务公司、汽车金融公司：

根据国务院批复精神和前期信贷资产证券化试点实践经验，结合国际金融危机以后国际资产证券化业务监管的趋势性变化，为了进一步完善制度，防范风险，扎实推进我国信贷资产证券化业务健康可持续发展，现就扩大信贷资产证券化试点有关事项通知如下：

一、基础资产

信贷资产证券化入池基础资产的选择要兼顾收益性和导向性，既要有

稳定可预期的未来现金流，又要注重加强与国家产业政策的密切配合。鼓励金融机构选择符合条件的国家重大基础设施项目贷款、涉农贷款、中小企业贷款、经清理合规的地方政府融资平台公司贷款、节能减排贷款、战略性新兴产业贷款、文化创意产业贷款、保障性安居工程贷款、汽车贷款等多元化信贷资产作为基础资产开展信贷资产证券化，丰富信贷资产证券化基础资产种类。信贷资产证券化产品结构要简单明晰，扩大试点阶段禁止进行再证券化、合成证券化产品试点。

二、机构准入

扩大试点阶段，金融机构信贷资产证券化业务准入条件及审批程序继续按照《信贷资产证券化试点管理办法》（中国人民银行　中国银行业监督管理委员会公告〔2005〕第 7 号公布）和《金融机构信贷资产证券化试点监督管理办法》（中国银行业监督管理委员会令 2005 年第 3 号发布）有关规定执行。鼓励更多经审核符合条件的金融机构参与信贷资产证券化业务。银监会在收到发起机构和受托机构联合报送的完整申请材料之日起五个工作日内决定是否受理申请。银监会决定不受理的，应当书面通知申请人并说明理由；决定受理的，应当自受理之日起三个月内做出批准或者不批准的书面决定。

三、风险自留

扩大试点阶段，信贷资产证券化各发起机构应持有由其发起的每一单资产证券化中的最低档次资产支持证券的一定比例，该比例原则上不得低于每一单全部资产支持证券发行规模的5%，持有期限不得低于最低档次证券的存续期限。本通知施行前，已经发行的资产支持证券不受此规定限制。发起机构原则上应担任信贷资产证券化的贷款服务机构，切实履行贷款服务合同各项约定。

四、信用评级

资产支持证券在全国银行间债券市场发行与交易初始评级应当聘请两家具有评级资质的资信评级机构，进行持续信用评级，并按照有关政策规定在申请发行资产支持证券时向金融监管部门提交两家评级机构的评级报告。鼓励探索采取多元化信用评级方式，支持对资产支持证券采用投资者付费模式进行信用评级。参与资产支持证券评级的各信用评级机构要努力提高对资产支持证券信用评级的透明度和公信力。同时，资产支持证券投资者应建立内部信用评级体系，加强对投资风险自主判断，减少对外部评级的依赖。

五、资本计提

扩大试点阶段，各银行业金融机构仍按照《商业银行资本充足率管理办法》（中国银行业监督管理委员会令 2007 年第 11 号发布）、《金融机构信贷资产证券化试点监督管理办法》（中国银行业监督管理委员会令 2005 年第 3 号发布）和《商业银行资产证券化风险暴露监管资本计量指引》（银监发〔2009〕116 号）等规定，计提监管资本。本通知施行后，如中国银行业监督管理委员会发布新的资本监管规定，按新规定有关要求执行。

六、会计处理

扩大试点阶段，信贷资产证券化会计处理按照《企业会计准则第 23 号——金融资产转移》（财会〔2006〕3 号）及财政部发布的相关《企业会计准则解释》的有关规定执行。参与资产证券化业务的各会计师事务所应严格执行财政部相关规定，按要求做好信贷资产证券化会计处理工作。

七、信息披露

信贷资产证券化发起机构、受托机构、信用评级机构或其他证券化服务机构应严格按照《信贷资产证券化试点管理办法》（中国人民银行中国银行业监督管理委员会公告〔2005〕第 7 号公布）、《资产支持证券信息披露规则》（中国人民银行公告〔2005〕第 14 号公布）、《信贷资产证券化基础资产池信息披露有关事项》（中国人民银行公告〔2007〕第 16 号公布）等政策规定，做好信贷资产证券化业务信息披露工作，按投资人要求及时、准确、真实、完整披露资产支持证券相关信息。在遵循法律法规有关信贷资产证券化相关方私密性权利规定要求的基础上，鼓励创造条件逐步实现对每一笔入池资产按要求进行规范信息披露。

八、投资者要求

稳步扩大资产支持证券机构投资者范围，鼓励保险公司、证券投资基金、企业年金、全国社保基金等经批准合规的非银行机构投资者投资资产支持证券。单个银行业金融机构购买持有单只资产支持证券的比例，原则上不得超过该单资产支持证券发行规模的 40%。

九、中介服务

信贷资产证券化各受托机构、贷款服务机构、资金保管机构、信用增级机构和承销机构及其他为信贷资产证券化发行交易提供服务的中介服务机构，应认真总结前期资产证券化试点实践经验，勤勉尽责，规范经营，在有效识别、计量、监测和控制相关风险的前提下，合理匹配证券风险收益，进一步提高中介服务的质量和水平。

十、本通知自发布之日起施行

前期试点过程中已经发布的信贷资产证券化有关政策规定中的具体条款有与本通知不一致的，在扩大试点阶段按本通知有关规定执行。本通知执行过程中遇到的相关情况和问题，请及时报告。

中国人民银行

中国银行业监督管理委员会

财政部

2012 年 5 月 17 日

中国人民银行、中国银行业监督管理委员会公告

〔2013〕第 21 号

为进一步规范信贷资产证券化发起机构风险自留行为，维护投资者合法权益，防范风险，促进我国资产证券化业务健康可持续发展，现就有关事项公告如下：

一、信贷资产证券化发起机构需保留一定比例的基础资产信用风险，该比例不得低于 5%。

二、信贷资产证券化发起机构应按以下要求保留基础资产信用风险：

（一）持有由其发起资产证券化产品的一定比例，该比例不得低于该单证券化产品全部发行规模的 5%。

（二）持有最低档次资产支持证券的比例不得低于该档次资产支持证券发行规模的 5%。

（三）若持有除最低档次之外的资产支持证券，各档次证券均应持有，

且应以占各档次证券发行规模的相同比例持有。

（四）持有期限不低于各档次资产支持证券存续期限。

（五）中国人民银行、中国银行业监督管理委员会规定的其他要求。

三、信贷资产证券化发起机构可按照上述要求，根据实际情况灵活确定风险自留的具体方式。信贷资产证券化发起机构原则上应担任信贷资产证券化的贷款服务机构，切实履行贷款服务合同各项约定。

四、本公告自发布之日起施行。前期试点过程中已经发布的信贷资产证券化有关政策规定中的具体条款有与本公告不一致的，在扩大试点阶段按本公告有关规定执行。

信贷资产证券化发起机构应根据本公告要求，进一步加强和完善信贷资产证券化业务管理，严格做好信贷资产证券化风险自留工作。相关部门将继续深入研究资产证券化风险自留豁免条件以及商业银行持有最低档次资产支持证券的风险权重等问题，不断完善信贷资产证券化发起机构风险自留制度。本公告执行过程中遇到的相关情况和问题，请及时报告中国人民银行和中国银行业监督管理委员会。

中国人民银行

中国银行业监督管理委员会

2013 年 12 月 31 日

中国人民银行公告

〔2015〕第 7 号

为简化信贷资产支持证券发行管理流程，提高发行管理效率和透明度，促进受托机构与发起机构提高信息披露质量，切实保护投资人合法权益，推动信贷资产证券化业务健康发展，根据《中华人民共和国中国人民银行法》和《信贷资产证券化试点管理办法》，现就信贷资产支持证券发行管理有关事宜公告如下：

一、已经取得监管部门相关业务资格、发行过信贷资产支持证券且能够按规定披露信息的受托机构和发起机构可以向中国人民银行申请注册，并在注册有效期内自主分期发行信贷资产支持证券。申请注册发行的证券化信贷资产应具有较高的同质性。

二、受托机构和发起机构应提交注册申请报告、与交易框架相关的标准化合同文本、评级安排等文件。

注册申请报告应包括以下内容：

（一）信贷资产支持证券名称；

（二）证券化的信贷资产类型；

（三）信贷资产支持证券注册额度和分期发行安排；

（四）证券化的信贷资产发放程序、审核标准、担保形式、管理方法、过往表现、违约贷款处置程序及方法；

（五）交易结构及各当事方的主要权利与义务；

（六）贷款服务机构管理证券化信贷资产的方法、标准；

（七）拟披露信息的主要内容、时间及取得方式；

（八）拟采用簿记建档发行信贷资产证券化产品的，应说明采用簿记建档发行的必要性，定价、配售的具体原则和方式，以及防范操作风险和不正当利益输送的措施。

三、中国人民银行接受注册后，在注册有效期内，受托机构和发起机构可自主选择信贷资产支持证券发行时机，在按有关规定进行产品发行信息披露前 5 个工作日，将最终的发行说明书、评级报告及所有最终的相关法律文件和信贷资产支持证券发行登记表（见附件）送中国人民银行备案。

四、按照投资者适当性原则，由市场和发行人双向选择信贷资产支持证券交易场所。

五、受托机构、发起机构可与主承销商或其他机构通过协议约定信贷资产支持证券的做市安排。

六、采用分层结构的信贷资产支持证券，其最低档次证券发行可免于信用评级。

七、受托机构和发起机构应向中国人民银行报送书面的注册登记材料和发行材料，同时提交电子版文件光盘。

八、中国人民银行在其官方网站（www.pbc.gov.cn）"银行间债券市场"栏目下实时公开信贷资产支持证券发行管理信息。

　　九、受托机构和发起机构在信贷资产支持证券发行前和存续期间，应切实履行信息披露职责，并承担主体责任。采用注册方式分期发行的，可在注册后即披露产品交易结构等信息，每期产品发行前披露基础资产池相关信息。受托机构、承销机构、信用评级机构、会计师事务所、律师事务所等中介机构要按合同约定切实履行尽职调查责任，依法披露信息。

　　十、中国银行间市场交易商协会应组织市场成员起草并发布信贷资产支持证券相关标准合同范本和信息披露指引，定期跟踪市场成员对信贷资产证券化信息披露情况的评价，对不能按相关规定进行信息披露的，应及时报告中国人民银行。

　　十一、本公告自发布之日起施行。

中国人民银行
2015 年 3 月 26 日

参考文献

［1］巴曙松，严敏，王月香．我国利率市场化对商业银行的影响分析
［J］．华中师范大学学报（人文社会科学版），2013，52（4）：27－37.

［2］巴曙松，牛播坤．利率市场化与资产证券化兴起：来自美国经验
的启示［J］．湖北经济学院学报，2013（5）：5－19.

［3］陈国绪．存贷比约束下的商业银行监管套利研究［J］．财经问题
研究，2016（4）：52－57.

［4］陈龙．中国上市商业银行非利息收入影响因素分析——基于16家
上市银行固定效应模型实证分析［J］．金融与经济，2013（6）：58－62.

［5］陈业宏，黄辉．国际金融监管套利规制困境与反思［J］．中南财
经政法大学学报，2013（2）：90－95.

［6］陈一洪．非利息收入对城商行绩效影响的实证研究——基于23家
大型城商行 2008—2013 年面板数据分析［J］．江汉学术，2016（6）：
77－84.

［7］程茂勇，赵红．交叉补贴视角的非利息业务与传统业务定价［J］.
系统工程，2012（4）：1－9.

［8］程实，宋玮．国际银行同业竞争趋势研判及其对中资银行的启示
［J］．国际金融研究，2014（5）：63－70.

［9］邓伟，付雯雯．我国商业银行表外业务及其对传统业务的影
响——15家上市银行的实证研究［J］．经济管理，2014（6）：99－107.

［10］段军山，白茜．银行贷款、可支配收入与房地产价格波动：
1999—2010——基于协整检验和 VEC 模型的实证分析［J］．软科学，2011
（11）：30－34.

［11］范文静．利率市场化条件下我国商业银行的发展问题——基于表

外业务视角［J］．时代金融，2015（15）：69－71．

　　［12］冯波，王箭旭，石玉乾，霍黎敏．非利息收入对商业银行绩效影响的实证研究——基于我国上市商业银行的面板数据分析［J］．金融理论与实践，2016（4）：110－115．

　　［13］高蓓，张明，邹晓梅．资产证券化与商业银行经营稳定性：影响机制，影响阶段与危机冲击［J］．南开经济研究，2016（4）：17－37．

　　［14］高善文，莫倩，瞿灿．中国影子银行业务的兴起及其风险［J］．新金融评论，2013（2）：27－40．

　　［15］顾晓安，王鹏程．非利息收入占比与银行风险分散效应的关系研究——来自美国银行业的经验证据与启示［J］．世界经济研究，2015（7）：32－43．

　　［16］何德旭，王卉彤．金融创新效应的理论评述［J］．财经问题研究，2008（12）：3－8．

　　［17］赫国胜，徐洁．我国上市商业银行非利息收入业务分析与对策［J］．财经问题研究，2010（12）：86－92．

　　［18］侯璐璐，刘元春．我国商业银行的价值被低估了吗？——基于16家A股上市商业银行的分析［J］．国际金融研究，2016（3）：63－71．

　　［19］胡静，金颖．基于TRICK理论的银行表外业务创新发展驱动机制研究［J］．武汉金融，2011（7）：33－35．

　　［20］黄国平．监管资本，经济资本及监管套利——妥协与对抗中演进的巴塞尔协议［J］．经济学（季刊），2014（3）：863－886．

　　［21］黄隽，章艳红．商业银行的风险：规模和非利息收入——以美国为例［J］．金融研究，2010（6）：18－25．

　　［22］黄泽勇．多元化经营与商业银行绩效的门槛效应［J］．金融论坛，2013（2）：42－49．

　　［23］李宏瑾．利率市场化对商业银行的挑战及应对［J］．国际金融研究，2015（2）：65－76．

　　［24］李明辉，刘莉亚，孙莎．发展非利息业务对银行有益吗？——基于中国银行业的实证分析［J］．国际金融研究，2014（11）：11－21．

　　［25］李鹏．我国影子银行监管套利的动因、途径及应对思路［J］．新

金融，2017（6）：48 – 52.

［26］李宜琼．商业银行表外业务发展及其困境突破实证研究［J］．武汉金融，2014（11）：58 – 60.

［27］李志辉，李梦雨．我国商业银行多元化经营与绩效的关系——基于50家商业银行2005—2012年的面板数据分析［J］．南开经济研究，2014（1）：74 – 86.

［28］刘国强．商业银行表外业务的研究［D］．哈尔滨：东北农业大学，2003.

［29］刘丽娜．信贷资产证券化在中国的发展实践及政策思考［J］．金融监管研究，2014（3）：29 – 39.

［30］刘莉亚，李明辉，孙莎，杨金强．中国银行业净息差与非利息收入的关系研究［J］．经济研究，2014（7）：110 – 123.

［31］刘孟飞，张晓岚，张超．我国商业银行业务多元化、经营绩效与风险相关性研究［J］．国际金融研究，2012（8）：59 – 69.

［32］刘琪林，李富有．资产证券化与银行资产流动性、盈利水平及风险水平［J］．金融论坛，2013（5）：35 – 44.

［33］刘瑞明．金融压抑，所有制歧视与增长拖累［J］．经济学（季刊），2011（2）：51 – 60.

［34］刘星，张建斌．中国上市银行公司治理与创新能力的实证研究［J］．重庆大学学报（社会科学版），2010（6）：44 – 48.

［35］刘亚干．商业银行表外业务：发展态势、动因分析与风险评估［J］．金融会计，2014（5）：15 – 21.

［36］陆军，赵越．存款利率市场化与利率结构变动［J］．财贸研究，2015（1）：106 – 115.

［37］陆烨彬，吴应宇．我国资产证券化的发展模式探析［J］．现代管理科学，2004（12）：15 – 17.

［38］冉光和，肖渝．市场势力，收入多元化与商业银行绩效［J］．金融论坛，2014（1）：43 – 49.

［39］阮震．金融创新概论［M］．北京：中国财政经济出版社，2010.

［40］尚妍，段忠辉，李斌，等．多元化经营对商业银行绩效影响的实

证研究——基于国内商业银行与国外商业银行对比的视角 [J]. 管理评论，2016（5）：3 – 12.

[41] 苏志强，王硕. 商业银行非利息收入研究的分歧与主要障碍——对商业银行非利息收入研究的文献综述 [J]. 金融理论与实践，2014（7）：87 – 92.

[42] 隋聪，纪兴宇，迟国泰. 中国商业银行业务多元化对净利差的影响研究 [J]. 预测，2014（3）：34 – 39.

[43] 孙浦阳，靳一，张亮. 金融服务多样化是否能真正改善银行业绩？——基于 OECD 359 家银行的实证研究 [J]. 金融研究，2011（11）：112 – 124.

[44] 孙秀峰，丛金萍. 中国商业银行非利息业务发展的影响因素研究——基于金融危机前后 13 家上市银行面板数据 [J]. 大连理工大学学报（社会科学版），2013（4）：36 – 41.

[45] 邰越越，杨虎锋. 非利息收入对我国中小银行绩效的影响——基于 44 家银行面板数据的实证分析 [J]. 浙江金融，2014（8）：51 – 55.

[46] 万晓莉，郑棣，郑建华，严予若. 中国影子银行监管套利演变路径及动因研究 [J]. 经济学家，2016（8）：38 – 45.

[47] 汪涛，崔楠. 金融业的交叉销售研究——实施过程、案例及探讨 [J]. 管理科学，2005（6）：59 – 66.

[48] 王光岐. 我国商业银行非利息收入影响因素研究——基于 13 家上市银行实证分析 [J]. 金融理论与实践，2017（6）：28 – 36.

[49] 王欢，郭建强. 利率市场化，非利息收入与银行净利差 [J]. 金融论坛，2014（8）：3 – 12.

[50] 王菁，周好文. 非利息收入负向收益贡献度的实证解析——基于我国 12 家商业银行的模型检验 [J]. 当代经济研究，2008（11）：49 – 52.

[51] 王鹏程，顾晓安，张涛. 基于稳定性视角的商业银行最优非利息收入占比研究 [J]. 上海金融，2015（1）：89 – 93.

[52] 王琦瑛. 我国商业银行表外业务发展现状、制约因素和对策 [J]. 浙江金融，2013（2）：55 – 57.

[53] 王晓，李佳. 从美国次贷危机看资产证券化的基本功能 [J]. 金

融论坛，2010（1）：67－71.

［54］王志军.欧盟银行业的非利息收入［J］.国际金融研究，2004（7）：47－52.

［55］魏鹏.中国上市银行中间业务收入发展状况分析——基于2006—2011年11家上市银行年报数据［J］.西南金融，2012（11）：51－54.

［56］魏世杰，倪旎，付忠名.非利息收入与商业银行绩效关系研究——基于中国40家银行的经验［J］.未来与发展，2010（2）：51－55.

［57］谢启标.国有商业银行表外业务发展的现状与对策研究［J］.金融论坛，2006（9）：49－53.

［58］徐权.金融创新与审计监督——兼论政府审计在维护国家金融安全中的作用［J］.审计研究，2010（4）：14－17.

［59］薛鸿健.解析美国商业银行的非利息收入［J］.国际金融研究，2006（8）：20－25.

［60］杨飞.存款利率上限、金融脱媒与货币政策传导［J］.财经研究，2016（1）：83－92.

［61］杨玉凤，陈燕.加快我国商业银行表外业务的发展和创新的思考［J］.金融与经济，2002（3）：18－20.

［62］姚禄仕，王璇，宁霄.银行信贷资产证券化效应的实证研究——基于美国银行业的面板数据［J］.国际金融研究，2012（9）：71－78.

［63］易纲，赵先信.中国的银行竞争：机构扩张，工具创新与产权改革［J］.经济研究，2001（8）：25－32.

［64］易志强.非利息收入对我国商业银行业绩的影响——基于风险管理的视角［J］.南京审计学院学报，2012（9）：23－31.

［65］于研，魏文臻杰.银行利差与表外业务的内生性研究——基于中国上市商业银行2008—2013年的实证分析［J］.国际金融研究，2015（8）：64－74.

［66］张超英.资产证卷化——原理·实务·实例［M］.北京：经济科学出版社，1998.

［67］张富祥，张颖.金融压抑对我国经济的影响——基于FAVAR模型的实证研究［J］.经济问题探索，2014（4）：86－92.

[68] 张广君，张中良. 美国银行业非利息收入状况对我国商业银行中间业务发展的启示 [J]. 河北金融，2009（11）：34 – 36.

[69] 张金城，李成. 金融监管国际合作失衡下的监管套利理论透析 [J]. 国际金融研究，2011（8）：56 – 65.

[70] 张坤. 中国上市银行绩效的决定因素 [J]. 金融论坛，2013（2）：35 – 41.

[71] 张明，邹晓梅，高蓓. 中国资产证券化实践：发展现状与前景展望 [J]. 上海金融，2013（11）：31 – 36.

[72] 张庆君，何德旭. 特许权价值、市场竞争与银行稳定研究述评 [J]. 金融理论与实践，2013（10）：98 – 103.

[73] 张衢. 国有商业银行不良资产证券化初探 [J]. 金融研究，2002（6）：104 – 110.

[74] 张晓朴，陈璐，毛竹青. 银行表外业务监管的国际经验 [J]. 新金融，2014（4）：35 – 40.

[75] 张羽，李黎. 非利息收入有利于降低银行风险吗？——基于中国银行业的数据 [J]. 南开经济研究，2010（4）：69 – 91.

[76] 赵尚梅，杜华东，车亚斌. 城市商业银行股权结构与绩效关系及作用机制研究 [J]. 财贸经济，2012（7）：39 – 48.

[77] 赵胜民，申创. 发展非利息业务对银行收益和风险的影响——基于我国 49 家商业银行的实证研究 [J]. 经济理论与经济管理，2016（2）：83 – 97.

[78] 赵旭. 银行利差多维度量及影响因素：基于中国银行业 1998—2006 年经验证据 [J]. 金融研究，2009（1）：66 – 80.

[79] 郑荣年，牛慕鸿. 中国银行业非利息业务与银行特征关系研究 [J]. 金融研究，2007（9）：101 – 116.

[80] 中国人民银行. 商业银行中间业务暂行规定. 中国人民银行令〔2001〕5 号.

[81] 中国人民银行. 关于印发《商业银行表外业务风险管理指引》的通知. 银发〔2000〕344 号.

[82] 中国人民银行金融稳定分析小组. 中国金融稳定报告 [M]. 北

京：中国金融出版社，2013、2014、2015.

[83] 中国银监会. 商业银行表外业务风险管理指引. 银监发〔2011〕31 号.

[84] 中国银监会. 关于《商业银行表外业务风险管理指引（修订征求意见稿）》公开征求意见的公告. 2016 年 11 月 23 日.

[85] 周鸿卫，胥荷香. 表外业务是银行应对竞争的交叉销售策略吗？——基于中国 51 家商业银行的实证研究 [J]. 金融论坛，2015 (6)：37 - 50.

[86] 周建，张文隆，刘琴，李小青. 商业银行董事会治理与创新关系研究——基于沪深两市上市公司的经验证据 [J]. 山西财经大学学报，2012 (3)：45 - 52.

[87] 周建松，郭福春. 民营经济与地方性商业银行协同发展——浙商银行成立与运行状况引发的思考 [J]. 金融研究，2005 (5)：111 - 119.

[88] 周开国，李琳. 中国商业银行收入结构多元化对银行风险的影响 [J]. 国际金融研究，2011 (5)：57 - 66.

[89] 周晔，郑军丽. 非利息业务会降低银行的风险吗——基于 53 家商业银行的实证研究 [J]. 经济理论与经济管理，2014 (4)：76 - 87.

[90] 周正清. 中国银行业非利息收入的影响因素——基于 41 家商业银行 2003—2015 年的数据 [J]. 南方金融，2016 (12)：26 - 39.

[91] 朱波，杨文华，邓叶峰. 非利息收入降低了银行的系统性风险吗？——基于规模异质的视角 [J]. 国际金融研究，2016 (4)：62 - 73.

[92] 朱宏泉，周丽，余江. 我国商业银行非利息收入及其影响因素分析 [J]. 管理评论，2011 (6)：23 - 30.

[93] 朱明星. 中国上市商业银行创新能力形成机理及其对绩效的影响研究 [D]. 济南：山东大学，2013.

[94] 朱卫东，陈龙. 中国银行业非利息收入影响因素比较分析 [J]. 金融论坛，2013 (7)：34 - 39.

[95] 朱雁萍，郭伟. 关于我国商业银行表外业务的几点思考 [J]. 中央财经大学学报，2001 (10)：22 - 26.

[96] 祝继高，饶品贵，鲍明明. 股权结构、信贷行为与银行绩效——

基于我国城市商业银行数据的实证研究 [J]. 金融研究, 2012 (7)：31 – 47.

[97] 邹晓梅, 张明, 高蓓. 资产证券化与商业银行盈利水平：相关性、影响路径与危机冲击 [J]. 世界经济, 2015 (11)：144 – 167.

[98] Allen F, Gale D. Competition and Financial Stability [J]. Journal of Money Credit and Banking, 2004, 36 (3)：453 – 480.

[99] Boyd J H, Nicoló G D. The Theory of Bank Risk Taking and Competition Revisited [J]. Journal of Finance, 2005, 60 (3)：1329 – 1343.

[100] Allen L, Jagtiani J. The Risk Effects of Combining Banking, Securities, and Insurance Activities [J]. Journal of Economics and Business, 2004, 52 (6)：485 – 497.

[101] Ambrose B W, Lacour-Little M, Sanders A B. Does Regulatory Capital Arbitrage, Reputation, or Asymmetric Information Drive Securitization? [J]. Journal of Financial Services Research, 2005, 28 (1 – 3)：113 – 133.

[102] Angbazo L. Commercial Bank Net Interest Margins, Default Risk, Interest-rate Risk, and Off-balance Sheet Banking [J]. Journal of Banking and Finance, 1997, 21 (1)：55 – 87.

[103] Ankrah E. Technology and Service Quality in the Banking Industry in Ghana [J]. Information and Knowledge Management, 2012.

[104] Apergis N. The Long-term Role of Non-traditional Banking in Profitability and Risk Profiles：Evidence from a Panel of U. S. Banking Institutions [J]. Journal of International Money and Finance, 2014, 45 (3)：61 – 73.

[105] Arnold I J M, Ewijk S E V. The Quest for Growth：The Impact of Bank Strategy on Interest Margins [J]. International Review of Financial Analysis, 2012, 25 (6)：18 – 27.

[106] Arrow K J. Economic Welfare and the Allocation of Resources for Invention [J]. Nber Chapters, 1972：609 – 626.

[107] Athanasoglou P P, Brissimis S N, Delis M D. Bank-specific, Industry-specific and Macroeconomic Determinants of Bank Profitability. Int Fin Mark Inst Money [J]. Journal of International Financial Markets Institutions and Mon-

ey, 2008, 18 (2): 121 – 136.

[108] Baele L, Jonghe O D, Vennet R V. Does the Stock Market Value Bank Diversification? [J]. Journal of Banking and Finance, 2007, 31 (7): 1999 – 2023.

[109] Bannier C E, Haensel D N. Determinants of Banks' Engagement in Loan Securitization [J]. Frankfurt School-Working Paper Series, 2006.

[110] Barry T A, Lepetit L, Tarazi A. Ownership Structure and Risk in Publicly Held and Privately Owned Banks [J]. Journal of Banking and Finance, 2011, 35 (5): 1327 – 1340.

[111] Beck T. , Finance and Growth-lessons from the Literature and the Recent Crisis, Submission to the LSE Growth Commission, 2012.

[112] Benveniste L M, Berger A N. Securitization with Recourse [J]. Journal of Banking and Finance, 1987, 11 (3): 403 – 424.

[113] Berger A N, Hannan T H. The Price-Concentration Relationship in Banking [J]. Review of Economics and Statistics, 1989, 71 (2): 291 – 299.

[114] Berger A N, Udell G F. Securitization, Risk, and the Liquidity Problem in Banking [C]. Board of Governors of the Federal Reserve System (U. S.), 1991.

[115] Berger A N, Udell G F. The Institutional Memory Hypothesis and the Procyclicality of Bank Lending Behavior [J]. Journal of Financial Intermediation, 2004, 13 (4): 458 – 495.

[116] Berger P G, Ofek E. Diversification's Effect on Firm Value [J]. Journal of Financial Economics, 1995, 37 (1): 39 – 65.

[117] Bonsall S B, Koharki K, Neamtiu M. The Effectiveness of Credit Rating Agency Monitoring: Evidence from Asset Securitizations [J]. Social Science Electronic Publishing, 2015, 90 (5): 1501 – 1532.

[118] Boot, Arnoud W. A. , and Anjan V. Thakor, Security Design [J]. The Journal of Finance, 1993, 48, 1349 – 1378.

[119] Boyd J H, Graham S L, Hewitt R S. Bank Holding Company Mergers with Nonbank Financial Firms: Effects on the Risk of Failure [J]. Journal of

Banking and Finance, 1993, 17 (1): 43 – 63.

[120] Busch R, Kick T K. Income Diversification in the German Banking Industry [J]. Social Science Electronic Publishing, 2009.

[121] Calem P S, Lacour-Little M. Risk-based Capital Requirements for Mortgage Loans [J]. Journal of Banking and Finance, 2004, 28 (3): 647 – 672.

[122] Calmès C, Liu Y. Financial Structure Change and Banking Income: A Canada-U. S. Comparison [J]. Journal of International Financial Markets Institutions and Money, 2009, 19 (1): 128 – 139.

[123] Calmès C, Théoret R. Product-mix and Bank Performance: New U. S. and Canadian Evidence [J]. Managerial Finance, 2015, 41 (8): 773 – 805.

[124] Calmès C, Théoret R. The Impact of Off-balance-sheet Activities on Banks Returns: An Application of the ARCH-M to Canadian Data [J]. Journal of Banking and Finance, 2010, 34 (7): 1719 – 1728.

[125] Carey M. Credit Risk in Private Debt Portfolios [J]. Journal of Finance, 1998, 53 (4): 1363 – 1387.

[126] Cebenoyan A S, Strahan P E. Risk Management, Capital Structure and Lending at Banks [J]. Social Science Electronic Publishing, 2004, 28 (1): 19 – 43.

[127] Chiorazzo V, Milani C, Salvini F. Income Diversification and Bank Performance: Evidence from Italian Banks [J]. Journal of Financial Services Research, 2008, 33 (3): 181 – 203.

[128] Clark J A, Siems T F. X-Efficiency in Banking: Looking beyond the Balance Sheet [J]. Journal of Money Credit and Banking, 2002, 34 (4): 987 – 1013.

[129] Davis E P, Tuori K. The Changing Structure of Banks' Income—An Empirical Investigation [J]. Brunel University, 2000.

[130] Deighton J A, Peppers D, Rogers M. Customer Transaction Data bases: Present Status and Prospects [J]. 1994.

[131] Demirguc-Kunt A, Huizinga H. Determinants of Commercial Bank Interest Margins and Profitability: Some International Evidence [J]. World Bank Economic Review, 1999, 13 (2): 379 - 408.

[132] Demirgüç-Kunt A, Laeven L, Levine R. Regulations, Market Structure, Institutions, and the Cost of Financial Intermediation [J]. Journal of Money Credit and Banking, 2004, 36 (3): 593 - 622.

[133] Deyoung R, Rice T. How do Banks Make Money? The Fallacies of Fee Income [J]. Economic Perspectives, 2004, 28 (December): 34 - 51.

[134] Deyoung R, Rice T. Noninterest Income and Financial Performance at U. S. Commercial Banks [J]. Financial Review, 2004, 39 (1): 101 - 127.

[135] Deyoung R, Roland K P. Product Mix and Earnings Volatility at Commercial Banks: Evidence from a Degree of Total Leverage Model [J]. SSRN Electronic Journal, 1999, 10 (May): 448 - 463.

[136] Deyoung R, Torna G. Nontraditional Banking Activities and Bank Failures During the Financial Crisis [J]. Journal of Financial Intermediation, 2013, 22 (3): 397 - 421.

[137] Dionne G, Harchaoui T M. Banks' Capital, Securitization and Credit Risk: An Empirical Evidence for Canada [J]. Cahiers De Recherche, 2008, 12.

[138] Djankov S, Porta R L, Lopez-De-Silanes F, et al. Courts [J]. Quarterly Journal of Economics, 2003, 118 (2): 453 - 517.

[139] Elsas R, Hackethal A, Holzhäuser M. The Anatomy of Bank Diversification [J]. Journal of Banking and Finance, 2010, 34 (6): 1274 - 1287.

[140] Emmelhainz M A, Kavan C B. Using Information as a Basis for Segmentation and Relationship Marketing: A Longitudinal Case Study of a Leading Financial Services Firm [J]. Journal of Market-Focused Management, 1999, 4 (2): 161 - 177.

[141] Fung M K, Cheng A C S. Diffusion of Off-balance-sheet Financial Innovations: Information Complementarity and Market Competition [J]. Pacific-Basin Finance Journal, 2004, 12 (5): 525 - 540.

[142] Fyfe G. Default Risk Sharing Between Banks and Markets: The Con-

tribution of Collateralized Debt Obligations [J]. Nber Chapters, 2007, 47 (11741): 603 – 634.

[143] Gallo J G, Apilado V P, Kolari J W. Commercial Bank Mutual Fund Activities: Implications for Bank Risk and Profitability [J]. Journal of Banking and Finance, 2004, 20 (10): 1775 – 1791.

[144] Gande A, Puri M, Saunders A, et al. Bank Underwriting of Debt Securities: Modern Evidence [J]. Review of Financial Studies, 1997, 10 (4): 1175 – 1202.

[145] Gaon Stav, Essays in Securitization [D]. Columbia University. 2007.

[146] Gastion, C. M. and P. Walhof. Regulatory Arbitrage: Between the Art of Exploiting Loopholes and the Spirit of Innovation [J]. DEACTUARIS, 2007 (9): 11 – 13.

[147] Greenbaum S I, Thakor A V. Bank Funding Modes: Securitization Versus Deposits [J]. Journal of Banking and Finance, 2006, 11 (3): 379 – 401.

[148] Guidara A, Gueyie J P, Lai V S, et al. Banks' Non-Traditional Activities Under Regulatory Changes: Impact on Risk, Performance and Capital Adequacy [J]. Social Science Electronic Publishing, 2015.

[149] Hassan M K. The off-balance sheet banking risk of large U. S. Commercial Banks [J]. Quarterly Review of Economics and Finance, 1993, 33 (1): 51 – 69.

[150] Hess A C, Smith C W. Elements of mortgage securitization [J]. Journal of Real Estate Finance and Economics, 1988, 1 (4): 331 – 346.

[151] Hester D D. Financial Disintermediation and Policy [J]. Journal of Money Credit and Banking, 1969, 1 (3): 600 – 617.

[152] Hidayat W Y, Kakinaka M, Miyamoto H. Bank Risk and Non-interest Income Activities in the Indonesian Banking Industry [J]. Journal of Asian Economics, 2012, 23 (4): 335 – 343.

[153] Higgins E J, Mason J R. What is the Value of Recourse to Asset-backed Securities? A Clinical Study of Credit Card Banks [J]. Journal of Banking

and Finance, 2004, 28 (4): 875 – 899.

[154] Hou X, Wang Q, Li C. Role of off-balance Sheet Operations on Bank Scale Economies: Evidence from China's Banking Sector [J]. Emerging Markets Review, 2015, 22: 140 – 153.

[155] Jagtiani J, Khanthavit A. Scale and Scope Economies at Large Banks: Including Off-balance Sheet Products and Regulatory Effects (1984 – 1991) [J]. Journal of Banking and Finance, 1996, 20 (7): 1271 – 1287.

[156] Jagtiani J, Saunders A, Udell G. The Effect of Bank Capital Requirements on Bank Off-balance Sheet Financial Innovations [J]. Journal of Banking and Finance, 1995, 19 (3 – 4): 647 – 658.

[157] Jarrar Y F, Neely A. Cross-selling in the Financial Sector: Customer Profitability is Key [J]. Journal of Targeting Measurement and Analysis for Marketing, 2002, 10 (3): 282 – 296.

[158] Jiangli W, Pritsker M, Raupach P. Banking and Securitization [J]. Social Science Electronic Publishing, 2007.

[159] Jiangli W, Pritsker M. The Impacts of Securitization on US Bank Holding Companies [J]. Social Science Electronic Publishing, 2008, 283 (May): 377 – 393.

[160] Kamakura W A, Wedel M, Rosa F D, et al. Cross-selling through Database Marketing: A Mixed Data Factor Analyzer for Data Augmentation and Prediction [J]. International Journal of Research in Marketing, 2003, 20 (1): 45 – 65.

[161] Keating B P. Universal Banking in the United States: What Could We Gain? What Could We Lose? [J]. Oup Catalogue, 1994, 61 (1): 231 – 240.

[162] King M R, Nadia Massoud, Keke Song. How Does Bank Trading Activity Affect Performance? An Investigation Before and after the Crisis [J]. SSRN Electronic Journal, 2013.

[163] Koppenhaver G D. The Effects of Regulation on Bank Participation in the Guarantee Market [J]. Staff Memoranda, 1987 (455 – 456): 856 – 861.

[164] Korosteleva E. Moldova's European Choice: "Between Two Stools"?

［J］. Europe-Asia Studies, 2010, 62（8）：1267 – 1289.

［165］ Laeven L, Levine R. Bank Governance, Regulation and Risk Taking ［J］. Journal of Financial Economics, 2009, 93（2）：259 – 275.

［166］ Laeven L, Levine R. Is There a Diversification Discount in Financial Conglomerates? ［J］. Journal of Financial Economics, 2007, 85（2）：331 – 367.

［167］ Lejard C. Accounting Treatment and Claims of Asset Securitizations ［C］. Accounting. 2014.

［168］ Lepetit L, Nys E, Rous P, et al. The Expansion of Services in European Banking：Implications for Loan Pricing and Interest Margins ［J］. Journal of Banking and Finance, 2008, 32（11）：2325 – 2335.

［169］ Lin, J., H. Chung and M. Hsieh. 2012. The Determinants of Interest Margins and Their Effect on Bank Diversification：Evidence from Asian Banks ［J］. Journal of Financial Stability, 8（2）：96 – 106.

［170］ Maudos J, Guevara J F D. Factors Explaining the Interest Margin in the Banking Sectors of the European Union ［J］. Journal of Banking and Finance, 2004, 28（9）：2259 – 2281.

［171］ Maudos J, Guevara J F D. The Cost of Market Power in Banking：Social Welfare Loss vs. Cost Inefficiency ［J］. Journal of Banking and Finance, 2007, 31（7）：2103 – 2125.

［172］ Maudos J, Solís L. The Determinants of Net Interest Income in the Mexican Banking System：An Integrated Model ［J］. Journal of Banking and Finance, 2009, 33（10）：1920 – 1931.

［173］ Mayer C, Vives X. Capital Markets and Financial Intermediation ［M］. Cambridge University Press, 1993：272 – 277.

［174］ Meier G. Noninterest income：A Diversification Story or a Risky Proposition? ［J］. Noninterest Income, Gramm-Leach-Bliley Act, 2011.

［175］ Mercieca S, Schaeck K, Wolfe S. Small European Banks：Benefits from Diversification? ［J］. Journal of Banking and Finance, 2007, 31（7）：1975 – 1998.

［176］Merton R C. On the Application of the Continuous-Time Theory of Finance to Financial Intermediation and Insurance ［J］. Risk and Insurance Issues and Practice, 1989, 14 (3): 225 – 261.

［177］Mian A, Sufi A. The Consequences of Mortgage Credit Expansion: Evidence from the U. S. Mortgage Default Crisis ［J］. Quarterly Journal of Economics, 2009, 124 (4): 1449 – 1496.

［178］Michalak T C, Uhde A. Credit Risk Securitization and Bank Soundness in Europe ［J］. Quarterly Review of Economics and Finance, 2012, 52 (3): 272 – 285.

［179］Minton B A, Stulz R, Williamson R. How Much Do Banks Use Credit Derivatives to Hedge Loans? ［J］. Journal of Financial Services Research, 2009, 35 (1): 1 – 31.

［180］Narasimhan K. Services Marketing: Integrating Customer Focus Across the Firm ［J］. Managing Service Quality, 2006, 14 (5): 436 – 437.

［181］Nguyen J. The relationship Between Net Interest Margin and Noninterest Income Using a System Estimation Approach ［J］. Journal of Banking and Finance, 2012, 36 (9): 2429 – 2437.

［182］Noulas A G, Ray S C, Miller S M. Returns to Scale and Input Substitution for Large U. S. Banks ［J］. Journal of Money Credit and Banking, 1990, 22 (1): 94 – 108.

［183］Obay L. Financial Innovation in the Banking Industry : the Case of Asset Securitization ［M］. Financial Innovation in the Banking Industry: Garland Pub, 2000.

［184］Paas L, Kuijlen T. Acquisition Pattern Analyses for Recognising Cross-sell Opportunities in the Financial Services Sector ［J］. Journal of Targeting Measurement and Analysis for Marketing, 2001, 9 (3): 230 – 240.

［185］Partnoy F. Financial Derivatives and the Costs of Regulatory Arbitrage ［J］. Journal of Corporation Law, 1997.

［186］Pavel C, Phillis D. Why Banks Sell Loans: An Empirical Analysis ［J］. Proceedings, 1987, 11: 3 – 14.

[187] Pennacchi G G. Loan Sales and the Cost of Bank Capital [J]. Journal of Finance, 1988, 43 (2): 375 – 396.

[188] Porta R L, Lopez - De - Silanes F, Shleifer A, et al. Law and Finance [J]. Journal of Political Economy, 1998, 106 (6): 1113 – 1155.

[189] Purnanandam A. Originate-to-distribute Model and the Subprime Mortgage Crisis [J]. Review of Financial Studies, 2011, 24 (6): 1881 – 1915.

[190] Rajan R G. Insiders and Outsiders: The Choice Between Informed and Arm's-Length Debt [J]. Journal of Finance, 1992, 47 (4): 1367 – 1400.

[191] Rogers K, Jr J F S. An Analysis of Nontraditional Activities at U. S. Commercial Banks [J]. Review of Financial Economics, 1999, 8 (1): 25 – 39.

[192] Roubini N, Sala-I-Martin X. Financial Repression and Economic Growth [J]. Journal of Development Economics, 1992, 39 (1): 5 – 30.

[193] Sarkisyan A, Casu B, Clare A. Securitization and Bank Performance [J]. Journal of Money Credit and Banking, 2013, 45 (8): 1617 – 1658.

[194] Schaeck K, Čihák, Martin. How Does Competition Affect Efficiency and Soundness in Banking? New Perspectives and Empirical Evidence [J]. Social Science Electronic Publishing, 2008, 35 (3): 81 – 100.

[195] Shelagh A. Heffernan, Xiaoqing Fu. Determinants of Financial Performance in Chinese Banking [J]. Applied Financial Economics, 2010, 20 (20): 1585 – 1600.

[196] Shenker J C, Colletta A J. Asset Securitization: Evolution, Current Issues and New Frontiers [J]. Tex. l. rev, 1991, 69 (6): 1369 – 1429.

[197] Shin H S. Securitisation and Financial Stability [J]. Economic Journal, 2009, 119 (536): 309 – 332.

[198] Sinkey, Joseph F. Commercial Bank Financial Management in the Financial Services Industry. /-2nd ed [M]. Macmillan, 1998.

[199] Smith R, Staikouras C, Wood G. Non-Interest Income and Total Income Stability [J]. Bank of England Working Papers, 2003.

［200］Stanton S W. The Underinvestment Problem and Patterns in Bank Lending ［J］. Social Science Electronic Publishing, 1998, 7 （3）: 293 – 326.

［201］Stiroh K J, Rumble A. The Dark Side of Diversification: The Case of US Financial Holding Companies ［J］. Journal of Banking and Finance, 2006, 30 （8）: 2131 – 2161.

［202］Stiroh K J. Diversification in Banking: Is Noninterest Income the Answer? ［J］. Journal of Money Credit and Banking, 2004, 36 （5）: 853 – 882.

［203］Stulz R M. Tobin's q, Corporate Diversification, and Firm Performance ［J］. Journal of Political Economy, 1994, 102 （6）: 1248 – 1280.

［204］Uzun H, Webb E. Securitization and Risk: Empirical Evidence on US Banks ［J］. Journal of Risk Finance, 2007, 8 （1）: 11 – 23.

［205］Valverde S C, Fernández F R. The Determinants of Bank Margins in European Banking ［J］. Journal of Banking and Finance, 2007, 31 （7）: 2043 – 2063.

［206］Zhang X, Daly K. Chapter 3-Emerging Markets Banks Performance Evidence from China's Banks in Hong Kong ［J］. Emerging Markets and the Global Economy, 2014: 51 – 65.

［207］Zhao Z, Lan Y, Wu X. Effects of Securitization on Credit Risk and Banking Stability: Empirical Evidence from American Commercial Banks ［J］. International Journal of Economics and Finance, 2012, 4 （5）: 131 – 150.

后 记

本书付梓之际，诚挚感谢一路上关爱和帮助我的导师、家人和朋友们。

首先，我要感谢我博士阶段的导师刘红霞教授。决定攻博之前，我已在银行工作近五年，对于学术研究思路和方法日渐生疏，对于学科领域的最新理论文献积累不足，导师给予了极大的耐心，帮助我深化研究设计、厘清写作思路，不厌其烦。导师治学严谨，鼓励学生各抒己见、相互探讨，在问答之间升华学术思想，提升学生独立开展学术研究的能力。导师追求学术真理，并坚持理论研究与经济发展实际应密切结合，引导学生学以致用，做务实的学问。导师将我正式引入学术的殿堂，其科学严谨、包容大气的治学风范，必将指引我在未来漫长的学术生涯中脚踏实地、求真务实。

同时，我要感谢我硕士阶段的导师胡建忠先生。2006年攻读硕士时拜入老师门下，至今已十余年。彼时尚未走出校园，三观初定，得遇良师言传身教，学会两个道理对我影响深远。一是做人做事当以正为先，做正确的决定；二是坚持自己的选择，持之以恒地努力奋斗。时至今日，每每遇到困惑或挫折，总会向老师求助，而老师亦答疑解惑，用心指导。感谢老师！

再者，我要感谢我的师兄兼爱人王雅炯先生。为人妻为人母之后，决定辞职读书，重新开始学术之路，并不容易，可师兄支持我追寻自己的职业梦想，并在科研的过程中帮我分析理论、讲解实务，开拓新思维，推我继续向前。同时，我要感谢小儿王戈言，常常由于论文写作忽视对他的陪伴，但他认为自己努力长大并多次测验获得满分亦是对我爱的支持，感谢体谅！

最后，我要感谢曾经工商银行的同事们，特别是戴志华先生、张栋先生、刘振阳先生等在工作中对我的指导和关爱，帮助我加深对银行业理论认识的理解和积淀实务经验，这些都构成写作本书的基础。

学术之路漫漫。未来的日子，作为一名大学教师，我仍将秉承导师的教诲，潜心学术科研工作，并力求科研与教学相互促进，为高校教育事业贡献一份力量！

幸丽霞

2019 年秋于中国矿业大学（北京）